国家品牌：概念·议题·实践

Nation Branding: Concepts, Issues, Practice 2e

国家品牌：概念·议题·实践（第二版）

Nation Branding: Concepts, Issues, Practice 2e

［英］基思·丹尼 著
范 红 译

清华大学出版社
北京

北京市版权局著作权合同登记号　图字 01-2019-7937 号

Nation Branding: Concepts, Issues, Practice 2nd Edition / by Keith Dinnie / ISBN: 9781138775848

Copyright © 2016 by Routledge
Authorized translation from English language edition published by Routledge, part of Taylor & Francis Group LLC; All Rights Reserved.
本书原版由 Taylor & Francis 出版集团旗下，Routledge 出版公司出版，并经其授权翻译出版。版权所有，侵权必究。
Tsinghua University Press is authorized to publish and distribute exclusively the **Chinese (Simplified Characters)** language edition. This edition is authorized for sale throughout **Mainland of China**. No part of the publication may be reproduced or distributed by any means, or stored in a database or retrieval system, without the prior written permission of the publisher.
本书中文简体翻译版授权由清华大学出版社独家出版并在限在中国大陆地区销售，未经出版者书面许可，不得以任何方式复制或发行本书的任何部分。
Copies of this book sold without a Taylor & Francis sticker on the cover are unauthorized and illegal.

本书贴有Taylor&Francis公司防伪标签，无标签者不得销售。
版权所有，侵权必究。举报：010-62782989，beiqinquan@tup.tsinghua.edu.cn。

图书在版编目（CIP）数据

国家品牌：概念·议题·实践：第二版/（英）基思·丹尼著；范红译.—北京：清华大学出版社，2022.2
书名原文：Nation Branding: Concepts, Issues, Practice
ISBN 978-7-302-59664-6

Ⅰ.①国… Ⅱ.①基…②范… Ⅲ.①品牌战略—研究 Ⅳ.①F273.2

中国版本图书馆CIP数据核字（2021）第249694号

责任编辑：纪海虹
封面设计：孙剑波
责任校对：王凤芝
责任印制：曹婉颖

出版发行：清华大学出版社
网　　址：http://www.tup.com.cn, http://www.wqbook.com
地　　址：北京清华大学学研大厦A座　　邮　编：100084
社 总 机：010-62770175　　邮　购：010-62786544
投稿与读者服务：010-62776969，c-service@tup.tsinghua.edu.cn
质量反馈：010-62772015，zhiliang@tup.tsinghua.edu.cn

印 装 者：北京同文印刷有限责任公司
经　　销：全国新华书店
开　　本：185mm×235mm　　印　张：16.25　　字　数：334千字
版　　次：2022年2月第1版　　印　次：2022年2月第1次印刷
定　　价：78.00元

产品编号：083814-01

译者的话

2020 年的新冠肺炎疫情是世界各国人民共同面临的一场前所未有的危机,这场危机使得国与国之间的交往出现减速,甚至一度停滞。国家间的隔离和孤立对全球范围内的经济、政治、文化和公共外交都产生了重大影响。随着疫情防控进入常态化阶段,中国自主研发的疫苗正成为全球范围内的公共产品,国家如何通过做实事来向本国国民和他国民众、游客以及投资者展示良好的国家形象,将成为国家形象和公共外交研究领域的重点。在此意义上,《国家品牌》一书的出版恰逢其时。

无论国家的规模大小,无论其经济发展水平的高低,良好的国家形象都是每一个国家最为重要的软实力,都能够成为国家的优质竞争优势,能对一个国家的全球政府地位、经济发展和国民素质产生积极的影响。因此,国家形象研究的重要性和意义不容小觑。与此同时,国家形象概念与国家身份、国家品牌化定位、来源国效应等重要概念密切相关,更加全面和系统地理解国家形象概念对于新闻传播、公关传播、公共外交和国际关系等领域具有重要意义。近年来,与国家形象和国家品牌相关的研究受到了越来越多的学者和从业人员的关注,许多政府相关部门都致力于提升本国的国家形象,并努力在全球不同的区域推广国家品牌。

本书的作者基思·丹尼是城市、区域和国家品牌领域的专家,也是我多年的朋友。《国家品牌》是全球第一本关于国家品牌塑造与传播的专业教材,第一版已经于2008年出版,这是本书的第二版,我们将它翻译为中文,以飨读者。

《国家品牌》一书对国家品牌领域的研究进行了较为系统而全面的梳理,为各国政府领导与学界研究者提供了丰富的国家品牌提升案例和传播活动实践参考。全书分为以下四大部分:国家品牌的范围和规模、国家品牌的理论根源、国家品牌中的伦理道德与实际问题以及国家品牌的当前实践和未来视野。《国家品牌》一书不仅对国家形象塑造的相关理论与具体实践进行了理论性与结构性梳理,作者还将商业品牌塑造的理论框架贯穿于全书的各个章节之中。基于国家实体的复杂性和综合性,作者创新地提出了国家品牌化概念、方法和路径;特别是通过邀请全球数十名国家形象研究者和实践者在书中进行的案例分享,国家形象建构的不同维度、各国的不同实践以及国际品牌化过程中存在的各种挑战都丰富地呈现在读者的眼前,各国在国家品牌化发展方面作出的努力和宝贵的经验都在本书中得以生动地诠释。作者提出的国家品牌化 ICON 模型对国家品牌化建设的发展具有重要作用,这一模型能够帮助政府和其他利益相关者群体更好地理解品牌化的国家形象,从而更加有效地推广国家品牌。

在本书正式出版之前,国家形象研究领域的理论和案例较为散乱,相关的研究主题和术语也没有统一。《国家品牌》这本书的出现,有效地弥补了该领域系统性、理论化、跨学科研究的空白。在中国,国家形象的研究主要集中在新闻与传播领域,特别是政府、媒体、企业、学界等社会各方如何理解不同国家的话语体系,对外讲好中国故事。在重大活动推广国家形象方面,我国近些年来也积累了丰富的经验。2020—2021 年,在新冠疫情的全球暴发期间,我国政府和人民团结一致,有效地抗击疫情,在全球范围内树立了良好的中国国家形象。中国在疫情中的精准扶贫、经济发展和疫苗援助,都展现了中国负责任大国的国家形象。从译者的角度,我认为国家形象不单单是品牌化的竞争力建构,更为重要的是一个国家能够为其国民以及全球民众做什么、有哪些担当,特别是在重大的危急关头,国家领导人和政府各级部门的表率作用,这些都是国家形象的最重要的方面,也是一个国家在全球最大的软性竞争力。中国在抗击疫情中的政府领导力和中国人民团结一致、共渡难关的精神为国家形象研究领域提供了全新的视角。

本书作者基思·丹尼是全球国家品牌研究领域知名学者。认识丹尼教授是在一次区域品牌的国际学术会议上,之后他邀请我去他任教的英国密德萨斯大学商学院访问。我们一起深入交流了国家形象与城市品牌的话题,谈到了不同国家在塑造国家形象与城市形象方面的不同做法,也谈到了国际区域品牌协会组织的成立和我们代表不同国家学界的参与。2018 年,我邀请丹尼教授在清华大学国家形象论坛上作主题演讲,他在大会上分享了他的国家品牌 ICON 模型和英国国家品牌化过程中的争议,也谈到了中国国家形象的全球影响力和所面临的挑战。后来,我也邀请他为我的"全球传播研究"博士生课程作了关于国家品牌建设的系列讲座。他的讲座信息量极大,涉及管理学、市场营销学、传播学、公共外交、公共关系等领域,拓展了学生们的学科视野,体现了跨学科研究的重要性,也展现出国家形象是一个理论与实践相结合的研究领域。本书为政府相关部门的管理者和国家品牌研究领域的学者提供了一个学习系统化理论和各国经典案例的绝佳机会:一方面,读者可以通过阅读本书了解到不同国家、不同学科领域的学者的观点,以及不同国家政府提升国家形象的实践和困难,从而形成对国家形象研究领域更为全面的认识;另一方面,书中的许多经典案例能够为从事国家形象对外传播领域的专业人员提供实践层面的方法论,使他们获得灵感和启迪。

最后,感谢刘松岩、周鑫慈、王沫等同学对本书的贡献,以及清华大学出版社纪海虹主任对本书的大力支持。没有他们的付出,本书将难以及时与读者见面。

本书全文篇幅较长,原书中案例提供者的语言风格不一,翻译难度较大。如有错漏,还请广大读者谅解。

范 红
清华大学胜因院
国家形象传播研究中心
2021年2月

FOREWORD

序 言

自本书的第一版出版以来,读者对国家品牌领域的兴趣呈现激增之势,因而第二版的出现是应时之需,反映了政策制定者、商务人士、学生和学界对该话题与日俱增的关注。

鉴于中国在全球舞台上的崛起及其在全球范围内影响力的日益增强,国家品牌化与中国的关系日益密切。国家品牌化的复杂性给决策者带来了特殊的挑战。随着中国的城市和地区向国际市场和受众开放进程的发展,中国的国家品牌将获得更高的知名度。本书第十章提出的国家品牌ICON模型提供了一个框架,该框架认为,良好的国家品牌实践应该是整合的、情境的、有机的和全新的。这种模式既适用于中国这样的超级大国,也同样适用于其他规模的国家。

本书的阅读受众广泛,具有不同具体兴趣和目标的读者都能够通过此书了解国家品牌:工商管理硕士(MBA)、市场营销、品牌研究、国际商务、公共外交、国际关系、经济地理和旅游方向的高年级本科生及硕士;政府工作人员和政策制定者,特别是与经济发展、贸易与投资以及旅游相关的政策制定者;对本国如何被认知和国家如何试图提升国家声誉感兴趣的个人。

本书的一个关键特点是通过吸纳来自多个领域的学者和从业者的意见,为读者呈现理解国家品牌的不同视角。这些视角生动地阐释了构成本书基础的理论、概念和框架。案例分析部分提供了包括中国、阿拉伯联合酋长国、加纳、古巴、印度、英国等众多国家在内的国家品牌案例以及它们遇到的挑战。本书的一个关键论点是,国家品牌的原则可以在任何国家应用,无论是大国还是小国、富裕还是贫穷、发达还是新兴。本书的案例研究旨在证明这一点。

有许多人以不同的方式对本书作出了贡献。我希望您在阅读过程中能够发现,本书的内容既令您感到兴奋,又能引发您的思考。本书旨在作为讨论和行动的起点,而不是对国家品牌议题的最终阐释。

最后,我很高兴邀请到清华大学范红教授为本书担任中文翻译。我第一次见到范教授是在2016年12月由伦敦密德萨斯大学(Middlesex University)主办的首届国际区域品牌学会(International Place Branding Association,IPBA)年会上。当时我是会议组委会主席,范教授是受邀的大会主讲嘉宾。会议期间,我与范教授就国家品牌化话题进行了非常有趣的讨论,并了解到范教授担任清华大学国家形象传播研究中心主任。当时,我很高兴地接受了范教授的邀请,于2018年11月参加了清华大学主办的"2018清华国家形象论坛",并发表了主题演讲。在我访问清华大学期间,有机会见到了范教授和她的博士生们,并与范教授一道为他们上课,还参与了他们的研讨会,他们的聪明才智、热情和对课题的投入给我留下了深刻的印象。清华大学国家形象传播研究中心的工作为中国的国家品牌建设作出了重要的学术贡献。

我和范教授建立了良好的合作关系,并且我希望这种关系能够持续多年,我们很高兴能够共同介绍这本书。

基思·丹尼(Keith Dinnie)

关于作者

基思·丹尼（Keith Dinnie）博士是国家品牌领域国际领先的专家之一。他在许多备受推崇的国际期刊上都发表过文章，包括《市场理论》（Marketing Theory）、《国际营销评论》（International Marketing Review）、《品牌管理期刊》（Journal of Brand Management）、《区域品牌与公共外交》（Place Branding and Public Diplomacy）、《旅游管理》（Tourism Management）、《欧洲营销期刊》（European Journal of Marketing）、《商业研究期刊》（Journal of Business Research）、《企业声誉评论》（Corporate Reputation Review）、《消费者营销期刊》（Journal of Consumer Marketing）和《服务营销期刊》（Journal of Services Marketing）。

基思·丹尼博士还在美国、英国、法国、德国、荷兰、俄罗斯、冰岛、葡萄牙、希腊、南非、马来西亚、中国、韩国和日本等地进行过主题演讲，参与过工作坊和研讨会，并进行过会议报告。

基思·丹尼博士曾在英国格拉斯哥的斯特拉思克莱德大学（Strathclyde University）、日本东京的坦普尔大学（Temple University Japan）、荷兰布雷达的布雷达应用科技大学（Breda University of Applied Sciences）、荷兰兹沃勒的温德斯海姆应用科学大学（Windesheim University of Applied Sciences）和英国伦敦的密德萨斯大学（Middlesex University）任教。目前，他是邓迪大学（University of Dundee）商学院的管理和营销系主任。他同时也是品牌视野（www.brandhorizons.com）的创始人。

近年来，基思·丹尼博士参与了由中国大学和当地政府组织的多项区域品牌相关活动。他曾在中国传媒大学主办的"2018区域品牌发展国际论坛"和清华大学主办的"2018清华国家形象论坛"上发表主题演讲，并在清华大学举行博士生和硕士生参与的讲座和研讨会。此外,他还被授予"中国人民大学国际学术大师讲堂特邀嘉宾"称号。2019年10月,他先后在长沙市人民政府主办的"长沙城市品牌塑造及国际形象传播研讨会"以及中央广播电视总台和广东省人民政府在珠海共同主办的第三届"21世纪海上丝绸之路"中国(广东)国际传播论坛上进行主题演讲。2019年12月,他又在苏格兰爱丁堡为中华人民共和国商务部(MOFCOM)来访代表团进行受邀演讲。

目 录

第一部分　国家品牌的范围和规模

第一章　国家品牌化的意义、范围和概念演进 …… 3
关键要点 …… 3
引言 …… 3
定义"品牌"和"国家品牌" …… 4
为什么国家要进行国家品牌化 …… 5
国家品牌的演进历程 …… 7
国家品牌的议题和举措 …… 9
　　德国 …… 9
　　苏格兰 …… 10
　　新西兰 …… 12
　　韩国 …… 13
　　西班牙 …… 13
　　英国 …… 14
学术观点：区域营销、区域品牌和国家品牌：从实践到理论？
　　（大卫·格特纳） …… 15
实践洞察：重塑新非洲——一个崛起的全球挑战者（特比·伊卡拉峰） …… 16

案例：奥巴马品牌：一个美国偶像的崛起与衰落，及其对品牌美国的影响
（南希·斯诺） …… 19

案例：阿联酋——国家品牌架构（梅洛德娜·巴拉克里希南） …… 22

总结 …… 26

讨论要点 …… 26

本章参考文献 …… 26

第二章 国家品牌身份、形象与定位 …… 31

关键要点 …… 31

引言 …… 31

身份与形象 …… 32

国家品牌身份的不同方面 …… 35

解构国家品牌形象 …… 36

国家品牌身份和形象的概念模型 …… 37

国家品牌定位 …… 38

灵活模块化 …… 40

国家品牌与旅游推广 …… 40

学术观点：发展康养目的地品牌：一种合作路径
（艾伦·菲尔、希瑟·哈特威尔和安·海明威） …… 41

实践洞察：国家品牌：政治语境的重要性（瓦西利斯·卡佩坦吉尼斯） …… 46

案例：印度从里到外——印度公共外交案例分析（玛雅·巴布拉） …… 48

案例：葡萄牙旅游管理——品牌架构（若昂·里卡多·弗莱雷） …… 50

总结 …… 54

讨论要点 …… 54

本章参考文献 …… 54

第三章 国家品牌资产 …… 57

关键要点 …… 57

引言 …… 57

品牌资产的两种视角 …… 58

消费者视角 …… 58

金融视角 …… 60

国家品牌资产的来源和维度 …… 60

内部资产 …… 61

外部资产 …… 63

国家品牌与投资吸引	65
学术观点：网络2.0和国家品牌（埃夫·塞文）	66
实践洞察：评估国家品牌（罗杰·辛克莱尔）	67
案例：新加坡国家品牌的成就与未来展望（许木松）	69
案例：广告中国（王坚）	71
总结	74
讨论要点	74
本章参考文献	74

第二部分　国家品牌的理论根源

第四章　国家品牌与来源国效应 …… 81

关键要点	81
引言	81
消费者行为	82
来源国研究概述	82
来源国与品牌	83
来源国与服务业	84
来源国与产品生命周期	85
来源国与人口统计	86
来源国与民族中心主义	87
来源国与社会身份	87
来源国与符号学理论	87
克服消极的来源国偏见	88
国家品牌化与出口促进	89
学术观点：德国国家品牌：过去与现在的形象（奥利弗·佐尔纳）	89
实践洞察：俄罗斯制造（米哈伊尔·萨维琴科）	90
案例：为吸引外商直接投资而进行的国家品牌化：加纳（柯林斯·奥塞）	92
总结	97
讨论要点	97
本章参考文献	97

第五章　国家品牌与国家身份 …… 101

关键要点	101

引言 ·· 101
国家身份的基本特征 ··· 102
   作为想象的共同体的国家 ·· 105
   传统的发明 ·· 106
   国家身份的文化要素 ··· 106
   高语境和低语境文化 ··· 107
   个人主义与集体主义 ··· 107
   民族中心主义 ··· 108
   语言 ··· 108
   文学 ··· 109
   音乐 ··· 110
   饮食 ··· 110
   体育运动 ·· 110
   建筑 ··· 111
态度与国家刻板印象 ··· 111
公共外交与软实力 ·· 112
学术观点：国家形象与出口的消费者认知（韩昌民） ··································· 113
实践洞察：国家品牌中的文化角色（吉尔·查韦斯） ····································· 115
案例：古巴的国家身份、电影和国家品牌（邓加·费希莫维奇） ···················· 116
总结 ·· 119
讨论要点 ·· 120
本章参考文献 ·· 120

第六章　从来源国和国家身份到国家品牌 ·· 125

关键要点 ·· 125
引言 ·· 126
国家身份和来源国：共通之处 ··· 126
品牌化的区分能力 ·· 127
国家品牌化的概念框架 ··· 128
预期：刻板印象与个人经验 ·· 129
复杂性：不可控性、城乡二元结构和多样性管理 ··· 130
文化表达：遗产、景观和艺术 ··· 132
提炼：再定义、品牌化和时代精神 ·· 133
参与：包容性和范例 ··· 134

学术观点：公共外交和国家品牌/品牌化(尼古拉斯·杰·卡尔)·················· 135
实践洞察：公共外交与艺术(欧金尼奥·格·马托斯)······················· 137
案例："走向边缘"(布莱恩·斯威尼)······························· 138
总结·· 142
讨论要点··· 142
本章参考文献·· 142

第三部分　国家品牌化中的伦理道德与现实问题

第七章　国家品牌化中的伦理问题·································· **147**
关键要点··· 147
引言·· 147
国家品牌管理的合法性····································· 148
国家品牌价值的甄别与筛选·································· 148
"品牌"是可被接受的吗？··································· 149
可持续性与国家品牌化····································· 150
环境可持续性指数·· 151
治理和人类发展方面的道德水准······························· 154
学术观点：被污名化国家的品牌化？(伯纳德·李·西蒙宁)··············· 154
实践洞察：追求独立的区域的品牌化(罗伯特·戈弗斯)················· 157
案例：向日本展示克罗地亚(德拉戈·施塔布克)······················ 159
案例：尼德兰对国家品牌的探寻(格特·简·霍斯佩斯)·················· 161
总结·· 165
讨论要点··· 165
本章参考文献·· 165

第八章　国家品牌概念的现实挑战································· **167**
关键要点··· 167
引言·· 167
需要谁的参与？··· 168
利益相关者群体理论······································ 168
理想状态：全面包容路径··································· 168
现实状态：具体项目的特定包容······························· 169
管理国家品牌接触点······································ 171

国家品牌架构 173
一项高度政治化的活动 176
学术观点:旅游业语境下的消费者行为和区域品牌(若昂·瑞·弗莱雷) 176
实践洞察:有效合作是区域品牌成功的关键(爱德华·伯格哈德) 179
案例:英国政府"GREAT"国家品牌推广项目(安德鲁·史蒂文斯) 181
总结 185
讨论要点 185
本章参考文献 185

第四部分 国家品牌化的当前实践和未来视野

第九章 国家品牌化战略的要素 191
关键要点 191
引言 191
战略原则 192
战略分析:我们现在处在什么位置? 192
　　内部分析 192
　　外部分析 195
战略规划:我们想要达到什么位置? 195
战略实施:如何到达那里? 196
国家品牌广告 196
公共关系 198
线上品牌营销、社交媒体和移动应用 198
客户与公民关系管理 199
国家品牌大使 200
内部品牌管理 200
侨民动员 201
国庆日 202
国家品牌的命名 202
表现测评 202
参与国家品牌化的机构 203
学术观点:基于社区的国家品牌:"我感受斯洛文尼亚"(玛雅·科尼奇·鲁奇耶) 203
实践洞察:社交媒体对外交官和小国国家品牌塑造的潜力(尼克斯·帕纳约托) 205

案例:韩国的国家品牌塑造(金永庆) …… 206
　　案例:马来西亚的国家品牌塑造(马库斯·奥斯本) …… 210
　　总结 …… 214
　　讨论要点 …… 214
　　本章参考文献 …… 215

第十章　国家品牌化的未来视野 …… 219
　　关键要点 …… 219
　　引言 …… 219
　　盎格鲁中心主义的研究范式的转移 …… 220
　　国家品牌化战略协调性的加强 …… 220
　　逐渐被采纳的品牌管理技巧 …… 220
　　公民自媒体影响力的日益增强 …… 222
　　声音品牌化 …… 222
　　国家品牌化(Nation branding)的替代术语? …… 223
　　国家品牌化作为可持续发展的驱动力 …… 223
　　国家品牌化的ICON模型 …… 224
　　学术观点:公共外交、国家品牌与软实力(克雷格·海登) …… 225
　　案例:芬兰国家品牌化的发展路线图(特穆·莫兰宁) …… 226
　　案例:非洲设计对非洲大陆企业和国家品牌的影响(特里·贝汉) …… 231
　　总结 …… 235
　　讨论要点 …… 235
　　本章参考文献 …… 236

术语表 …… 238

图目录

图1.1　国家品牌的演进 ··· 8
图1.2　品牌化的规模演进：产品—国家品牌连续统一体 ····················· 9
图2.1　国家品牌身份与形象的概念模型 ·· 38
图3.1　基于资产的国家品牌资产模型 ·· 61
图4.1　"俄罗斯制造"标识 ··· 92
图6.1　国家身份和来源国的共享概念 ·· 127
图6.2　国家品牌化的分类流程模型（Category Flow Model）········ 128
图6.3　预期 ·· 130
图6.4　复杂性 ·· 131
图6.5　文化表达 ·· 132
图6.6　提炼 ·· 133
图6.7　参与 ·· 134
图6.8　灵感之路 ·· 140
图8.1　全面包容的利益相关者路径 ·· 169
图8.2　国家品牌架构（NBAR）模型 ·· 175
图10.1　国家品牌化的ICON模型 ·· 224

CONTENTS

表目录

表1.1	国家作为品牌中的关键问题	6
表2.1	品牌身份构成和国家品牌表现	33
表2.2	国家品牌定位语	39
表2.3	国家品牌化旅游推广活动口号	41
表4.1	品牌来源：可能感知的来源与实际来源	83
表4.2	服务业品牌使用首字母缩写以淡化来源国影响	85
表5.1	国家身份的维度	104
表5.2	国家身份的文化观点	107
表6.1	提供文化表达的组织	133
表7.1	国家口号	149
表7.2	可持续性发展指数	152
表7.3	环境可持续性指数与Anholt-GMI国家品牌指数的前20名国家	153
表8.1	国家品牌化中的利益相关参与者	170
表9.1	国家品牌内部分析：旅游业	193
表9.2	国家品牌内部分析：外商直接投资	193
表9.3	国家品牌内部分析：促进出口	194
表9.4	国家品牌内部分析：人才吸引	194
表9.5	国家品牌竞争者分析矩阵(内为假设样例项)	195

第一部分
PART One

国家品牌的范围和规模

第一章

国家品牌化的意义、范围和概念演进

> 🔑 **关键要点**
> - 鉴于促进贸易、吸引投资和刺激旅游这些重要国家目标,许多国家正在加大对国家品牌化的投入。
> - 国家身份和来源国效应领域的研究有助于增进我们对国家品牌演进历程的理解。
> - 塑造国家品牌以及城市和地区等区域品牌要比塑造普通产品或公司品牌更加复杂且多维,因为在这些品牌中,存在着众多利益相关者群体和无限的品牌接触点。

引 言

国家品牌化(nation branding)是一个复杂的现象,其复杂性反映为当前构成国家品牌理论与实践的学科极为多样。虽然绝大部分国家品牌的研究仍植根于市场营销、品牌和商业传播的文献之中,但其他学科的研究领域也都开始关注国家品牌,比如文化社会学(Cormack,2008)、媒介研究(Christensen,2013)、公共关系(Rasmussen & Merkelsen,2012)、公共管理(Eshuis,Braun & Klijn,2013)和政治地理学(Hymans,2010)。因此,对国家品牌的兴趣也迅速超越了传统的品牌战略研究这一有限的领域。人们对国家品牌领域的研究兴趣不断增长,同时,越来越多的学者也开始对国家品牌的实践提出了批判性的视角(Aronczyk,2013;Browning,2014;Kaneva,2011)。

近年来,国家品牌在学术研究领域吸引了越来越多的关注。随着全世界越来越多的国家开始将资源投入到发展国家品牌中,国家品牌在实践领域的重要性也日益凸显。本章将探讨国家品牌的意义,阐释国家品牌化战略对国家的价值,梳理国家品牌的演进历程,并概括国家品牌研究近年来取得的成就。

本章的两个案例将分别介绍美国前总统巴拉克·奥巴马(Barack Obama)的声誉对"品牌美国"(Brand USA)的影响,以及阿联酋所采取的品牌架构。在学术观点部分,大卫·格特纳(David Gertner)将回顾国家品牌化从实践到理论的演进历程,特比·伊卡拉峰(Thebe Ikalafeng)将从实践的角度探讨非洲国家作为新兴的全球挑战者的看法。

定义"品牌"和"国家品牌"

在详细审视"国家品牌"这一概念之前,我们需要先了解一些品牌的定义。这些定义可以分为两类,一类着眼于品牌的视觉表现形式,另一类则更加深入,它超越了视觉层面,试图捕捉品牌的本质。

一个正面的或成功的品牌是什么?对此,道尔(Doyle,1992)提出了一个凝练且经常被引用的定义:"一个成功的品牌是名称、符号、设计或其中的一些组合,它将某一特定组织的'产品'定义为拥有一项可持续的差异化优势。"麦克雷、帕金森和希尔曼(Macrae,Parkinson & Sheerman,1995)结合消费者视角和生产者视角,提出了一个更为丰富的定义,即品牌是功能性和非功能性特征及附加价值的独特结合。这些特征和附加价值具有与品牌不可分割的意义,并且能够区分出哪些是(生产者)有意识打造的,哪些是(消费者)凭直觉感知的。与此相似的还有林奇和切纳托尼(Lynch & de Chernatony,2004)的观点,他们认为品牌是功能性和情感性价值的集群,在买卖双方之间承诺了一种独特且令人愉快的体验。

品牌并不存在于真空中,一个成功的品牌必然需要与广泛流行的时代精神有效共存。社会中的流行文化和时尚趋势刺激并影响着强势品牌(Roll,2006)。霍尔特(Holt,2004)对这一主题进行了详细描述和理论化概括,他分析了品牌是如何在他所谓的"文化品牌化"(cultural branding)的过程中,通过与所在环境的创意互动而成为品牌图标(Icon)的。在霍尔特看来,文化品牌化特别适用于国家。格兰特(Grant,2006)从品牌的文化层面,提出了一个类似的定义,即品牌是"战略性文化特征的集合"。以国家身份为基础的国家品牌拥有比产品品牌和企业品牌等其他任何品牌更加丰富和深厚的文化资源。本书的第五章将深入剖析这些文化资源。

品牌化实践被认为是企业将其所提供的产品与其他竞争者相区别的过程（Jobber & Fahy，2003）。在日益发展的经济全球化进程中，对于那些争夺国内和国外消费者的国家来说，都面临着将其所提供的产品与其他竞争者的产品相区别这一重大的挑战。凯勒（Keller，2012）认为，战略性的品牌管理过程包括市场营销计划和活动的设计与实施，以及建构、衡量并管理品牌资产。本书的第三章将详细阐述品牌资产的概念。

切纳托尼和麦克唐纳（Chernatony & McDonald，2003）阐明了品牌化的意义，他们认为，虽然品牌化过程是由市场营销者发起的（品牌化是一种输入），但它却是消费者或用户形成的对于品牌的心理印象（品牌化是一种输出）。需要认识到的是，消费者的印象可能与商家的营销意图不同。这一点在国家品牌化过程中也尤为重要，因为品牌化或许也很难改变早已在受众脑海中形成的根深蒂固的刻板印象。科特勒和凯勒（Kotler & Keller，2011），还有唐波拉尔（Temporal，2010）都已认识到品牌是消费者脑海中的某种存在。品牌塑造的过程需要多年的长期投入，在短时间内可能只会得到很少的回报（Aaker & Joachimsthaler，2009）。各国需要承认这一事实，并在塑造本国国家品牌时采取长期的战略性眼光，而不是仅仅开展有固定期限的、短期快速的广告营销活动，此类活动带来的效益是不持久的。

当把品牌概念从产品领域延伸运用到国家领域时，需要意识到一种采取真诚而令国民尊重的方式的道德责任，同时也要意识到国家作为品牌的局限性。国家品牌应该基于本国的文化，不能简单地表现为肤浅的广告标识或一系列宣传活动。国家并不属于任何品牌管理者或者企业，而是属于全体公民。有关国家品牌的道德考量将在第七章进行详细探讨。

本书中，国家品牌被定义为"独特的、多维度的要素组合，它向目标受众展示一个国家以文化为根基的区分性和关联性"。这个定义认同国家品牌的多面性本质，并且认为有必要将国家身份维度整合在国家品牌之中，这一点将再进行讨论。以上提出的国家品牌定义也意识到，品牌是消费者脑海中的印象，它并不是通过营销活动创造的。因此，本书认为，国家品牌有公众感知和目标市场两个重要属性。

为什么国家要进行国家品牌化

将品牌化策略与术语运用在国家领域目前仍是一个相对较新的现象。鉴于国家在国内和国际市场上所面临的日益激烈的全球竞争，这个现象会越来越普及。鉴于促进贸易、吸引外资和刺激旅游这些重要国家目标，许多国家有意识地加大对国家品牌塑造的投入。对许多国家而言，国家品牌塑造的一个重要目标是吸引人才，为此，国家在吸引高等教育学生和技术人员方面展开了竞争。许多国家的品牌化战略都在试图融合文化遗产和当代文化，因为过时的形象会强化消费者的刻板认知，让他们无法感受到充满活力的当代社会。处在转型期的国家，比如中东欧的一些国家，可能会通过国家品牌化使本国远离转型之前的旧经济模式和政治体制（Szondi，2007）。

如果一个国家想要在全球舞台上有效地参与竞争，则需要本国有意识地实施品牌化活动（Kotler & Gertner，2002）。奥林斯（Olins，1999）也表达了同样的观点，他确信，在未来几年内，人们将认识到身份管理是发展国家品牌的关键路径。也有观点认为，没有品牌化的国家将在吸引经济和政治注意力方面遇到困难，而形象和声誉也将成为国家战略资产构成的关键要素（van Ham，2001）。一个强大且正面的国家品牌能够为国家在当前的全球化经济中赢得核心竞争优势。迈克尔·波特（Michael Porter，1998）在他里程碑式的著作《国家竞争优势》（*The Competitive Advantage of Nations*）中强调，国家和国家特征在全球化时代仍然极为重要。

我的理论强调和强化了国家内部差异和国家特征差异的重要性。当前，许多关于国际竞争的讨论都强调了全球同质化和民族国家角色的削弱。但实际上，国家差异仍然是竞争中取胜的核心。

竞争优势的范围涵盖许多部分，包括吸引旅游者、投资者、企业家以及本国产品和服务的外国消费者。国家品牌化能够减少受众对国家的误解，并且能够帮助国家针对其目标受众进行更加有利的重新定位。比如，爱沙尼亚推出了一个强势的国家品牌，用于吸引投资、开拓瑞典和芬兰之外的游客来源以及扩展本国产品出口欧洲市场的这些关键目标（Interbrand，2008）。

表 1.1　国家作为品牌中的关键问题

作者	主题和问题
奥尔德西·威廉姆斯（Aldersey-Williams, 1998）	国家的品牌化和再品牌化是一项有争议且高度政治化的活动。
沃尔夫·奥林斯（Wolff Olins, 2003）	尽管从历史上看，品牌一直与产品和企业相关，但品牌化策略事实上适用于大众传播的每个领域。例如，政治领导人想要具有鼓舞人心的力量，最好的方法就是成为其党派或是整个国家的品牌管理者。
奥肖尼斯和杰克逊（O'Shaughnessy & Jackson, 2000）	国家的形象是复杂且流动的，这使得品牌形象这个原本具有清晰内涵的术语也变得模糊起来。国家身份的不同方面会在不同时期受到全世界的关注，它们可能会受到当前政治事件的影响，甚至受到最新的电影或者新闻舆论的影响。
吉尔摩（Gilmore, 2002）	建构国家品牌时真实性十分重要，需要强化国家文化中已经存在的价值，而不是编造虚假的承诺。
米哈伊洛维奇（Mihailovich, 2006）	对国家品牌化而言，最简单的标题化方法可能会适得其反。需要调动各种社会资源和组织，以实现可持续的长期就业和繁荣发展等其他主义目标。
安霍尔特（Anholt, 2007）	品牌化的术语可能会显得有些花哨和距离感，因此在某种程度上，政治家需要避免直接使用这些术语。

表 1.1 总结了一些有关国家品牌的核心主题和问题。

已有研究表明，经过深思熟虑的品牌定位能够赋予国家竞争优势（Anholt，1998；Gilmore，2002；Konečnik Ruzzier 和 de Chernatony，2013；Yousaf，2014），并且能够通过品牌化对其进行更加有效的重新定位，这一点对于国家而言具有巨大的应用前景，尤其是对于那些饱受刻板印象困扰的国家而言，这类国家的国家品牌具有很大的提升空间。

国家实施品牌化的另一个动力在于，品牌化策略能够制造差异化。例如，在旅游方面，大多数旅游目的地都针对其美丽的景色进行了相似的表述，如纯净的沙滩、生性好客的当地人等。因此，旅游目的地需要创造出独特优势来寻找小众市场，并且将自身与其他竞争者相区别，这一点在目前比任何时候都更加重要（Morgan, Pritchard & Piggott, 2002）。如果要获得持续的正面影响力，就需要采取长期的战略，而不是一时的特殊行为。洛奇（Lodge, 2002）也强调了这一观点。他引用了所谓的"达拉斯实验"（Dallas experiment），在这一实验中，新西兰市场拓展委员会在达拉斯城开展了各种推广新西兰的活动、促销和贸易展览会。这一集中爆炸式的营销持续了 6 个月，在此期间，新西兰产品在达拉斯城的销售额激增。但在实验结束一年之后，消费者对新西兰产品的认知度和购买量又回到了实验之前的水平。因此，这类活动只能被看作是一种促销推广，而不能替代长期的品牌战略。

国家品牌的演进历程

图 1.1 回顾了国家品牌的概念研究，揭示了国家身份与来源国效应这两个学术领域如何在经济全球化背景下展开互动。全球化带来的矛盾效应体现为市场的同质化与日益强化的国家身份意识之间的矛盾。国家身份和来源国效应的研究文献所涵盖的内容在最近才有了交叉和融合。2002 年《品牌管理期刊》（*Journal of Brand Management*）出版了一期讨论国家品牌议题的专刊，较早呈现了该领域将国家身份与来源国效应相结合的研究。虽然在这之前，国家品牌领域已经有一些零散的文献发表在其他期刊中，但《品牌管理期刊》第一次提供了话题的专题讨论平台，并收录了来自菲利普·科特勒和大卫·格特纳（Koller & Gertner, 2002），尼古拉斯·帕帕多普洛斯和路易斯·赫斯洛普（Nicolas Papadopoulos & Louise Heslop, 2002）等学者，以及沃利·奥林斯（Wally Olins, 2002），菲欧娜·吉尔摩（Fiona Gilmore, 2002）和克里纳格·洛奇（Creenagh Lodge, 2002）等业界咨询专家的文章。这一专刊引起了期刊出版商对该领域的兴趣，在 2004 年 11 月发行的新期刊——《区域品牌》（*Place Branding*），旨在探讨国家、城市和地区的品牌化。该期刊后来改名为《区域品牌与公共外交》（*Place Branding and Public Diplomacy*），这反映了该领域议题的广泛性和跨学科性。

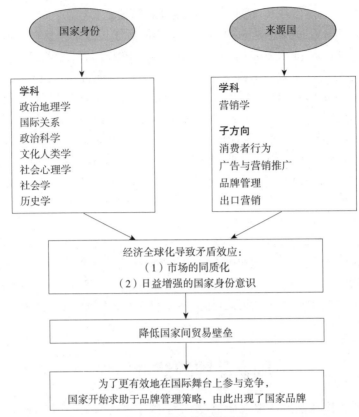

图 1.1　国家品牌的演进

当前兴起的国家品牌化研究领域中有一部重要的早期著作《地方营销：城市、区域和国家如何吸引投资、产业和旅游》(Marketing Places: Attracting Investment, Industry, and Tourism to Cities, States and Nations)（Kotler, Haider & Rein, 1993）。虽然该书的内容基于广泛的经济和市场营销视角，而非品牌视角，却为该领域的后续研究打下了基础。为了将国家品牌的演进置于更宽广的历史视角，可以说，国家自古以来就一直在通过它的符号、货币、国歌、国名等对自身进行品牌化，国家品牌这个术语是新的，而实践本身不是（Olins, 2002）。

当前，品牌化策略的应用非常广泛。从最基本的产品到最多元的国家，品牌化一直都在持续扩大其应用范围。企业品牌化是最接近国家品牌化的品牌化类型，二者之间的相似性体现在企业和国家都具有复杂而多维的本质，并且它们都需要被众多的利益相关者群体认同。例如，巴尔末和格雷（Balmer & Gray, 2003）发现，人们愈发认识到，在组织层面上，企业品牌可以作为引导利益相关者群体的强有力工具，这些利益相关者群体的诉

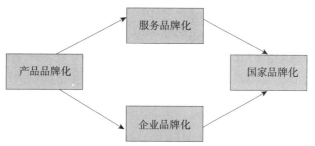

图 1.2 品牌化的规模演进：产品—国家品牌连续统一体

求包括就业、投资和消费者行为。品牌化的范围由此逐步扩大，从最初的产品，到服务，到企业，再到现在的国家。图 1.2 描绘了产品—国家品牌这一连续的统一体。

塑造国家品牌以及城市和地区等区域品牌，要比塑造普通产品或企业品牌更加复杂且多维，因为在这些品牌中，存在着众多的利益相关者群体和无限的品牌接触点。然而，也有观点认为，区域品牌化和更加常规的品牌化之间的差异可能被过度放大了，事实上，区域营销与常规性营销之间的相似性要比大多数区域营销文献中提及的更加显著（Warnaby，2009）。

国家品牌的议题和举措

不同国家采取了不同策略来应对本国所面临的具体挑战。世界上越来越多的国家为了在国际舞台上将本国与其他国家区分开来，并在出口、招商引资和旅游方面获得经济效益，开始进行国家品牌营销。这些国家（或地区），如德国、韩国、新西兰、苏格兰、英国和西班牙，地理环境不同且文化各异，但都认为发展国家品牌战略是值得的。我们现在将概述对这些国家或地区产生影响的话题，以及它们在面对各自的国家品牌挑战时采取的一些措施。接下来我们将对一些国家从 20 世纪 90 年代到 21 世纪第一个 10 年的国家品牌化举措进行回顾总结。当前世界范围内其他国家的国家品牌活动详见每章的案例部分。

德国

杰夫和内本察（Jaffe & Nebenzahl，2001）描述了德国电视网 ZDF[①] 如何在 1999 年邀请形象咨询顾问沃尔夫·奥林斯（Wolff Olins）为德国打造全国性品牌。虽然这并

---

① ZDF：Zweites Deutsches Fernsehen，德国电视二台，是德国的一个公共电视台，也是欧洲最大的电视台之一。它与德国公共广播联盟和德国广播电台一起构成德国公共广播的三个组成部分。

不是官方的推广活动,但其提出的品牌化战略建议却引发了德国国内公众强烈的兴趣和讨论。推广活动的主要目的在于改变消费者对德国的认知,将其从一个"技术完美"(mechanical perfection)但缺少创造性的国家转变为一个"令人激动而又惊喜"(exciting and surprising)的国家。德国冷漠且理智的印象部分源于德国的制造商们,比如奥迪。它深入人心的口号"科技引领创新"(Vorsprung durch Technik)赞扬了德国的科技实力,但却让德国少了一些温度和情感深度。

形象咨询顾问沃尔夫·奥林斯的网站(www.wolffolins.com)详细介绍了为德国塑造品牌的路径。此路径是以"德国是欧洲的经济发电机"的品牌信念为基础的,但是由于某些历史原因,这一定位常常被认为是负面的,甚至是带有敌意的。为了解决德国品牌化过程中遇到的问题,沃尔夫·奥林斯建议德国政府及其代理机构应采取六个步骤:

(1)建立一个全国性的品牌指导委员会,由德国总理或总统领导;

(2)组建一支研究团队负责向指导委员会报告;

(3)开展全国范围内的咨询工作,咨询对象包括德国各州的代表和工业、商业、教育、媒体、文化和艺术领域的全国性名人;

(4)对海外关于德国的认知进行广泛研究,将研究结果与关于其他国家的认知状况进行对标;

(5)对国家品牌展开深入而全面的调研,评估国家品牌如何在合适场合得到恰当运用;

(6)起草并提交一份由国家品牌指导委员会通过的品牌项目实施方案,以供德国联邦议院批准。

苏格兰

苏格兰于1994年成立了品牌苏格兰组织(Scotland the Brand),目的是推动苏格兰旅游、文化和贸易的发展。该组织最初的信条是:

> 随着越来越多的国家和地区高度重视并着力提升其自身实力,苏格兰也必须整合并统筹其突出优势,形成恰当的具有说服力的信息。随着权力下放、欧盟的发展以及世界市场的全球化,当前正是苏格兰国家身份建构的关键时期,应该利用历史、遗产和当代价值体系作为营销工具,激发国际社会对苏格兰认知的增长,推动苏格兰贸易的发展并获得商业利益。

品牌苏格兰组织成立的背后动力是,基于实证研究,人们越来越确信苏格兰已经具有获得国际认可的独特品牌价值。但同时也存在着一些担忧,即苏格兰并没有在其营销过程中将这些价值进行有效运用,也就无法获得经济优势。因此,为了推广苏格兰独特的品牌价值,品牌苏格兰组织于1994年成立。

该组织旨在通过整合苏格兰商界的营销努力，在国内外市场中发出统一的声音，以达成推介苏格兰的目的。尼克·昆斯伯格（Nick Kuenssberg）主席将该组织的使命进行了总结，其中包括将苏格兰打造为旅游、学习、投资和获取知识的目的地（*Sunday Herald*，2003）。这一目标与苏格兰行政院在文件《一个智慧而成功的苏格兰》（*A Smart, Successful Scotland*）中表述的观点一致，它强调了要将苏格兰塑造为国内外公司开展全球业务的世界一流的经营地。

为了实现这些目标，品牌苏格兰组织展开了一项针对"苏格兰特质"（Scotishness）的大规模的国际性研究。这项研究包括了对苏格兰境内的公众意见调研，对英格兰、法国、德国、西班牙、日本和美国这些关键出口市场的调研，以及对现存数据全方位的回顾与总结。这些调研结果构成了后续一系列举措的基础，帮助确立了具有竞争力的苏格兰定位，形成了刺激购买苏格兰产品、服务和设备的具有说服力的提案，并提出了助力苏格兰取得长期可持续竞争优势的战略。由此形成了2002—2004年苏格兰推广计划，包括其组织者宣称的一系列具有创造性、有效性和针对性的雄心勃勃的大规模推广活动。这些活动和推广具有一个共同的主题，即彰显并培育苏格兰品牌资产研究所总结出的苏格兰核心精神价值：坚韧、真诚和创造力。

品牌苏格兰组织的2002—2004年推广方案包含了苏格兰域内以及域外两个重点。在苏格兰域内，该计划充分利用现有的大型节庆活动，包括圣安德鲁日（Saint Andrew's Day）、彭斯纪念庆典（Burns Celebrations）和其他区域性节庆，同时还包括现有的体育赛事，如高尔夫、英式橄榄球、足球等。此外，方案还包含了一年一度的品牌苏格兰会议（Scotland the Brand Conference）和颁奖晚宴，以及一系列每月举办的社交活动。在苏格兰域外，品牌苏格兰组织参与的最高规格的活动是在美国芝加哥举办的花格子呢庆典（Tartan Week）。芝加哥的庆典活动包括一些旅游活动、国际时尚大赛决赛、一次部长级活动和一场花格子呢舞会。除了在芝加哥的各项活动，该组织还与位于华盛顿特区的史密森尼学会（Smithsonian Associates and Institute）一起举办为期3个月的系列讲座介绍苏格兰，并举办一场苏格兰民俗节。由于过多地依托外界对于苏格兰的陈旧想象，比如花格子呢、苏格兰短裙和风笛，这些活动受到了一些批评，但毫无疑问的是，这些活动为提升苏格兰在美国的知名度制造了重要的机会，而美国正是世界上利润最为丰厚的消费者市场。

品牌苏格兰组织提出的苏格兰品牌身份的视觉层面，包括一个名为"苏格兰标识"（Scotland mark）的标识。这个标识作为代表苏格兰特质的指定符号，不仅将被用于识别和认证苏格兰产品，同时也是苏格兰产品质量的保证。虽然创造一个这样的视觉识别标识会被批评为肤浅和浮于表象，但此类活动的研究过程与提出的设计方案有助于阐明与企业品牌和传播相关的国家品牌战略（Baker & Balmer，1997）。苏格兰标识可以在各种各样的来自苏格兰的产品和服务中看到，从传统的食物、饮品、纺织品和酒店等，到更加现代化的电子产品、软件、金融服务、交通等。一项针对英国软件行业的研究表明，一份产品质量保证书能让消费者受益，因为它能够增加软件产品的价值和消费者对产品的信心（Jobber et al., 1989）。品牌苏格兰组织提供的这一标识正是要在消费者购买来自苏格兰的产品和服务时，发挥同样的增加产品附加值和提升消费者信心的作用。

然而讽刺的是，近些年来在金融服务的品牌化过程中，体现苏格兰特质的标识却没有得到充分使用。作为2003年品牌重塑的一部分，阿比国民银行（Abbey National）将其名称简化为"abbey"。同时，为了运营新业务，关闭了苏格兰互助保险公司（Scottish Mutual）和苏格兰人寿保险公司（Scottish Provident）这两个知名的苏格兰公司。从此以后，这两家公司的产品将会以"abbey"的品牌出现。苏格兰友好保险（Scottish Amicable）和苏格兰公平公司（Scottish Equitable）是另外两家在过去10年中消失的苏格兰一流品牌（Flanagan, 2003）。因此，在苏格兰的金融服务领域，企业并购战略需求超过了将来源国效应作为营销元素的战略需求。

品牌苏格兰组织的目的是使苏格兰标识能够被持续识别，从而传递出有力而正面的苏格兰价值观和形象，并增加苏格兰产品和服务在世界范围内的实际价值。在2003年，该组织从公共部门转为私人部门。如果该组织依然存在的话，没有了公共拨款，在仅依靠会员费的情况下，如何对那些希望使用苏格兰标识的公司把好质量标准关，是一个值得研究的问题。如果为了短时间内增加会员而降低质量标准，这将会导致苏格兰标识的贬值，从而导致一些成员退会，因为它们不希望与质量差的产品、服务和品牌相联系。

2003—2004年的一系列事件导致了品牌苏格兰组织的解散。2004年3月28日星期五，该组织的主席尼克·昆斯伯格在股东特别大会上宣布，董事会已经投票决定终止组织的运营（Sunday Herald, 2004）。昆斯伯格解释说，这一决定是鉴于苏格兰行政院已经决定成立自己的负责苏格兰推广的部门。品牌苏格兰组织的董事会认为，在苏格兰推广方面的重复工作削弱了该组织的存在意义，因此，他们决定终止组织的运营。

新西兰

作为企业边界公司（Corporate Edge）的主席，克里纳格·洛奇参与了一项定义新西兰品牌与战略实践的工作。洛奇认为，这项工作需要确定新西兰具有竞争力的国家定位，并促进招商引资、文化、教育、旅游和产品出口等经济领域的共同发展。形成品牌定义和战略，通常需要采取下列步骤：第一步是收集数据和看法，以形成关于这个国家如何才能最有效地说服世界上的其他国家购买本国产品的假设。所收集的数据包括：相互竞争的信息；通过政府机构和贸易机构的市场调研来确定的品牌资产；构成实际的和潜在的附加价值的要素；出口、旅游、招商引资以及其他相关的经济利益的现状数据和发展目标，例如，教育领域；有影响力的公众对那些已经停止的或是正在实施的国内事务政策的看法。

据调查，英国消费者对新西兰的已有认知较为负面，但法国和德国消费者的认知则较为正面。英国消费者倾向于认为，新西兰实际上相当于英国的郊区，新西兰的城市中大部分都是平房小屋，里面住着懒惰的新西兰人。而法国人和德国人则知道，新西兰有质量上乘的红酒、令人神往的风景和引人入胜的毛利文化。为了改变英国人对新西兰的"平房之地"的印象，新西兰提出了一项建议，通过展现壮观的南阿尔卑斯山、罕见的鸟类和奇花异草、活火山和异域水果等意象，将本国重塑为一个令人激动的异域旅游目的地和优质产品的来源地。洛奇强调，新西兰国家品牌战略成功的重要因素在于，它不仅激发了潜在客户的积极性，而且在新西兰国民中也引起了强烈的共鸣。

新西兰国家品牌的成功因素还包括：项目由公认的既得利益者群体发起并推动；由政府当局负责实施；从一开始就制定了可以用来指导和评估工作成效的明确经济目标；明确参与实施这些目标的相关方；以及在项目开展之前确定投入经费的相关方。

韩国

通过举办2002年的韩日世界杯，韩国吸引了大量的关注。安霍尔特（Anholt，2003）描述了韩国如何利用联合举办世界杯的机会进行宣传。政府联合商务部、工业部和能源部共同宣布了一个野心勃勃的计划，以增强韩国产品在世界范围内的认知（以促进出口）。韩国政府提出了五项战略，分别是：将韩国的品牌名称国际化；增强企业品牌管理；强化电子品牌营销；扩大品牌营销的基础设施；提升国家的海外形象。为实现这些战略目标，韩国政府选择了一个资金充足且连贯一致的品牌化路径。政府还宣布将设立一个1000亿韩元的风险基金，帮助出口企业改善他们的产品设计，并且在全国10个城市建设"工业设计革新中心"来帮助中小企业改善产品设计，作为增加韩国品牌附加价值和认可度的共同努力的一部分。

据安霍尔特所说，或许从长期来看，最有远见的是韩国政府计划通过开设"品牌学院"（Brand Academy）来增强国家品牌基础设施建设。品牌学院每年在品牌管理、符号设计和工业包装领域培养约500名专家。与其他国家相比，韩国在国家品牌的内部教育方面取得了卓越的成绩。

西班牙

西班牙通常被看作是国家品牌的成功范例。例如，普雷斯顿（Preston，1999）认为，西班牙是当代国家品牌的最佳典范，因为它坚持以国家现实为基础，其品牌化努力是在统一的视觉标识之下整合、吸纳并包容广泛多元的活动，塑造并呈现了一个多面但一致的、环环相扣的、互相支持的整体。将西班牙重新定位为一个富有活力的现代民主国家，使其摆脱了有关近期历史的负面联想，这一点同样被吉尔摩（Golmore，2002）赞颂为国家品牌的典范。吉尔摩认为，一个国家的品牌核心必须抓住其民众的精神，在此基础上要考虑四个重要因素：整体状况、目标群体、竞争者和核心竞争力，才能将其发展为品牌定位。吉尔摩强调，在考虑这四个方面后，国家品牌定位需要进一步完善，以便形成针对不同的目标群体的精准定位，并且需要根据国家真实拥有的资源进行更加具体的操作。

吉尔摩的一个重要观点是，杰出的个人以及他们非同一般的故事能为国家品牌提供鲜活的吸引力，对世界各地的受众而言更有真实性。这个论述基于一个简单的事实：人对人的故事感兴趣。来自肯尼亚的长跑运动员、来自罗马尼亚的体操运动员、来自古巴的音乐家或是来自苏格兰的已故探险家，都可能成为对国家或地区品牌战略作出贡献的杰出个人。这一问题将在讨论国家品牌大使时进行进一步阐释（见第九章）。

英国

20 世纪 90 年代末期，英国的品牌化，或者说是再品牌化，可能是迄今为止最具争议性的国家品牌推广活动。德莫斯公共政策智库（Demos Public Policy Think Tank）发布的一份报告《英国：重塑我们的身份》（*Britain^{TM}*: *Renewing Our Identity*）（Leonard，1997）成为当时新晋工党内阁首相托尼·布莱尔（Tony Blair）重塑英国品牌的基础。英国身份的重塑被认为是迫切的。虽然英国已经在创意产业领域获得了很多成功并且正在稳步发展，但世界对英国的印象仍然是保守的和冷漠的。英国企业不再主动积极地推介英国的国家身份，因为他们担心提及英国会引发较为负面的联想——作为企业，他们不希望被公众认为是孤傲的、过时的、拒绝变化的。

新工党政府认为解决这一问题的方法是塑造现代化的英国形象。"酷不列颠"（Cool Britannia）由此取代了"统治吧，大不列颠"（Rule Britannia）。需要注意的是，为 20 世纪 90 年代末的英国品牌重塑工作贴上"酷不列颠"标签的是媒体，而非英国政府。然而，从英国国家品牌化之初，就出现了压倒性的反对声音。这些声音表达了对将极为复杂的国家身份进行品牌化的可行性和理想化倾向的担忧，这种品牌化好像把国家当成一种超市产品。批评者们同时也承认，要想抹去支撑了英国这个想象共同体的神话、记忆和仪式不是一件简单的事情。国家作为"想象的共同体"的概念将在有关国家身份的章节中进行详细的论述（见第五章）。

英国重塑国家品牌的推广活动对于同样开展国家品牌化推广活动的英联邦国家以及其他国家而言，都是一个很好的教训。媒体的反应是充满敌意的，国家品牌化战略的潜在优势并没有有效地传达给目标受众。在国家品牌化的过程中，似乎并没有充分地将所有的利益相关者群体整合起来。过于夸张地强调了现代的、前沿的内容，尽管增加了人们对英国在这方面的认知，但却削弱了对英国传统和已有成就的认知。

学术观点

区域营销、区域品牌和国家品牌：从实践到理论？
· 大卫·格特纳，博士，佩斯大学（Pace University）鲁宾商学院市场营销副教授，纽约

区域营销（Place marketing）和区域品牌（Place branding）并不是两个新概念。几个世纪以来，国家都在通过提供政治和宗教自由、经济机会以及其他诱惑，说服人们搬迁到有时甚至极为偏僻的所谓的"新世界"居住。许多历史上的政治人物也都曾试图重新定位或重塑其国家品牌。尽管长期存在于实践领域，但对一般意义上的区域营销和区域品牌的理论兴趣，特别是对国家品牌的兴趣，是近期才兴起的。

由于区域营销和区域品牌一直被看作是实践性的工作，其学科和研究领域的发展极为缓慢。早期大多数关于区域营销、区域品牌和国家品牌的研究都局限于旅游领域。我们的研究发现，自20世纪80年代初以来，在"营销与旅游"方面有近3000篇学术文章发表（Gertner, 2011a, 2011b）。近期，这一领域被重新界定为"目的地品牌"（Destination branding）研究。

特别是在20世纪80年代和90年代，另一个被学者们深入研究的领域是来源国效应（Country-of-Origin, C-O-O 或 COO 效应，或制造标签效应）对消费者关于进口或外国产品态度的影响。我们估计，在过去30年间，在期刊或会议议程中有1000多篇相关学术文章。大多数研究都使用了简单的研究方法，只描述了消费者对来自特定国家的产品的态度。有时，也会采用告知不同被试者同一产品来自于不同地区的研究方法，对比消费者对不同国家产品的态度。在一些来源国效应研究中，学者们还试图探究如民族中心主义、国家刻板印象和敌意等独立变量如何影响来源国效应对产品评价的测量。

然而，在90年代早期，采用"区域营销"和"区域品牌"等术语的学术文献迅速增加。一项对收录2860多份商业出版物的综合数据库——ABI/INFORM 环球数据库（ABI/INFORM Global™）——的调查发现，1990—2013年，共发表了793篇包含"区域营销"和"区域品牌"术语的学术文章，有100本出版物收录此类文章。从1990—2000年，只发表了47篇相关文章；而2000年后，此类研究剧增，2001—2010年，文章数量增长到452篇。接着，2011—2013年，在ABI/INFORM 环球数据库中共有294篇新文章使用了"区域营销"和"区域品牌"术语。

虽然区域营销、区域品牌和国家品牌研究的文章和出版物在数量上有了显著增长，但大多数研究仍然是定性的和描述性的。许多只是针对特定区域的案例研究，也有几篇论文和编辑评论中存在着许多作者的个人观点和趣闻逸事。这些研究虽然读起来引人入胜，但并没有推动学术理论的发展。研究中讨论的区域范围包含偏远的小地方和世界超级大

国，因此很难将不同的研究结果进行比对。关于区域营销和区域品牌文献的另一个显著特点是，它们涉及众多话题和议题，横跨多元的学科领域，并使用了繁杂不一的术语。这些现象对这一研究领域的界定以及规范此学科的专业术语提出了挑战。此外，几乎没有学术出版物为它提供理论研究背景，没有确立研究目标，没有定义变量，也没有提出可供检验的模型和假设。仅有极少量的文章使用了实证研究和先进的统计方法。

总之，毫无疑问，区域营销、区域品牌和国家品牌是重要的实践领域。实践者和学者们在这一领域正在开展越来越多的研究，越来越多不同学科的学术期刊为学者们提供了讨论学科相关问题的平台。近期也有许多研究试图建构体系完整的区域营销、区域品牌和国家品牌理论。

在循序渐进中，国家品牌正在开拓一条从实践到理论之路。

参考文献

Gertner, D. (2011a) 'A (tentative) meta-analysis of the "place marketing" and "place branding" literature', Journal of Brand Management, 19 (2), 112-131.

Gertner, D. (2011b) 'Unfolding and configuring two decades of research and publications on place marketing and place branding', Place Branding and Public Diplomacy, 7 (2), 91-106.

实践洞察

重塑新非洲——一个崛起的全球挑战者

- 特比·伊卡拉峰，品牌非洲①和品牌领导力集团②的创始人兼董事长，品牌金融非洲咨询公司③主席

---

① 品牌非洲（Brand Africa）：由非洲著名的品牌专家特比·伊卡拉峰在2009年创立，最初是一个非营利的公民社会机构，目的是动员非洲人和海外侨民主动推动品牌导向的非洲议程。品牌非洲运动于2010年正式启动。它是一项需要几代人共同努力的运动，目的是通过宣传积极的非洲形象、赞美多元性以及提升竞争力，鼓励建立一个伟大的非洲。——译者注

② 品牌领导力集团（Brand Leadership Group）：成立于2002年，是非洲第一家为希望建立可持续发展品牌的决策者提供包括品牌战略、品牌评估和知识产权管理服务在内的核心综合业务的公司。其品牌愿景是通过品牌塑造一个伟大的非洲。——译著注

③ 品牌金融非洲咨询公司（Brand Finance Africa）：英国品牌金融咨询公司是全球性的独立第三方品牌价值评估与咨询机构，总部位于英国伦敦，在全球20多个多家设立办事处。品牌金融非洲咨询公司是该公司位于非洲的办事处。——译著注

50多年前，1963年5月25日，32个非洲国家来到埃塞俄比亚这个从未被殖民过的国家（只是被意大利短期占领过），聚集在首都亚的斯亚贝巴，共同成立了非洲统一组织（Organization of African Unity, OAU）。该组织的目标是：促进非洲国家的统一与团结；协调和加强非洲国家在各个方面的合作以改善非洲各国人民的生活；保卫和巩固非洲各国的主权和领土完整以根除一切形式的殖民主义。

50年过去了，2013年5月25日，非洲在埃塞俄比亚庆祝非洲统一组织成立50周年，并设立了新的2063愿景：和平与繁荣。2002年7月9日，非洲统一组织在最后一个被殖民的非洲国家——南非的德班改组为非洲联盟（African Union, AU），非洲已经成为全新的、完全解放的非洲。

非洲目前有54个不同的国家，拥有超过10亿人口。非洲的人口有望在2050年达到20亿（United Nations Economic & Social Affairs, 2013）；经济有望在2014—2019年增长50%（每年增长7.7%），这一增速是发达国家的两倍（Deloitte, 2014）；城市化水平有望在2050年达到62%（Accenture, 2011），中产阶级群体快速扩大；消费支出有望在2020年达到1万亿（McKinsey, 2012）。对于频繁发生政变、直到2002年还曾发生过16场激烈战争的这块大陆而言，非洲目前正处于相对和平的时期，有三分之二的政府都是经过民主选举的，而在1991年时，整个非洲只有8个民主选举政府。这是一个崭新的非洲。

但是这块人口稠密的大陆并不是一个统一的市场，它包含着54个处在不同发展水平的国家，面临着与基础设施、社会不平等和贫困相关的不同挑战。尼日利亚（5800亿美元）、南非（3500亿美元）、埃及（2700亿美元）、阿尔及利亚（2110亿美元）、安哥拉（2110亿美元）、摩洛哥（1050亿美元）、苏丹（700亿美元）、加纳（550亿美元）、利比亚（550亿美元）、埃塞俄比亚（480亿美元）、突尼斯（470亿美元）和肯尼亚（440亿美元），这12个国家的GDP总量占整个大陆2.2万亿美元经济总量的82%。总的来看，这些国家的人口占非洲11亿人口的65%。

然而，在非洲，只有10%~13%的贸易发生在非洲国家之间，而在北美，其贸易的40%发生在北美国家之间；在西欧，其贸易的63%发生在西欧国家之间。因此，非盟成立了地区经济共同体（Regional Economic Communities, RECs）来刺激非洲内部贸易，缓解对全球贸易的依赖和高消费品价格带来的挑战，并增强非洲的内部自信。

毫不意外的是，这些经济区域内领先的国家是在品牌金融非洲国家品牌排名中居于前列的国家（Brand Finance, 2014）。这些名列前茅的国家分别是：第一名南非（2700亿美元），第二名尼日利亚（1110亿美元），第三名埃及（700亿美元），第四名阿尔及利亚（520亿美元），第五名摩洛哥（400亿美元），第六名加纳（200亿美元),第七名肯尼亚(190亿美元),第八名埃塞俄比亚(140亿美元),第九名坦桑尼亚(130亿美元)和第十名乌干达(100亿美元)。

持续增长的创业率以及贸易和营商环境的优化,也推动着"非洲制造"(Made in Africa)品牌的崛起和人们信心的增长。尽管到目前为止仍然没有出现能够主导非洲市场的非洲品牌,而在非洲最受追捧的品牌中只有23%是来自非洲本地;与此同时,在品牌非洲百强(Brand African 100),即非洲最佳品牌调查中(Brand Africa, 2014),在非洲最受追捧和最具品牌价值的前100个品牌中只有1%是非洲本地品牌。但是,非洲品牌在电子通信、食品、媒体和零售业中正在崛起。随着非洲经济的发展,非洲人正在日益富裕起来,非洲品牌的品牌塑造能力也在不断增强,因此,对基于非洲思维的本土品牌或外来品牌的需求也必将持续增长。

目前,非洲国家正在逐渐关注其国家品牌。南非、肯尼亚、博兹瓦纳、加纳和尼日利亚已经建立了国家品牌推广机构,负责主动塑造国家品牌,使之能够推动投资、旅游、贸易和出口的发展,强化国家身份,建立具有说服力的、协调一致的、和谐的品牌形象。但是,大部分非洲国家还在通过其旅游和贸易机构吸引外商直接投资、刺激旅游以及推动贸易和出口,以此发展国家品牌。

新近富裕起来的非洲精英和社会公众也在通过投资创业,刺激非洲企业的发展和国家品牌的发展,并以此助力非洲的复兴。例如,苏丹的电信业亿万富翁莫·易卜拉欣(Mo Ibrahim)建立了易卜拉欣非洲国家治理指数(Ibrahim Governance Index)来评估非洲各国的治理质量。尼日利亚的托尼·欧·埃卢梅卢基金会(Tony O. Elumelu's Foundation)也建立了非洲资本主义学院(Africapitalism Institute),旨在为1000家新兴的非洲企业赋能,建立跨非洲的商业往来,如MTN集团(南非)、丹格特工业(尼日利亚)、南非数字卫星电视(南非报业子公司)(南非)、泛非经济银行(多哥)和远猎通信公司(肯尼亚电信和英国沃达丰电信的合资企业)(肯尼亚)。其中,远猎通信公司的移动钱包服务已经成为移动转账的全球标准之一。这些业务和品牌大多都在品牌非洲百强排行榜和非洲挑战者40强排行榜中处于显著位置,这些都是在全球经济中迅速扩张的非洲企业(Boston Consulting Group, 2010)。

尽管非洲国家当前面临着基础设施、贫困、不平等和青年失业方面的挑战,但同时也拥有着巨大的经济机遇,人们已经认识到,当前非洲正单向地向全世界呈现出全新的机遇。为了实现这一机遇,非洲的发展需要由非洲人民所引领。同时,也需要清楚地认识到54个非洲国家在吸纳那些在非洲拥有商业和发展双重机遇的全球品牌和企业时所面临的不同的挑战和机遇。如今,许多社会公共项目正在推进之中,如品牌非洲项目,它需要几代人的共同努力来创造正面的非洲形象、为非洲身份喝彩并激发非洲竞争优势。还有一些其他项目正极力发挥着推动性的非政府作用,补充泛非洲政府职能,如非盟主持的持续加速非洲发展项目。

随着电信业、互联网、非洲内部和国际旅游的发展,以及非洲经商环境的优化,非洲和非洲人民能够更好地与全球的和当地的可能性相联系。当前非洲的信心与日俱增,这是一个崭新的非洲,一个非洲人民为之奋斗的非洲。在了解当地现状的基础上,在全球标准的激励下,非洲已经准备好并且有能力向全球发起挑战。

参考文献

Accenture (2011) 'The Dynamic African Consumer Market: Exploring Growth Opportunities in Sub-Saharan Africa'.

Boston Consulting Group (2010) 'The African Challengers', www.bcg.nl/documents/file44610.pdf.

Brand Africa (2014) www.brandafrica.org/Rankings.aspx.

Brand Finance (2014) 'Brand Finance Nation Brands 2014', www.brandfinance.com/images/upload/brand_finance_nation_brands_report_2014_final_edition.pdf.

Deloitte (2014) 'The Deloitte Consumer Review – Africa: A 21st Century View'.

McKinsey (2012) 'The Rise of the African Consumer: A Report From McKinsey's Africa Consumer Insights Center'.

United Nations Department of Economic & Social Affairs (2013) 'World Population Prospects: The 2012 Revision–Highlights and Advance Tables', United Nations, New York.

案例:奥巴马品牌:一个美国偶像的崛起与衰落,及其对品牌美国的影响

·南希·斯诺(Nancy Snow),博士,国际关系学,华盛顿特区美利坚大学

在我们这些公共外交和国家品牌领域的研究者和从业人员中,有许多人都为20世纪第一个10年美国声誉的衰落而感到惋惜。品牌美国(Brand America)影响力的衰落有许多症状可循,这些都与乔治·布什品牌(Brand G. W. Bush)有关:关塔那摩监狱、阿布格莱布监狱、邪恶轴心国家《威胁与恐吓》(Shock and Awe)和卡特里娜飓风让整个世界都感到惊奇,这个世界领先的品牌国家到底发生了什么。接着,一位来自伊利诺伊州的资历不深的参议员走进了媒体和人们的视线,并提出要在几个月之内重塑我们的国家形象。巴拉克·奥巴马由此成为提升国家形象与声誉的黄金标准。

这么说并不是纯粹的盲目推崇。美国盼望着一些新事物的出现，即使从前没有进行过尝试，经验并不这么重要。"9·11"事件之后的8年显得尤为漫长，而奥巴马出现的时机非常适时，尽管他和他的对手约翰·麦凯恩（John McCain）同样面对糟糕的国家经济。

巴拉克·奥巴马在与之前被预测为下一任美国总统的希拉里·克林顿（Hillary Clinton）的竞争中脱颖而出，并成功说服这位前任对手担任其政府的国务卿——这位他曾经在一次辩论中称为令人尴尬的"足够可爱"的女士。最终，这位国务卿成为奥巴马政府中最受欢迎的成员，甚至盖过了总统的光芒。

让奥巴马品牌持续发光的两个策略是故事的创造和新媒体的运用。奥巴马的崛起恰逢Facebook、Twitter、YouTube等社交媒体品牌的兴起。这些公司成立于布什政府任期内，但它们的技术在2004年的大选时还是全新的。到了2008年，奥巴马的生平、故事和形象都已经为数字政治时代做好了准备。

19世纪作家霍雷肖·阿尔杰（Horatio Alger）在小说中讲述了一群出身贫穷的男孩跻身中产阶级的故事，这是为美国准备的品牌创意故事，正如史蒂夫·乔布斯（Steve Jobs）在创立苹果公司时的家庭车库一样。奥巴马的故事正是迎合这个时代的线上2.0版本。一位出身平凡的夏威夷混血男孩成长为哈佛的法律教授、社区组织者、作家和参议员。他迅速崛起至顶层，这体现了终极的美国品牌价值，就好像是《美国偶像》（American Idol）遇见《白宫风云》（The West Wing）。在2008年，像克林顿那样的来自华盛顿的政客则像是在《美国偶像》中被早早淘汰和遗忘的参赛者。

但是，创造故事还远远不够。选民就像消费者一样，需要一个理性的观点或缘由来相信品牌。在奥巴马的案例中，他的信条与耐克的"只管去做"（Just Do It）一样简单。奥巴马的"改变"（Change）及其辅助语["改变，是你（我们）的信仰"]足以赢得选民。奥巴马不是布什或者布什的继任者约翰·麦凯恩——这就已经足够了。

候选人奥巴马拥有一个善于营销的梦幻团队，这个团队深深地打动了许多人的心。2008年10月，在全国广告商协会的年会上，一群营销人员和广告公司负责人将巴拉克·奥巴马评为《广告时代》"年度营销者"（第二名是苹果公司）。大家可以想象一下，作为2013年全球第一的苹果公司，曾经还位居一位总统候选人之后。

但奥巴马不是一位普通的总统候选人，从他的"巴拉克议程"（Barackagenda）中便可以看出他的独到之处。在就职典礼的前几天，与总统相关的产品已经在华盛顿特区随处可见。当我走过华盛顿市中心华丽的联合车站时，我遇到了瑞典宜家品牌生产的白宫椭圆形办公室的复制品，它是奥巴马2009年"拥抱改变"（Embrace Change）广告活动的一个纪念品。巴拉克，巴拉克，他无处不在，他仿佛在参加一场没有对手的竞选。

自全球最知名的美国商业偶像万宝路男人（Marlboro Man）以来，巴拉克·奥巴马是最好的政治营销载体。奥巴马竞选标识中代表升起的太阳的字母"O"和谢帕德·费瑞（Shepherd Fairey）为其设计的以"希望"为主题的竞选海报就像耐克的旋风标识一样，让奥巴马风靡一时。希拉里·克林顿对他而言，就像是微软电脑对苹果电脑，而约翰·麦凯恩对他而言，就像是悍马对普锐斯。这位出生在夏威夷州的总统，有着加利福尼亚州的酷精神。正如加利福尼亚州第一夫人玛丽亚·史瑞佛（Maria Shriver）在加利福尼亚州谈到奥巴马时，与卡罗琳·肯尼迪（Caroline Kennedy）和奥普拉·温弗瑞（Oprah Winfrey）一同表达的对他的赞许那样："我越想越觉得，如果巴拉克·奥巴马是美国的一个州，他会是加利福尼亚州：多元、开放、聪明、独立、具有反抗传统、创新、鼓舞人心；他是梦想家，也是领导者。"接近性带来共通性，苹果电脑、谷歌和现在的奥巴马，它们都是加利福尼亚州精神的象征。

在奥巴马第二届总统任期的中期，品牌奥巴马正在失去其核心的支持群体。曾经对其支持率高达75%的年轻美国人不再像从前那样对他着迷。2014年，他在青年群体中的支持率只略高于40%。在2014年的愚人节当天，棒球巨星大卫·奥尔蒂斯（David Ortiz）在推特上发布了一张和奥巴马的自拍合影以宣传他的新三星手机。白宫对于将总统植入商业广告中表达了不满。但是，类似的植入式广告同样发生在白宫南草坪上，它并没有就此终止。正如任何标志性的全球品牌一样，挑战在于对相关性的保持。

巴拉克·奥巴马抓住了当时整个世界对于变革的想象，这一想象是我们所有人都可以相信的。然而，人们对变革的希望逐渐变为了对现状的维持，而且信任和尊重也遭受了极大的破坏。其他的全球性品牌，如斯诺登（Snowden）、普京（Putin）和阿萨德（Assad），正在与品牌美国的首席执行官展开竞争。曾将奥巴马医改植入一档名为《蕨间访谈》（Between Two Ferns）的病毒式短片节目中的总统也许看到了其统治的衰微，这也对品牌美国的全球认知带来了潜在的影响。

当一个国家将自身的形象与一张面孔相关联时，随之而来的问题是，当经济低迷时，国家的信誉度也会下降，而且这种情况经常发生。有效的国家品牌塑造并不依赖魔弹效应，只能采取循序渐进的行为塑造模式。从独立宣言到自由女神像，美国是世界上第一个建立自身形象的国家，这两个标志性的符号激发了全世界的自由运动。而今天的问题是，美国不再是曾经那个希望的象征。在奥巴马时代之后，美国将如何更新其声誉和形象？首先，美国没有遭遇无法在旅游者和投资者脑海中留下印象的困难，尽管这一问题影响了许多其他国家。无论是好还是坏，美国始终被全球公众所关注。关键是如何让那些好的想法和行为盖过那些坏的。对于美国来说，一直存在于公众心目中的难以改变的形象是美国被视为一个暴力的国家。这种形象在好莱坞电影中比比皆是，电影中的枪击和杀戮赤裸裸地通过电影市场在全球传播。是的，枪支文化是美国文化的一部分，但无理性的暴力行为并非如电影中随时发生。实际上，美国以某种形式的公共服务相对柔化了这一紧张形象。美国是一个由行动者组成的国家,他们宁愿采取行动,也不愿顾虑重重。在采取非暴力的回应时,美国展现出了正面积极的国家特征。在采取暴力的回应时,它在世界公众心目中的形象便不再正面了。

在 21 世纪,硬实力正在称雄,这一点在"9·11"事件之后的美国以及世界其他国家都得以体现。正如往常,世界公众对于这种现象表现出越来越多的担忧。我深信,通过公民使者的行为,能吸引而不是赶走那些仍对美国怀有好奇之心的人,使美国形象朝着更加正面的方向发展。

案例:阿联酋——国家品牌架构

·梅洛德娜·巴拉克里希南(Melodena Balakrishnan),迪拜卧龙岗大学(University of Wollongong)工商管理学院副教授

国家品牌架构战略是复杂的,因为国家品牌很难被清晰地表述。国家品牌是以下内容的集合吗?(1)一个国家蕴含的或不经意对外传播的价值体系?或是(2)一系列符号化的、功能性的呈现方式?或是(3)对多元目标受众或多元利益相关者群体的认知?因为目标受众的范围大、种类多,简单的战略难以吸引他们的注意力。一个国家不仅需要获得公民的认同以实现国家的和平和繁荣,还需要来自短期居留者、旅游者、外国投资者、商人、其他政府机构、媒体和非政府组织的认同。国家品牌的复杂性一方面来自于不同利益相关者群体寄希望于国家品牌能代表他们自己的既得利益,另一方面来自于公众对国家形象认知的不可控性。

阿联酋(UAE)由七个酋长国构成,它们是阿布扎比(首都)、迪拜、沙迦、阿治曼、乌姆盖万、拉丝海马、富吉亚。据估计,阿联酋拥有约 850 万人口,其中 84% 的人口为移民。这个于 1971 年获得独立的年轻国家,凭借航空业、旅游和贸易在 2012 年获得了 1000 万的客流量(超过本国人口)。同年,迪拜机场共接纳了 6600 万人次的旅游者,拥有超过 125 条航线,联通了全世界 284 个目的地(Dubai Airports, 2014)。

阿联酋的战略位置使其可以辐射到周围 4~8 小时路程半径内的 40 亿消费者,并且成为该地区最大的电子产品消费市场,同时在该地区的奢侈品市场上占有 50% 的份额。阿联酋还拥有世界上最大的机场免税零售市场,也拥有世界上最为国际化的零售市场。随着全球化的深入,阿联酋正在加大投入,为本国品牌在全球市场中发声。这是一项细致的工作,需要帮助人们认识到这些品牌的来源国是阿联酋,而不是阿拉伯或者中东。阿联酋一直都需要管理自身的国际公众认知。以 2006 年迪拜港口世界集团接管英国渡船公

司并负责管理美国港口为例,当时,美国公众对中东公司接管的反应较为负面(即使五年过去了,美国公众对"9·11"的悲剧仍记忆犹新),这导致迪拜政府最终放弃了管理港口的权利,尽管布什政府已经同意了这项交易。阿联酋在2009年的金融危机中度过了一段艰难的时间,当时,迪拜酋长国受到英国媒体讽刺性的攻击。接下来又发生了一系列事件,进一步表明了媒体管理的重要性,阿联酋政府也以此为鉴(Government of Dubai Department of Finance, 2014)。

通过不断提升的全球可见度和强势的区域政策影响力,阿联酋的国家品牌得到了强化。阿联酋是海湾合作委员会(GCC)、石油输出国组织(OPEC)和阿拉伯联盟(Arab League)的成员。它同时也是世界贸易组织(WTO)和联合国贸易和发展会议(UNCTAD)的成员。总体上看,阿联酋,特别是首都阿布扎比,拥有大量的主权财富资金,能够用于保障和维持阿联酋国民未来的福利。拥有6270万亿美元的资产的阿联酋阿布扎比投资局,是世界上第二大的主权财富基金。通过对外直接投资,来自阿联酋的品牌正在成为本国的品牌大使。这些品牌可以是政府、事业单位或企业(由本国公民或者外国定居者拥有),或是总部设在阿联酋的产品品牌,如阿联酋换汇交易所(全球最大的汇款公司之一)、芙拉(玩偶)、冰雪伦敦(冰淇淋)、旅行者的礼物(骆驼奶产品)、美味骆驼奶(骆驼奶产品)、纳斯玛(骆驼牛奶巧克力)或弗瑞杰(卡通系列)等阿联酋品牌。

通过最新成立的国际合作与发展部(MICAD),阿联酋交互(UAEinteract, 2013)统计了43个重要的阿联酋组织,包括政府部门、事业单位、发展、人权和慈善组织,以及一些私人部门和个人;2012年,阿联酋全年在救助方面共花费了15.9亿美元,并在137个国家和地区的发展项目中投入了15.2亿美元。柔性公共外交和媒体管理对于建构国家声誉而言至关重要,阿联酋选择的品牌援助项目对建构国家品牌价值起到了很好的作用。

在商业领域,我们看到了自由贸易区的成功设立。自1985年起,19家公司入驻了迪拜杰贝阿里自贸区。截至2014年,自贸区已经接纳了阿联酋20%的外国直接投资(非石油贸易的价值达到900亿美元)和超过7300家来自125个不同国家的跨国企业(*The Jakarta Post*, 2014)。如今,迪拜已经成为世界上最大的再出口中心。自贸区的概念已经在阿联酋得到广泛传播,目前,据估计,阿联酋共有26个自贸区。日益增长的国际贸易和投资也带来了新的挑战,阿联酋希望在全球化的进程中平衡文化遗产保护和多元文化涌入之间的关系,这就需要有更多的"本地"全球品牌。那么,该如何实现平衡呢?

国家的形象塑造可以来自其政策实施,也可以来自符号化的、可感知的纪念物和活动。阿联酋保持着许多世界之最:如世界上最高建筑——哈利法塔,世界上最大的商场——迪拜商场,世界上最高的酒店——迪拜侯爵万豪酒店,世界上第一家室内沙漠滑雪场——迪拜滑雪场,以及世界上最快的过山车——法拉利世界主题公园过山车。那些本地和国际性体育的季节赛事、文化和旅游节庆、购物，都增加了国家品牌的吸引力。那些展示阿联酋形象的流行文化内容，如电影（汤姆·克鲁斯的《碟中谍》）、电视节目（《英国疯狂汽车秀》）和流行音乐（2009年视频游戏《侠盗猎车手》中的歌曲《阿拉伯金钱》）等，都为国家的品牌塑造和推广增加了光环。

管理品牌架构的未来机遇

1. 塑造自豪感

这是阿联酋愿景（UAE Vison）计划的核心。自豪感存在于每一位国民和每一位居住在阿联酋的居民的心中。将国家品牌价值根植于自豪感和遗产中是最容易获得成功的。因此，品牌架构必须包含具有象征意义和情感吸引力的要素。作为一个年轻的国家，通过讲故事的方式将对历史的自豪感和对未来的关注融为一体，能够向人们展现一个具有发展潜力的国家。由于这些故事是在阿拉伯语的环境中得以讲述的，因此它们需要再用其他语言被表达。

2. 管理全球声誉

阿联酋位于容易爆发危机的中东地区的交汇点。战争行为或者类似的侵略行为、自然灾害、公共危机都是威胁该国声誉的问题。危机沟通的文献通常强调去寻找有光环影响力的强势品牌，并把这些品牌用于获取支持和在危机发生时发挥正向引导作用（Balakrishnan, 2011）。采用新兴的品牌战略来管理阿联酋的全球品牌也需要依赖强势品牌。一些体育赛事就是成功的强势品牌案例，包括足球（阿联酋航空赞助阿森纳足球俱乐部和曼城足球俱乐部）、F1方程式赛车（阿布扎比大奖赛）、橄榄球（2014印度超级联赛赛季开始于阿联酋）、网球（迪拜网球公开赛）、高尔夫（阿布扎比汇丰高尔夫锦标赛和欧米伽迪拜沙漠精英赛）、马术比赛（迪拜世界杯是世界上资金最充足的马术比赛）、跑步（渣打迪拜马拉松）、沃尔沃环球帆船赛（以阿布扎比为终点）和跳伞（迪拜国际跳伞锦标赛）等。除了体育赛事，阿布扎比和迪拜也举办国际电影节，并且通过竞标获得重要的国际会议和活动的举办权，如2020年将在迪拜举办的世界博览会。

3. 品牌表征

考虑到阿联酋是一个小国，酋长国之间以及企业界很难共享优势资源。因此，品牌架构可以在这方面发挥作用。2010年，上思国际广告公司（M&C Saatchi）帮助设计了阿布扎比全球旅游品牌——"欢迎旅游者"（Travellers Welcome）的标识，该标识对阿布扎比品牌进行了合理而精简的表征。迪拜在2014阿联酋国际旅游业展览会上介绍了阿拉伯语和英语双语的新标识。2010年,阿联酋开展了一项为国家设计品牌标识的开放性竞赛活动,并于2012年举行了公众投票,尽管投票结果并不是决定性的(khmohammed.com,2010)。旅游部门通过旅游纪念品来展示阿联酋和各酋长国,国家品牌也有机会通过授权商标得以展现。除了标志性的建筑和活动之外,阿联酋大多数能代表自身形象的物品在中东地区都普遍存在,如大枣、咖啡、骆驼和沙漠等。阿联酋的遗产和历史故事已经被现代化的诠释所淡化,因此需要从与其相似的其他国家品牌中借鉴。

4. 发挥协同作用

企业直接或间接地发挥着品牌大使的作用,因此需要在私营企业中获得更大的认同。如澳大利亚的"澳大利亚制造"(Made in Australia)标识就发挥了这样的作用。阿联酋希望通过其国际知名的重要企业帮助传达什么样的共同品牌价值?国民也是一个国家的代表。阿联酋人以当地服饰为荣,一些领导人在国际媒体中的曝光度也很高。2009年6月,阿联酋总理拉希德·阿勒马克图姆(Sheikh Mohammed)开设了社交媒体账号,如今他已经拥有274万Twitter粉丝,甚至在2014年主持了最大规模的"众包概念"在线大会。

作为一个年轻的国家,阿联酋将零散资源有效整合发展为一个强势的品牌架构战略,并取得了巨大成就。

参考文献

Balakrishnan, M.S. (2011) 'Protecting from brand burn during times of crisis: Mumbai 26/11: A case of the Taj Mahal Palace and Tower Hotel', Management Research Review, 34 (12), 1, 309-1, 334.

Dubai Airports (2014) Fact Sheets, Reports and Statistics, dated 13 April, www.dubaiairport.com/en/media-centre/facts-figures/pages/factsheets-reports-statistics.aspx?id=9 (accessed 14 April 2014).

Government of Dubai Department of Finance (2014) 'The Global Financial Crisis-Lessons Learnt', available: http://91.74.184.33/videoplayer/Dubai-The-Global-Finan cial-Crisis-Lessons-learned.pdf?ich_u_r_i=f936f1df57c940056fc70feb7c4da52b &ich_s_t_a_r_t=0&ich_e_n_d=0&ich_k_e_y=1445048921750763042409&ich_t_y_p_e=1&ich_d_i_s_k_i_d=5&ich_u_n_i_t=1 (accessed 20 April 2014).

The Jakarta Post (2014) 'UAE lures RI companies to its free-trade zone', 9 April, available: www.thejakartapost.com/news/2014/04/09/uae-lures-ri-companies-its-free-trade-zone.html.

khmohammed.com (2010) 'The Nation Brand Contest', available: www.sheikhmohammed.com/vgn-ext-templating/v/index.jsp?vgnextoid=c3add2b1a8a9b210VgnVCM 1000004d64a8c0RCRD&vgnextchannel=0561fd70bdc04310VgnVCM100000 4d64a8c0RCRD&vgnextfmt=default&date=1286100943680 (accessed 21 April 2014).

UAEinteract（2013）'Humanitarian Aid', available: www.uaeinteract.com/government/development_aid.asp.

总　结

本章介绍了国家品牌化的意义、范围和概念演进。尽管国家品牌这一概念仍然有局限性和不完美之处，我们还是探讨了品牌的实质和不同国家理解品牌的不同方式。国家品牌希望达到的目的主要包括：刺激招商引资、促进国家品牌出口和吸引旅游者。下一章，我们将对品牌理论进行更深入的探讨，特别关注国家品牌身份、形象和定位。

讨论要点

1. 请选出三个国家，并从推动贸易、投资和旅游方面对比它们的国家品牌化战略。讨论这三个国家采用的路径之间的异同点。

2. "品牌"概念在应用到国家时可以发挥多大的作用？在其他学科领域有没有更加有效的路径可以帮助国家管理它们在全球舞台上的声誉？

3. 本章的"实践洞察"将非洲国家描述为新兴的全球竞争者。为了实现国家品牌目标，非洲国家还需要做出哪些努力？怎样的战略能够帮助它们实现自身的目标？

4. 本章的案例"品牌奥巴马和品牌美国"中强调了国家领导人与国家形象之间的关系。请举出政治领导人在国家认知方面产生巨大影响的例子，与那些政治领导人在国家认知方面几乎没有产生影响的例子对比，并解释为什么外界对一些国家的看法会受到其政治领导的影响，对另一些国家的看法则不会。

5. 请思考本章案例中阿联酋使用的国家品牌架构，并说明其他国家能够从阿联酋的国家品牌架构路径中借鉴哪些经验？

本章参考文献

Aaker, D.A. and Joachimsthaler, E.（2009）Brand Leadership: Building Assets in an Information Economy, US: The Free Press.

Aldersey-Williams, H.（1998）'Cool Britannia's big chill', *New Statesman*, 10 April, 12–13.

Anholt, S.（1998）'Nation-brands of the twenty-first century', *Journal of Brand Management*, 5（6）, 395–406.

Anholt, S.（2003）*Brand New Justice: The Upside of Global Branding*, UK: Butterworth-Heinemann.

Anholt, S.（2007）Competitive Identity: The New Brand Management for Nations, *Cities and*

Regions, UK: Palgrave Macmillan.

Aronczyk, M. (2013) *Branding the Nation: The Global Business of National Identity*, US: Oxford University Press.

Baker, M.J. and Balmer, J.M.T. (1997) 'Visual identity: Trappings or substance?', *European Journal of Marketing*, 31 (5/6), 366–375.

Balmer, J.M.T. and Gray, E.R. (2003) 'Corporate brands: What are they? What of them?', *European Journal of Marketing*, 37 (7/8), 972–997.

Browning, C.S. (2014) 'Nation branding and development: poverty panacea or business as usual?', *Journal of International Relations and Development*, advance online publication 22 August 2014; doi: 10.1057/jird.2014.14.

de Chernatony, L. and McDonald, M. (2003) *Creating Powerful Brands*, 3rd edn, UK: Butterworth-Heinemann.

Christensen, C. (2013) '@Sweden: Curating a nation on Twitter' Popular Communication: *The International Journal of Media and Culture*, 11 (1), 30–46.

Cormack, P. (2008) '"True stories" of Canada: Tim Hortons and the branding of national identity', *Cultural Sociology*, 2 (3), 369–384.

Doyle, P. (1992) 'Branding', in Baker, M.J. (1992), *The Marketing Book*, 2nd edn, UK: Butterworth-Heinemann.

Eshuis, J., Braun, E. and Klijn, E.-H. (2013) 'Place marketing as governance strategy: An assessment of obstacles in place marketing and their effects on attracting target groups', *Public Administration Review*, 73 (3), 507–516.

Flanagan, M. (2003) 'Abbey rebrand sees Scottish names consigned to history', *The Scotsman*, 25 September, 27.

Gilmore, F. (2002) 'A country-can it be repositioned? Spain-the success story of country branding', *Journal of Brand Management*, 9 (4–5), 281–293.

Grant, J. (2006) *The Brand Innovation Manifesto*, UK: John Wiley & Sons.

van Ham, P. (2001) 'The rise of the brand state: The postmodern politics of image and reputation', *Foreign Affairs*, 80 (5), 2–6.

Holt, D.B. (2004) *How Brands Become Icons: The Principles of Cultural Branding*, US: Harvard Business School Press.

Hymans, J.E.C. (2010) 'East is East, and West is West? Currency iconography as nation-branding in the wider Europe', Political Geography, 29, 97–108.

Interbrand (2008) 'Country Case Insight-Estonia', in Dinnie, K., *Nation Branding-Concepts, Issues, Practice*, 1st edn, 230–235, London: Butterworth-Heinemann.

Jaffe, E.D. and Nebenzahl, I.D. (2001) *National Image & Competitive Advantage: The Theory and Practice of Country-of-Origin Effect*, Denmark: Copenhagen Business School Press.

Jobber, D., Saunders, J., Gilding, B., Hooley, G. and Hatton-Smooker, J. (1989) 'Assessing the value of a quality assurance certificate for software: An exploratory investigation', *MIS Quarterly*, 13(1), 19–31.

Jobber, D. and Fahy, J. (2003) *Foundations of Marketing*, UK: McGraw-Hill Education.

Journal of Brand Management (2002) Special Issue: Nation Branding, 9 (4–5).

Kaneva, N. (2011) 'Nation branding: Toward an agenda for critical research', *International Journal of Communication*, 5, 117–141.

Keller, K.L. (2012) *Strategic Brand Management: Building, Measuring, and Managing Brand Equity*, 4th edn, US: Prentice Hall.

Konečnik Ruzzier, M. and de Chernatony, L. (2013) 'Developing and applying a place brand identity model: The case of Slovenia', Journal of Business Research, 66 (1), 45–52.

Kotler, P. and Gertner, D. (2002) 'Country as brand, product, and beyond: A place marketing and brand management perspective', *Journal of Brand Management*, 9 (4–5), 249–261.

Kotler, P., Haider, D.H. and Rein, I. (1993) *Marketing Places: Attracting Investment, Industry, and Tourism to Cities, States and Nations*, US: Free Press.

Kotler, P. and Keller, K.L. (2011) *Marketing Management*, 14th edn, US: Prentice Hall.

Leonard, M. (1997) *Britain^{TM}: Renewing Our Identity*, London: Demos.

Lodge, C. (2002) 'Success and failure: The brand stories of two countries', *Journal of Brand Management*, 9 (4–5), 372–384.

Lynch, J. and de Chernatony, L. (2004) 'The power of emotion: Brand communication in business-to-business markets', *Journal of Brand Management*, 11 (5), 403–419.

Macrae, C., Parkinson, S. and Sheerman, J. (1995) 'Managing marketing's DNA: The role of branding', *Irish Marketing Review*, 18, 13–20.

Mihailovich, P. (2006) 'Kinship branding: A concept of holism and evolution for the nation brand', *Place Branding*, 2 (3), 229–247.

Morgan, N., Pritchard, A. and Piggott, R. (2002) 'New Zealand, 100% pure. The creation of a powerful niche destination brand', *Journal of Brand Management*, 9 (4–5), 335–354.

Olins, W. (1999) *Trading Identities: Why Countries and Companies are Taking Each Others' Roles*, London: The Foreign Policy Centre.

Olins, W. (2002) 'Branding the nation-the historical context', *Journal of Brand Management*, 9 (4–5), 241–248.

O'Shaughnessy, J. and Jackson, N. (2000) 'Treating the nation as a brand: Some neglected issues', *Journal of Macromarketing*, 20 (1), 56–64.

Papadopoulos, N. and Heslop, L. (2002) 'Country equity and country branding: Problems and prospects', *Journal of Brand Management*, 9 (4–5), 294–314.

Porter, M. (1998) *The Competitive Advantage of Nations*, UK: Palgrave.

Preston, P. (1999) 'Branding is cool', *The Guardian*, 15 November, 22.

Rasmussen, R.K. and Merkelsen, H. (2012) 'The new PR of states: How nation branding practices affect the security function of public diplomacy', *Public Relations Review*, 38, 810–818.

Roll, M. (2006) *Asian Brand Strategy: How Asia Builds Strong Brands*, US: Palgrave Macmillan.

Scottish Executive (2001) 'A Smart, Successful Scotland', 30 January, www.scotland.gov.uk/publications.

Sunday Herald (2003) 'Scotland the Brand ready to go private', 9 March, 8.

Sunday Herald (2004) 'Scotland the Brand votes to wind up', 30 May, 1.

Szondi, G. (2007) 'The role and challenges of country branding in transition countries: The Central European and Eastern European experience', *Place Branding and Public Diplomacy*, 3 (1), 8–20.

Temporal, P. (2010) *Advanced Brand Management: Managing Brands in a Changing World*, 2nd edn, New York: John Wiley & Sons.

Warnaby, G. (2009) 'Towards a service-dominant place marketing logic', *Marketing Theory*, 9 (4), 403–423.

Wolff Olins (2003) 'Branding Germany', www.wolff-olins.com/germany (accessed 16 May 2003).

Yousaf, S. (2014) 'Branding Pakistan as a "Sufi" country: The role of religion in developing a nation's brand', *Journal of Place Management and Development*, 7 (1), 90–104.

第二章

国家品牌身份、形象与定位

> 🔑 **关键要点**
> - 身份概念和形象概念是国家品牌领域的关键概念,身份与形象之间的差异对品牌的影响是破坏性的,因此我们有必要在此讨论这个话题。
> - 对国家品牌进行定位需要明确目标受众心中产生正面价值的品牌联想。
> - 对于高度多元化的国家而言,建立统一的品牌定位具有很大的挑战性。

引 言

本章将探讨品牌理论的三个关键要素:品牌身份、品牌形象和品牌定位,以及这三个概念在国家品牌语境中的运用。本章的第一个案例将关注印度及其公共外交,第二个案例将分析葡萄牙国家品牌架构面临的问题。学术观点部分将会探讨康养目的地品牌的发展，实践洞察部分将分析国家品牌中政治语境的重要性。

身份与形象

在讨论"身份"（identity）概念时，人们常常会把它和"形象"（image）概念相混淆，因为二者相互关联但又有所区别。因此，我们需要花一些时间来厘清这些术语，并解释这些术语与国家品牌之间的相关性。

"身份"在《牛津简明英语字典》（2009）中被定义为"关于某人是谁或某物是什么的事实"，也包含了"决定某人或某物的特质"的意义。而"形象"的含义则有所不同，包括"一个人、组织或产品给公众留下的大体印象"和"一种心理再现"。如果翻看其他辞典，还可以找到关于这两个概念的其他定义，众说纷纭。为了方便研究，我们选择采用下面这个简单而有力的定义："身份"是指事物的真实面貌和本质；而"形象"则是指事物如何被看待。"身份"与"形象"之间常常存在差异，而身份—形象之间的差异又会带来消极影响。许多国家因为没有被其他国家正确认知而感到沮丧，并由此产生对抗情绪。刻板印象、陈词滥调和体现种族歧视的讽刺性漫画经常主导着对某一国家的认知。因此，国家品牌建设的首要目标是识别这些偏见和负面认知，为这些被误解的国家提供方法，以应对那些可能阻碍其经济发展和国际地位提升的消极影响。

许多品牌管理和战略领域的作者已经强调了品牌身份和品牌形象的本质和重要性。通常这些观点都产生于产品、服务或企业语境中，而不是国家语境。但是，品牌身份和品牌形象的核心概念可以被转移到国家品牌的语境中。对品牌身份和品牌形象构成要素的分析是理解国家身份和国家形象的起点。罗尔（Roll，2006）提出，企业在品牌身份的发展中应该考虑五个关键要素：一是品牌愿景（brand vision），它是清晰描述品牌未来发展方向以及品牌希望在规定时间内实现的预期角色和到达的行业地位的内部文件；二是品牌范围（brand scope），它是品牌愿景文件的下属文件，主要概括品牌可以进入的细分市场和产品类别；三是品牌定位（brand positioning），它是品牌试图在消费者心目中占据的位置；四是品牌个性（brand personality），它是品牌带有的某种个性特征，以帮助消费者建立与品牌的情感联系；五是品牌精髓（brand essence），它是品牌的核心和灵魂，它代表着品牌的内涵和品牌之所以独特的核心价值。

我们可以将罗尔对品牌身份塑造关键要素的分析做一些细微的改动，将它应用于国家品牌身份的塑造中。正如适用于产品品牌一样，品牌愿景、品牌范围、品牌定位和品牌个性也同样适用于国家品牌。然而，当谈到品牌精髓时，罗尔认为这一点可以用两三个词来表达；虽然这种方法对于许多产品品牌和服务品牌来说合理有效，但将这样一种极简的模式应用于国家品牌却略显草率。国家品牌的多维度本质使其无法进行如此简单快速的分类。这也是国家品牌的最大挑战——"提炼"（Encapsulation）的困境，即如何把丰富的品牌资源提炼为核心价值。国家文化的无限丰富性应该如何被简化为具有吸引力的小片段，并"转化"为受到快速消费品营销商青睐的、具有高度影响力的品牌话语？国家很难做到这样的"提炼"，这个话题我们将在之后的章节中继续讨论，这是进行国家品牌化时必须要应对的基本问题。

罗尔在品牌身份的发展中提出了五个关键要素，莱胡（Lehu，2006）则提议，品牌身份包含十二个构成要素，在设计品牌话活动时需要将这些要素全部纳入考量。莱胡提出的十二个构成要素包括：品牌名称（Name of the brand）——它让品牌识别清晰而不模糊；遗产（Heritage）——每个品牌都有过去，需要对过去进行很好的表达；表达符号（Codes of expression）——如标识、字体大小和类型、颜色等图像特征；定位（Positioning）——产品在目标市场的受众心目中所占据的位置；地位（Status）——有必要明确品牌的市场地位，如市场领导者品牌、挑战者品牌等；个性（Personality）——品牌特征、创造力、活力、独立性等；日常行为（Everyday behaviour）——品牌比以往更加频繁地出现在公众视线中；信仰（Beliefs）——个人与品牌的情感联系、描述性联想和对品牌品质的信任；价值（Values）——社会认同与日俱增的重要性；投射形象（Projected image）——品牌所期望的形象以及展现给消费者的形象；消费者对品牌的态度（Attitude of the brand's consumers towards it）——当前品牌与消费者之间的互动关系；最后，品牌对消费者的态度（Attitude of the brand towards its consumers）——品牌需要研究、吸纳和尊重消费者。

莱胡详尽而富有洞见的剖析为分析品牌身份提供了不同的视角。值得商榷的是，"投射形象"不应纳入品牌身份建构的内容，因为投射形象存在于消费者的脑海中，品牌所有者无法掌控。南丹（Nandan，2005）指出，品牌身份来自于企业，而品牌形象则是消费者的认知，因此，身份和形象是相互区分而又相互关联的概念。然而，其他十一个构成要素是可以被品牌管理者掌控的，并且能够被运用到国家品牌中。表2.1表明了现有的品牌身份概念运用到国家品牌语境中的可能性。

表2.1 品牌身份构成和国家品牌表现

品牌身份构成	国家品牌表现
品牌愿景	由国家品牌发展团队的多位成员达成共识的战略文件，该团队应该包括来自政府、公共部门和私营企业以及公民社会的代表。
品牌范围	概括国家品牌能够进行有效竞争的行业部门和目标市场。它包括旅游、招商引资、教育等部门的细分战略。
品牌名称	一些国家为外界所知名称可能不止一个，如荷兰（Holland 和 Netherlands）、希腊（Greece 和 Hellas）等。国家需要评估不同名称所承载的潜在资产或不利因素。
表达符号	国旗、语言、象征物等。

续表

品牌身份构成	国家品牌表现
日常行为	政治或军事行为、外交倡议、国际关系行为准则。
什么构成品牌的独特性	国家的独特性——体现在文化、历史和人民中。
叙事身份	国家神话和英雄,建国故事等。
倡导意识形态	人权、可持续发展、对幸福的追求等。

来源:转引自罗尔(Roll, 2006),莱胡(Lehu, 2005),卡普曼雷(Kapterer, 2004),艾略特和珀西(Elliot & Percy, 2007),巴克霍兹和韦尔德曼(Buchholz & Wordemann, 2000)

加强利益相关者群体的认同感是管理工作的核心,认同感和核心价值观是组织和执行所有活动与交流的核心。此外,通过促使组织成员对组织本身的认同,在组织内部强烈的认同感可以提升成员的积极性和士气(Cornelissen, 2004)。这与内部品牌概念相关,它代表了国家品牌的另一个关键挑战,即如何让国民对自己的国家品牌产生认同?如上所述,马达瓦拉姆等人(Madhavaram et al., 2005)也阐述了品牌传播实践以品牌身份为核心进行规划的观念,他描述了品牌身份如何在培育和实施企业的整合营销传播(Integrated marketing communications, IMC)战略方面发挥告知、指导和帮助的关键性作用。为了帮助国家了解其他国家的公众对该国的看法,并确定该国的成就、人民、产品等如何反映在其品牌形象中,需要采取一种协同的方法。

卡普费雷(Kapferer, 2004)认为,为了对品牌身份进行清晰界定,需要先回答以下问题:什么是品牌独有的愿景和目标?什么构成了品牌的独特性?品牌需要实现哪些诉求?什么是品牌永恒的精髓?什么是品牌的价值或价值观?品牌的竞争力体现在哪些方面?品牌的合法性体现在哪些方面?哪些符号使品牌得以被识别?这样的品牌身份视角包含了品牌的内部要素(永恒的精髓、价值观等)和外部要素(品牌的视觉符号)。这种将品牌的内部和外部要素相结合的观点也得到了阿克(Aaker, 1996)的认同。他对比了品牌的核心身份(core identity)与延伸身份(extended identity),其中核心身份是指品牌核心的、永恒的精髓;延伸身份则是指在品牌进入新市场时,多种品牌身份要素相互组合的情况。在国家品牌的视觉表达方面,国家品牌推广团队应该从现有的国家符号中汲取灵感。

品牌的身份建构不一定要局限在上述要素中,品牌身份的建构过程具有相当大的想象和创造空间。正如身份叙事理论提出的,为了成为人类和社会共享的时间脉络中的一部分,我们需要为自身建构一个叙事身份,而这一身份的建构则是通过我们能够讲述的和不能够讲述的故事完成的(Elliott & Percy, 2007)。由于国家建立时依托的历史和文化基础,国家显然处于建构这种身份叙事的绝佳位置。品牌和市场营销专家通常并不以他们的叙事技巧而出名,因此,国家应该去邀请"真正的"作家来参与国家叙事的建构。诗人、剧作家、小说家和其他创意作家都有可能在提升国家声誉方面扮演重要角色。这一过程已经自然地且自发地发生了,但是国家品牌战略可以通过规划来整合国家的创意社区,并从中受益。

身份建构的另一种创新路径在于,通过支持消费者的信仰并以看得见的方式分享他们的信仰,品牌能够展示一种意识形态。人权、可持续发展和对环境的尊重都潜在地代表了国家品牌所倡导的意识形态,尽管这些意识形态的政治属性以及它是否能够经得起国家政权更替的检验令人怀疑。例如,相较于前任政府,即将上任的政府可能并不支持可持续发展政策,它并不会拥护或倡导类似的意识形态。因此,政治领导的变化能够影响国家品牌的发展方向,就像一个新的首席执行官或市场营销总监的到来可以影响企业品牌的发展方向一样。

国家品牌身份的不同方面

国家品牌身份是一个多维度的概念。前面探讨的品牌身份概念为理解国家品牌身份原则的复杂本质奠定了有利基础。为了从无限的国家身份概念转向相对有限的国家品牌身份概念,我们需要认识到,国家品牌身份是建立在有限的国家身份构成要素之上的。如果基于每一个细节建构国家品牌身份,是不会产生效果的。外部受众,无论是潜在的旅游者、投资者,还是学生、工人等,都并不愿意获得关于国家历史、文化和人民的海量信息。因此,对国家品牌身份建构工作的参与者而言,关键任务是筛选和识别国家身份中的哪些要素可以有效地服务于国家品牌战略所设定的目标。在第五章,我们将更加详细地分析国家身份丰富多彩且引人入胜的方面。在这一部分,我们先来看一下建构国家品牌身份时可能采用的一些方法。

在对波兰国家品牌建构的研究中,弗洛雷克(Florek,2005)描述了波兰国家品牌身份的潜在核心价值的发展过程,以及这一品牌得以延伸的可能性。由于波兰的工业化水平相对较低,弗洛雷克提出以"自然"作为国家品牌身份的核心价值。这一核心价值被延伸到相关领域,如自然保护区、农业旅游、自然观景体验路线、天然食物、度假村和水疗以及极限运动等。科尼奇·鲁奇耶和切纳托尼(Konečnik Ruzzier & Chernatony,2013)在随后对斯洛文尼亚的研究中进一步发展了国家品牌身份的理论基础,他们以市场营销、旅游和社会学理论为根基,提出了一个区域品牌身份模型。

对于许多国家而言,国家品牌身份的关键要素是自然环境,但是国家品牌身份还包含许多其他的方面,如国家的代表性商业品牌,它们也代表着国家品牌身份的一个重要方面。达米扬(Damjan,2005)强调,斯洛文尼亚品牌有望在全球市场上征服小众市场,从而成为斯洛文尼亚经济实力的象征。雅沃尔斯基和福希尔(Jaworski & Fosher,2003)

也提出了类似的观点，他们描述了德国国家品牌身份如何通过宝马、奔驰和戴姆勒等品牌的全球性成功建构起来。这些案例对于国家品牌身份建构的启示在于，国家品牌身份需要吸纳，或者至少听取出口商们关于出口品牌对国家身份建构的看法。

解构国家品牌形象

到目前为止，我们主要讨论了品牌身份话题，并延伸到了国家品牌身份话题。现在，我们将转向国家品牌形象话题，并试图解构这个复杂的概念。不同国家在不同个体脑海里的印象受到许多不同因素的影响；通过在某个国家工作或度假而获得的一手经验对其心目中的该国形象具有重要影响；当一个人没有对某个国家的亲身体验时，口碑传播和其他诸多构成形象的信息可能会影响个体对该国的印象；这些信息包括：已有的对该国的刻板印象，国家体育运动队的表现，政治事件，电影、电视或其他媒体中的国家呈现，来自该国的产品质量，与该国相关的个体行为等。这些信息都能够或多或少地决定国家品牌形象，甚至在国家品牌战略发挥作用之前已经产生影响。

国家品牌化战略旨在积极地影响目标受众对本国形象的认知。国家形象这一话题在相关文献中已有许多讨论（详情参见如 Alvarez & Campo, 2014; Hynes et al., 2014; Lopez et al., 2011; Roth & Diamantopoulos, 2009）。杰夫和内本察（Jatte & Nebenzahl, 2001）将国家形象定义为"一个国家的总体印象和认知对其产品和（或）品牌评价的影响"。尤尼奈尔和李（Usunier & Lee, 2005）认为，国家形象的形成是多层级的，因此个体对国家形象的理解具有模糊性，尤其是涉及品牌名称和来源国对产品形象的综合影响时。生产商、产品品类、产品名称标签和"制造国"（Made in）标签都可能成为影响国家形象认知的因素。产品品类品牌在展现国家形象时起到重要作用的案例有：苏格兰威士忌协会坚持不懈地追查和起诉所有企图冒充"苏格兰威士忌"的公司，严禁未达到"苏格兰威士忌"质量的企业滥用"苏格兰威士忌"品类品牌。

在考察品牌形象和国家品牌形象的概念时，为了监管并影响不同目标受众的形象认知，需要进行市场细分。莱兹伯斯（Riezebos, 2003）指出，品牌形象是"一组消费者共享的主观心理图片"。与产品品牌根据特定细分变量来细分消费者一样，国家品牌也必须细分不同的受众群体，以便了解国家品牌形象现状并进行有针对性的传播，同时消除负面印象、强化正面认知。例如，如果把埃及的国家品牌形象当作企业形象进行拆分，该国的形象由三个部分组成：第一，机构和政治形象；第二，埃及产品的形象；第三，埃及商业人士的形象（ZAD Group, 2008）。

品牌拟人化（brand personification）是品牌营销人员常用的一种评估品牌形象的方法。品牌拟人化是一种定性研究方法，即邀请品牌消费者（和非消费者）将品牌当作一个人来看待。最简单的方法包括询问消费者以下问题：如果品牌 X 是一个人，那么他是一个什么样的人？产品品牌领域多年来一直在使用这种方法，理应可以将其应用于国家品牌。因为品牌拟人化是一种开放式的定性研究方法，其结果可能会令人惊讶，也可能会给人启发，有时甚至会令人不安。与任何定性研究方法一样，品牌拟人化的目的不是提供统计学上的有效数据，而是深入了解和理解消费者关于品牌的心理联想。在国家品牌化的背景下，品牌拟人化研究方法可用于深入了解国家形象与政治领导人或国家元首的关联程度。例如，俄罗斯的形象可能与俄罗斯总统弗拉基米尔·普京（Vladimir Putin）的形象紧密相关。相反，某些国家的领导人在引发国家形象联想认知方面发挥的作用可能很小，或者根本没有发挥作用。例如，荷兰前首相马克·吕特（Mark Rutte）的形象就不太可能对荷兰的国家形象认知发挥重要作用。

品牌拟人化方面的研究可以有效地展示出品牌在哪些方面的个性较为弱势，在哪些方面的个性较为强势，在哪些方面的个性是令人向往的，或者在哪些方面的个性是不受欢迎的。有人提出，当一个品牌拥有清晰的个性时，消费者就会和它产生互动，就像生活中的人际互动一样（Chernatony & McDonald，2003）。随着互联网的日益普及，消费者与品牌之间的联系常常在线上和线下同时发生（Okazaki，2006）。对于国家品牌来说，尤其是推广预算有限的较小的或新兴的国家，网络为建立定义清晰的国家品牌个性提供了一种相对实惠的路径。

与其他类型的品牌相同，国家品牌的形象可能也会随着时间的流逝而黯然失色。如果国家品牌面临这种情况，就需要制定品牌复兴计划。为了使品牌复兴计划取得成功，已经衰落的产品品牌需要表现出以下这些特征：悠久的历史、独特的差异点以及宣传和推广不足（Wansink & Huffman，2001）。所有的国家品牌都能够满足前面两个标准，但由于各国政府对国家品牌的投入程度不同，可以说，大多数国家都面临宣传和推广不足的问题，因此，国家完全有潜力成功地推行品牌复兴计划。

舍丁和托恩（Sjodin & Torn，2006）描述了当品牌传播信息与已建立的品牌联想不一致时消费者的反应。他们认为，为了保持品牌的相关性和活力，有时需要挑战消费者对品牌的认知。但是，挑战消费者的品牌认知是一种高风险策略。现有消费者可能会因为这种与心理联想不一致的品牌传播而感到疏远或震惊。此外，里斯和特劳特（Ries & Trout，2001）指出，"一般人无法容忍他人指出自己的错误。试图改变消费者的思想可能会导致广告投放出现灾难性的后果"。尽管广告不能轻易地改变人们的思想，但这并不意味着国家品牌应该被动地接受现状，尤其是在有关国家品牌的负面看法占主导地位的情况下。

国家品牌身份和形象的概念模型

图 2.1 所示的国家品牌身份与形象的概念模型，展示了在国家品牌语境中身份与形

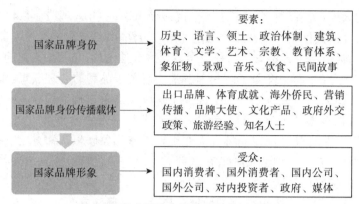

图 2.1　国家品牌身份与形象的概念模型

象的多维度本质。在国家品牌的建构过程中,为了有效地实现国家品牌的特定目标,不同的国家会选择性地聚焦在其身份建构的某些要素和传播载体上。比如,一些国家可能会获益于一系列成功的出口品牌,因此这些国家会试图将出口品牌作为国家品牌身份的传播载体。其他国家可能会更加关注引人瞩目的体育成就、旅游景点以及海外侨民的活力等方面。无论采取何种路径,各国都越来越意识到,在当前的全球化经济中,国家形象研究具有极其重要的意义。

这个国家品牌概念模型展示并明确了国家品牌建构的多维本质。国家品牌身份的要素,如历史、领土、体育、象征物和民间故事,代表着一个国家恒久的本质。国家品牌身份的传播载体是从这些恒久的特征中演化出来的。这些载体可以是有形的,也可以是无形的。该模型展示了国家品牌形象是如何基于国家身份,通过文化产品、海外侨民、品牌大使、营销传播等方式产生的。比如,出口品牌可能会对国外消费者心目中的该国国家形象产生重要影响。这个概念模型也体现了国家品牌必须面对的多元受众。

国家品牌定位

定位是品牌管理和品牌战略领域的关键概念,有关这个话题的文献非常丰富(如 Blankson et al., 2014; Fuchs & Diamantopoulos, 2010; Jakubanecs & Supphellen, 2010)。所有的国家品牌参与者都需要理解定位的必要性。尤其是在与广告公司或品牌咨询公司打交道时,把握定位内涵非常重要,因为他们的工作在很大程度上是创造有效的定位语(positioning platform),并在此基础上,设计恰当的、富有创造力的执行方案来确保成功实施理想定位。

科特勒和凯勒(Kotler & Keller, 2006)对定位概念进行了清晰而简明的界定,他们认为,"定位是通过设计公司的产品和形象,在目标市场的消费者心中占据独特位置的一种行为"。乔布尔(Jobber,2004)在此定义的基础上提出,成功定位的关键是明确性、一致性、竞争性和可信性。其中,明确性、竞争性和可信性显然是成功定位的有效标准,而一致性概念则需要进一步细化。如果一致性在品牌定位中被置于较为重要的位置,这将会导致品牌传播内容呈现高度的可预测性,使得品牌传播失去感染力。

建构差异性是品牌定位的关键任务。从消费者的角度来看,一个品牌的差异点必须是相关的、独特的和可信的(Keller,2003)。"独特性"是一种有效的差异化评价标准,但国家旅游推广活动却常常因为在这方面表现不佳而受到批评。许多国家的旅游推广活动以金色的沙滩、阳光明媚的气候、悠闲的生活方式和友好的当地人等为特色,宣传内容毫无新意。这样一种缺乏想象力的竞争方式体现了商品化意识的退步。因此,许多国家近期重新聚焦于更加精确的细分战略,以推动高端文化旅游业的发展。在这方面,各国需要强调自身特有的差异化特点。

然而,满足独特性这一评价标准确实会带来一个明显的缺点或挑战——为了对某一特定的消费市场产生强烈而不可抗拒的吸引力,该品牌可能会疏远其他消费市场。当然,牺牲某些消费市场是高度差异化品牌的特点(Bauer el al.,2006)。对于商业品牌而言,作出这种牺牲相对容易。例如,拥有百加得冰锐(Bacardi Breezers)品牌的公司不太可能因为该品牌不被65岁及以上的男性群体所接受而感到困扰。但对于国家品牌而言却并非如此。因为国家品牌可能会涉及国家经济生活的所有领域,因此,对于一个国家来说,很难为了凸显差异性特征而主动远离某些消费群体或受众。国家品牌的潜在陷阱在于,如果选择了平淡无奇、温和有礼的定位导向语,尽管这样的内容不会冒犯他人,但毫无新意的内容也引发不了人们的兴趣。表2.2展示了世界各国近年来使用的一些定位语。

表2.2 国家品牌定位语

国家品牌	定位语
南非	"充满可能性"(Alive with possibility)
玻利维亚	"依然本真"(The authentic still exists)
苏格兰	"世界上最好的小国"(The best small country in the world)
印度	"印度闪耀"(India Shining)
泰国	"令人惊叹的泰国"(Amazing Thailand)
马来西亚	"真正的亚洲"(Truly Asia)

在国家品牌化过程中,特别是在国家品牌定位工作中,一个始终存在的复杂因素是国家如何适应内部不同的利益相关者群体的政治敏感度。例如,高度多元化的英国应该如

何协调自身的定位（Hall，2004）？这不是一个假设性的抽象问题，因为英国的一些区域已经在建立自己独特的区域品牌。例如，苏格兰根据其诚信、创造力、高品质和独立精神的核心价值观建立了自己的区域品牌定位（Lodge，2002）。这个定位与作为母品牌的英国的国家定位截然不同。此外，某个明确的政治声明也可以成为一个清晰而正面的定位导向的基础，例如，哥斯达黎加对民主的追求以及不设置常备军的做法，使得该国能够将自身定位为一个和平的生态旅游目的地（Quelch & Jocz，2005）。

灵活模块化

我们在前文中已经讨论过，在品牌定位和品牌传播方面，一致性可能是一种被高估的特征。当然，品牌定位的随意性和波动性也会使消费者感到困惑，进而损坏品牌资产，因此，这种做法是不可取的。格兰特（Grant，2006）曾就一致性困境提出了一个富有想象力的解决路径，他认为：

> 管理品牌的方法是连贯性，而不是一致性。一致性是指你需要让所有的市场营销看起来都一样。但是最有趣的品牌就像人一样，都是本真的（对自己保持真实），并且能够在不同的活动中展现出自由度。

从这个角度来说，我们可以从模块化中借鉴经验。模块化是在新产品开发和创新领域中的一种实践手段，指复杂产品可以被独立设计的、整体发挥作用的小模块搭建体替代（Baldwin & Clark，1997）。将这一概念应用到国家品牌中，国家品牌这一母品牌可以被视为"复杂产品"，而诸如招商引资机构、旅游局和出口促进机构之类的实体可以被视为"可以被独立设计的、整体发挥作用的小模块"。在利用模块化方法时，不同的公司要对不同的模块负责。在这个过程中，参与者们需要认识到他们的集体努力将为消费者创造价值（Mohr et al.，2005）。通过模块化路径，国家品牌也许能够从一成不变、平淡乏味、定位模糊和传播同质化中解放出来。国家品牌开发团队需要扮演建筑公司的角色，以确保向不同的国家机构提供清晰的品牌设计规则。每个国家机构负责创建自己的"模块"或子系统，并将这些都整合到国家品牌的整体中。

国家品牌与旅游推广

对许多国家而言，国家旅游组织（NTOs）通常是国家品牌的管理者。由国家旅游机构开展的目的地品牌化活动的历史，比近年来在贸易和投资领域开展的国家品牌战略活动的历史要长得多。国家品牌化旅游推广活动口号的例子见表2.3。

关于旅游目的地品牌传播的有效性，尼科洛娃和哈桑（Nikolova & Hassan，2013）提出了一种有趣的见解,他们指出,在一项回顾性的全球评估中显示,消费者对去过的休闲旅游目的地的评价受到品牌传播的正面影响。这一发现的含义是,国家旅游组织需要与过去到访的游客进行有效沟通,而不是仅仅专注于吸引初次到访的游客。

表2.3 国家品牌化旅游推广活动口号

国家品牌	推广活动口号
加拿大	"加拿大,持续探索"(Canada. Keep Exploring)
中国	"美丽中国"(Beautiful China)
埃及	"一切开始的地方"(Where It All Begins)
爱尔兰	"狂野的大西洋之路"(The Wild Atlantic Way)
墨西哥	"你以为你了解的地方"(The Place You Thought You Knew)
西班牙	"我需要西班牙"(I Need Spain)
威尔士	"你准备去威尔士了吗?"(Have You Packed for Wales?)

学术观点

发展康养目的地品牌:一种合作路径
- 艾伦·菲尔(Alan Fyall),博士,中佛罗里达大学(University of Central Florida)旅游营销学讲席教授,罗森酒店管理学院研究生项目主任
- 希瑟·哈特威尔(Heather Hartwell),博士,伯恩茅斯大学(Bournemouth University)旅游学院教授
- 安·海明威(Ann Hemingway),博士,伯恩茅斯大学(Bournemouth University)卫生与社会护理学院公共卫生高级讲师

引言

尽管人们一直认为旅游目的地难以营销和管理,但仍有一些旅游目的地能够在复杂和变动的环境中实现营销和管理,这是因为这些目的地尝试在竞争日益激烈的目的地景观领域中对自身进行差异化区分。如今,尽管目的地在协作方面面临许多挑战,并且需求不尽相同,但目的地内部和目的地之间的协作需求已经成为一种共识。这些挑战来自于不同方面,如目的地的多重构成特性,多个供应商和多个利益相关者群体的存在,以及为多个细分市场和消费者群体提供多重意义的需求(Fyall et al., 2012)。王

和弗森迈尔（Wang & Fesenmaier, 2007: 863）进一步明确了这一观点，"对于目的地内部的不同参与者之间协调与合作的持续需求，是对行业内部固有的各自为政的管理方式的自然反应"。

虽然在充满竞争的市场中获得真正的独特性和差异性正愈发成为一种挑战，在一定程度上，很多目的地都将自身定位为工作、生活和娱乐的绝佳场所（Morgan et al., 2011）。但新的趋势是，许多目的地在寻求差异化的过程中突出"康养"这一特点，尽管这对目的地而言并不是一种全新的路径。因为现代大众旅游的起源正是受到宗教朝圣（精神健康）的推动，同时也受到关于温泉和海水对身体有益的认知的影响，以及受到主要沿海目的地普遍优质的空气的驱动（Walton, 1983; Middleton, 2005）。目的地开始迎合旅游者和居民对"生活质量"体验的新的渴望，他们对幸福的要求更高，对享乐的要求更低（Hartwell et al., 2012）。与追求获得快乐和愉悦的享乐旅游模式相反，康养旅游模式是由对自我实现、人生意义和人类健康的期望驱动的。其中的康养导向与更广泛的健康议题相一致，这种健康是"不仅是没有疾病或虚弱，而是身体上、心理上和社会适应上的完好状态"（WHO, 2006）。尽管享乐旅游模式还会在不同程度上一直存在，但随着旅游部门和公共健康部门之间的合作趋势明显增强，在旅游者和社区居民的共同努力之下，旅游目的地不仅能够成为游览胜地，还能够成为宜居之所，旅游者和社区居民的整体福祉和生活质量也都能得到显著且持续的改善（Burton, 2012; Fyall et al., 2013）。

基于上述情况，我们将探讨目的地通过采用康养品牌化议程，为了目的地、游客和居民的共同利益而将所有利益相关者聚集起来的合作路径，以及这样的合作路径带来的发展机遇。我们首先将简要概述康养目的地的优势和机遇，对与目的地相关的合作进行简短讨论。接着，我们将探讨目的地面临的品牌化机遇，并提供案例来说明已经实施的或是即将实施的品牌化路径。最后，我们将简要归纳如何帮助目的地找到持久的差异化优势，并且提出相应建议。

目的地与康养

英国纳税人每年用于肥胖和相关疾病的支出达到惊人的42亿英镑（预计到2050年，这项费用将再翻一番），而每天坚持在公园散步就可以将心脏病发作风险降低50%。根据英国建筑和建筑环境委员会（CABE）的观点，目的地环境的总体质量，尤其是公园和开放空间的质量，对于改善游客和居民的生活质量至关重要（CABE, 2009）。从更广泛的意义上讲，个人的身心健康水平决定了生活质量，生活质量反过来又能够影响人们对待生活的价值观和态度（Diener et al., 2009）。迪耶内等人进一步说明，生活质量还包括财富、地位、道德和审美价值，这类更加全面的阐述给健康和旅游等部门带来了新的启发。迄今为止,只有少量的研究关注了休假和生活质量(Dolnicar et al., 2012)、健康感(Gilbert & Abdullah, 2004)、肥胖症(Small & Harris, 2011)和社交旅游(McCabe er al., 2010)之间的关系。也就是说,目前很少有研究探讨旅游目的地能够在多大程度上提升健康水平并将其完全融入目的地定位,尽管这一点已经体现在更广泛的目的地发展和品牌化战略中。

英格兰是一个很适合利用这一趋势的旅游目的地,因为英格兰能够为游客提供多种选择,以适应广泛多样的市场。更重要的是,当前英格兰正处在地区和地方层面的快速政治变革之中(Coles et al., 2012),加上公共健康服务的改革,能够促使许多旅游目的地朝着康养模式的路径发展(Hartwell et al., 2012)。在这些目的地中,"适合步行、骑行和其他活动、相对偏僻但交通方便的环境"对"健康和幸福具有积极影响"(CABE, 2009: 4)。

对所有目的地而言,更广泛的旅游业、健康政策环境以及目的地定位和品牌战略都是获取成功的关键。加利福尼亚州是国际领先的旅游目的地之一,它将自身的比较优势和竞争优势紧密地结合起来,发展为一个既让加州居民获益,又让来自美国其他州的游客以及来自国外的游客获益的"州"级目的地。对于加州经济而言,旅游业至关重要。如果没有居民的支持和理解,游客体验的质量也会下降,这将会对未来的旅游业发展和消费水平的提升产生负面影响。有趣的是,虽然合作在旅游业中十分常见,但旅游目的地之间相互依存又相对独立的特性使得合作变得尤为重要(Fyall et al., 2012)。

目的地康养品牌的机遇与挑战

尽管在合作方面存在挑战,但通过康养塑造目的地的独特性,既可以使游客和目的地居民获益颇多,又可以使目的地拥有可识别的、差异化的价值,从而更有效地参与市场竞争。葡萄牙的阿尔加维是欧洲的著名旅游目的地,它已经通过与葡萄牙健康与幸福旅游协会第一届大会的合作,将自身重新品牌化为一个健康与幸福的理想目的地,如今双方已经开始执行合作议程。这表明,葡萄牙阿尔加维这样依赖旅游者的目的地正在认真追求健康与旅游之间的协同增效。

除阿尔加维外,为了将康养旅游业发展为一种差异化的目的地战略,北欧国家还共同制定了合作营销和创新战略(Hjalager et al., 2011)。为了实现这一目标,它们的合作战略集中在以下八条政策中。

第一条政策是从更广泛的目的地特征(即稀少的人口、开阔的空间、清洁的空气和水源、光照、空旷、本土文化和体验式的故事叙事)中获取独特的卖点。第二条政策是针对游客和居民的需求发展新的适合他们的体育和休闲活动,并为居民提供更便捷的工作场所和(或)职业健康服务。第三条政策是开发生产慢食食品和健康食品议程。

第四条政策是生产与医药和药妆有关的标志性产品。对北欧国家至关重要的第五条政策是，通过协调社区健康和康养旅游方面的措施，用康养来解决生活方式疾病的问题。这一政策的实现将依托于本地、国家和跨国层面上建立的健康专业人员和旅游企业家之间的合作平台，这也再次验证了这一政策的重要性。

在这五条政策的基础之上，剩下三个领域的政策与品牌发展尤其相关。第六条政策是通过与社交媒体营销、社区发展与参与等相关的国际媒体宣传活动，北欧国家正在寻求通过建立"疗愈之地与治愈景观"品牌来制造精神化的旅游体验，并在过程中强调北欧的"自然"和"生活"品牌价值。第七条政策是政府倡导的四种品牌发展路径：一是对具有强烈本地观念的企业进行小规模的品牌营销；二是通过合作开发的网站和（或）品牌进行推广，这种方法具有较高的营销强度，但参与度较低；三是社区品牌营销，动员通过社交媒体或非正式合作网络长期参与目的地品牌推广的人群；四是在品牌推广中特别重视基于价值和意义的内容，以供意见领袖或舆论制造者使用。最后也是最重要的一条政策是，要有明确的战略愿望，即推动合作议程向前发展并采取战略性方法来打造康养目的地品牌。

与法伊奥等人（Fyall et al., 2013）表达的观点一致，以上例子表明，康养旅游品牌不再仅仅被当作旅游目的地的小众产品，更重要的是，它已经完全融入更为广泛的目的地战略中。同样，正如前面提出的四种品牌发展路径表明的那样，康养旅游品牌是促使所有利益相关者群体以互补而非竞争的方式进行合作的合适载体，因为这种方式对各方都有好处。尽管居民和游客并不总是意见相合，但一个以康养为导向的旅游目的地的好处是显而易见的，这样的目的地既是宜居之所，又是旅游之选。当地居民也有可能成为目的地的"康养大使"。随着目的地康养品牌的日趋成熟，以及居民和游客都将从中受益的认识的普及，将会出现大量与健康产品、服装品牌、体育及活动协会供应商联合打造品牌的机会。将北欧体验精神化这一主张也与法伊奥等人（2013）的观点一致，法伊奥等人（2013）认为，像葡萄牙的阿尔加维一样，提升并维持目的地体验活动数量和质量的机会为两个不同的部门之间的合作提供了可能，从而促使新领导人的出现，并能够实施全新的、富有创造性和包容性的措施发展康养旅游目的地品牌。为了实现这一目标，领导人除了需要具备将居民群体和游客群体整合起来的必要技能之外，还需要发挥二者在共同创造理想的"康养"目的地体验中的同等重要的作用，并且需要跨越公共健康和旅游部门之间在专业方面和文化方面的鸿沟。

结　论

由于旅游业和健康问题的复杂性，要实现康养旅游目的地繁荣发展，唯一的路径就是统筹协调多个部门之间的工作。由于任何一个部门都不是在政策真空中运作的，因此,为了改变游客和居民的行为方式,二者之间以及相关部门之间的协作和有效对话显得至关重要。在英国建筑和建筑环境委员会(2009)发表的最新报告中,健康、幸福和目的地环境(公共领域)被认为是相互依存的,因此,协作决策是有效利用资源的关键。从根本上来说,各种形式的协作对于"不断创造、改善物理与社会环境并增加社区资源,使人们在履行各种生活职能和发挥最大潜力时能够相互支持"发挥着至关重要的作用(CABE, 2009: 10)。

最后,就健康旅游目的地产生的具体机遇来看,最大的挑战是目的地由谁来管理的问题,因为几乎没有人兼具公共健康和旅游这两个领域的知识广度,而这又是成为合格领导者的重要条件。然而,健康旅游目的地的发展具有很大潜力,并且能够为居民和旅游者带来真正的改变,因此,这是一个非常诱人的发展方向。

参考文献

Burton, E. (2012) 'Cities of the future should be designed with wellbeing in mind', The Guardian, 3 December. www.guardian.co.uk/sustainable-business/blog/cities-future-wellbeing-design-spaces (accessed 31 May 2013).

CABE (2009) 'Future Health: Sustainable Places for Health and Well-being', Commission for Architecture and the Built Environment, London.

Coles, T., Dinan, C. and Hutchison, F. (2012) 'May we live in less interesting times? Changing public sector support for tourism in England during the sovereign debt crisis', *Journal of Destination Marketing & Management*, 1 (1-2), 4-7.

Diener, E., Lucas, R., Schimmack, U. and Helliwell, J. (2009) *Well-Being for Public Policy*, New York: Oxford University Press.

Dolnicar, S., Yanamandram, V. and Cliff, K. (2012) 'The contribution of vacations to quality of life', *Annals of Tourism Research*, 39 (1), 59-83.

Fyall, A., Garrod, B. and Wang, Y. (2012) 'Destination collaboration: A critical review of theoretical approaches to a multi-dimensional phenomenon', *Journal of Destination Marketing & Management*, 1 (1-2), 10-26.

Fyall, A., Hartwell, H. and Hemingway, A. (2013) 'Public health, wellbeing and tourism: Opportunities for the branding of tourism destinations', *Tourism Tribune*, 28 (2), 16-19 (in Chinese).

Gilbert, D. and Abdullah, J. (2004) "Holidaytaking and the sense of wellbeing", *Annals of Tourism Research*, 31 (1), 103-21.

Hartwell, H., Hemingway, A., Fyall, A., Filimonau, V. and Wall, S. (2012) 'Tourism engaging with the public health agenda: Can we promote "Wellville" as a destination of choice?', *Public Health*, 126, 1, 072-1, 074.

Hjalager, A.M., Konu, H., Huijbens, E.H., Bjork, P., Flagestad, A., Nordin, S. and Tuohino, A. (2011) 'Innovating and Re-branding Nordic Wellbeing Tourism', Nordic Innovation Centre, Oslo.

McCabe, S., Joldersma, T. and Li., C. (2010) 'Understanding the benefits of social tourism: Linking participation to subjective wellbeing and quality of life', *International Journal of Tourism Research*, 12 (6), 761-73.

Middleton, V.T.C. (2005) *British Tourism: The Remarkable Story of Growth*, Oxford: Butterworth-Heinemann.

Morgan, N., Pritchard, A. and Pride, R. (2011) 'Tourism Places, Brands and Reputation Management', in Morgan, N., Pritchard, A. and Pride, R. (eds) *Destination Brands: Managing Place Reputation*, Oxford: Butterworth-Heinemann, 3-19.

Small, J. and Harris, C. (2011) 'Obesity and tourism: Rights and responsibilities', *Annals of Tourism Research*, 39 (2), 686-707.

Walton, J. (1983) *The English Seaside Resort: A Social History* 1750-1914, Oxford: CABI.

Wang, Y. and Fesenmaier, D. (2007) 'Collaborative destination marketing: A case study of Elkhart County, Indiana', *Tourism Management*, 28 (3), 863-75.

WHO (2006) Constitution of the World Health Organization http://apps.who.int/gb/bd/PDF/bd47/EN/constitution-en.pdf (accessed 19 January 2012).

实践洞察

国家品牌：政治语境的重要性

- 瓦西利斯·卡佩坦吉尼斯（Vassilis Kapetangiannis），希腊驻华盛顿大使馆新闻和传播处主任（2008—2012）

2008年8月下旬，我的飞机在一个闷热、黏湿的夏日降落在杜勒斯国际机场。这是我第一次访问美国，我怀着激动的心情期待着我的新职位，同时也是我职业生涯的最后一个职位——希腊驻华盛顿大使馆新闻和传播处主任。

尽管抱有一些"职业"的乐观态度，但是我有充分的理由相信，我在华盛顿的工作能够带来积极的结果,尽管那时希腊仍然没有连贯的、系统的传播战略。在成功举办了令人难忘的2004年雅典奥运会后,希腊的海外形象有所提升,奥运会的成功掩盖了所有的批评。希腊吸引了全球数十亿的观众,因此,希腊过去在旅游方面的传统形象转变为了一种现代希腊的形象。此外,希腊自2000年以来一直是欧元区成员,在随后的几年中,希腊经济呈现出稳步增长的态势,享有经济和政治稳定。同时,美国和希腊之间作为老朋友和盟友的双边关系也处于良好的发展阶段。

然而,正当我努力熟悉华盛顿和美国的政治与媒体文化环境时,9月15日,雷曼兄弟公司申请破产,使得早已开始的2008年金融危机发生了突然的转折,并迅速波及全球金融业。11月4日,巴拉克·奥巴马当选为美国总统,他的经济政策在其中自然发挥了关键作用。正当新政府努力为金融巨头制订救助计划时,始于华尔街的危机转移到了主街上[①]。其结果是,共和党人极力推崇的经济政策在奥巴马总统的第一个任期和第二个任期内都主导着政治舞台。然而,新政府和美联储的政策与欧洲的政策并不一致。

在这种情形下,"希腊危机"自然成为民主党和共和党之间来回踢的"政治球"。当时的热门话题是希腊退欧(Grexit),即希腊退出欧元区并重新使用本国货币,以求恢复经济。作为欧元区链条中最薄弱的一环,希腊经济并无活力。欧元区的存在甚至欧盟本身,都受到美国媒体的质疑。令人遗憾的事,美国媒体对希腊没有任何同情心,对欧盟及其运作也缺乏理解和认知。

自2009年年末希腊危机爆发以来,来势汹汹的负面报道几乎摧毁了希腊的国家形象。在这种情况下,希腊被建构成了一个负面品牌,而且这种形象极难消除。雅典的政治动荡和持续的暴力骚乱更加深了这种负面形象——这个国家对自己失去了信心。这场危机凸显了希腊的弱点和失败,以及国家目前存在的问题,这从另一个角度说明,一个国家的形象和美名首先应该在国内塑造和建立。

同样,雅典并没有提出任何一致的传播战略来应对如此可怕的负面形象。值得庆幸的是,在华盛顿的希腊大使馆为了降低负面形象的影响付出了不懈的努力。他们利用以社交媒体为代表的现代传播手段进行沟通,并且取得了显著成效。

我的团队人员以专业严谨的科学态度就美国印刷媒体关于"希腊危机"的报道分别于2010年和2012年开展了两项调研,调研结果并没有发现媒体报道中存在过分偏见的证据,但发现了一些美国媒体对希腊的固有成见和刻板印象。

今天,那些关于希腊致命困境的预言已经全都破灭,希腊也已经履行了对贷款人

---

① 华尔街(Wall Street)指代美国的金融行业;主街(Main Street)指代美国各个行业的实体经济,主要是华尔街金融体系之外的传统产业和经济。——译者注

（欧盟和国际货币基金组织）的责任。贷款人以严厉的紧缩计划和众多长期未决的改革措施为条件，制定了一系列救助方案。希腊不仅设法平衡了自己的账目，还产生了盈余，即除去债务利息而产生的剩余——尽管这是以巨大的牺牲和社会痛苦为代价的。在经历了长达6年的经济衰退之后，希腊即将迎来适度的经济增长，甚至敢于冒险在市场中贷款。

通过恢复可信度和信誉，希腊成为2014年上半年的欧盟理事会轮值主席国，希腊应该开始思考自己作为拥有巨大潜力的、焕然一新的国家的品牌形象。正是这种以融合了成就和信心的国家身份为基础的新形象，能够再次将希腊推向获得更高评价的全球认知的位置。除了某些政治不稳定的情况外，希腊重塑品牌的机遇仍然存在，这项工作必须由能够胜任的公共部门和私人机构来全权负责。

案例：印度从里到外——印度公共外交案例分析

·玛雅·巴布拉（Maya Babla），公共外交硕士

2010年11月，奥巴马总统在对新德里的访问中说："印度不是正在崛起，它已经崛起。"当然，这在很多方面都是事实。印度在经济滑坡中表现出坚韧性，2011年，印度的GDP增长率徘徊在7%~9%。然而，印度在几个关键的人类发展指数上仍处在落后位置。在联合国人类发展指数（United Nations Human Development Index）中，印度在187个国家中排名第135，这一挑战因快速的城市化发展而不断加剧（United Nations Development Programme, 2013）。

由于这些复杂的原因和一些其他因素，印度成为一个非常有趣的公共外交研究案例。2011年12月，我和我的六位同事前往新德里、维萨卡帕特南和孟买，目的是对印度的公共外交战略进行评估。在两周的时间里，我们拜访了印度政府领导和民间社会领袖，探索了印度文化，感受了印度两个最大城市的景观、声音和气味。在这个过程中，我们在www.IndiaPublicDiplomacy.com网站上与世界各地的人们分享了我们的成果。我们的核心成果是一份报告，其中总结了在六个关键领域的发现，分别是：政府公共外交、发展、城市化、公民外交、媒体和印度—阿拉伯关系。该报告《印度公共外交：战略性未来》（*Indian Public Diplomacy: A Strategic Future*）可在www.indiapublicdiplomacy.wordpress.com上查阅。

在处理这个项目时，我们的工作重点不是寻找答案，而是寻求对问题的理解。例如，印度是如何在经济增长速度如此之快的同时，保持着发展中国家中最严重的儿童营养不

良、贫困和性别不平等比例？这也是媒体在有关印度的报道中提出的一个问题：印度作为"新世界大国"的崛起是否既是事实又是"虚假的现实"？发展是我们的一个关键研究领域，在这个领域中，我们得到了一个清晰的结论：印度人民正在亲自示范如何解决本国面临的发展问题——他们参与并投资自身的发展。在与许多非政府组织人员、社会活动家和研究生的对话中，他们都谈到了这些内容，尽管这些群体不能代表全体印度人。我们的一位印度受访者曾谈到，印度人"对不平等现象具有惊人的文化容忍度"。

因此，尽管我们发现印度拥有一个强大的公民社会，它在许多方面填补了政府由于人力不足而造成的空白，但印度政府仍然需要继续激励公民参与本国的发展，具体来说，应该鼓励公民参与公共外交。

如果将人口众多视为一个机遇和一种可利用的优势，印度有能力实现其内部和外部的公共外交目标。安妮塔·拉詹（Anita Rajan）是印度国家技能发展委员会（NCSD）办公室的成员之一，在我们与她的对话中，她将印度的状态描述为"正在边缘上挣扎"。如果印度的青年人口能够掌握合适的技能，印度便能够在下一个十年中脱颖而出。国家技能发展委员会利用政府和社会资本合作的模式提供职业培训，目的是在2023年前帮助五亿印度人掌握技能。显然，这种合作关系对于促进大规模的经济转型具有至关重要的意义。

在研究过程中，我们发现许多印度人在不知不觉中充当了公民外交官的角色。以女性安全、冲突管理与和平组织（WISCOMP）的领导团队为例，该组织对女性社区领导人（包括企业家和律师）进行冲突转型的培训。她们在培训中学习如何应对一些棘手的问题，如印度与克什米尔和巴基斯坦之间的关系——这些关系由于过于敏感而被许多人搁置一旁。这个培训项目的另一个目标是帮助这些女性领导人与军方和政府官员开展对话。女性安全、冲突管理与和平组织采用的模式是可复制的，这类的合作模式越多，印度就越容易实现其公共外交目标。

一直以来，印度政府面临的挑战之一是公民对政府活动缺乏信任。《印度时报》（*Times of India*）在最近的一项民意调查中发现，有60%的印度人认为腐败是该国最大的弱点，这个比例比2011年2月《印度教时报》（*Hindu Times*）的调查结果高出近20%。这是一个重要的问题，因为如果印度在国际指数中和本国民众的心目中都被看作是一个腐败的国家，印度的公信力就会受到损害，进行公共外交的能力也会被削弱甚至被摧毁。印度政府已经意识到了这一点，并且在综合电子政务方案中得以体现，这一方案是在通信和信息技术部的阿披什·辛格（Abhishek Singh）的领导下制定的。印度电子政务的发展前景体现在两个方面：首先，该计划正在加速印度农村地区互联网的接入进程，并进一步推动了印度当前必须面对的互联网自由议题；其次，印度在电子政务方面的专业能力使其有机会与其他面临类似问题的国家进行专业分享。

印度与阿拉伯世界的关系是一个有趣的案例，它能够帮助我们理解印度的公共外交及其适配情况。从表面上看,印阿关系可以被概括为牢固的商业伙伴关系。印度与许多海湾国家存在文化与宗教关联,这些国家中也有大量的印度海外侨民,这是开展公共外交的绝佳机会。但是,印度在公共外交领域更有发展前景的方向是与经历革命后正在重建的政府交往,这也是印度一直暗中努力的方向。在这个方面,印度可以提供其作为世界上最大的民主国家的经验,这可能比美国版本的民主社会更受欢迎。

显然,除了拥有强大的经济实力外,印度还可以向世界展现自己的很多方面。印度人民为解决国家面临的挑战而付出的努力将获得回报,印度接下来要做的是利用政府和公民社会的工作成果推动国际知识共享和能力建设。在这个过程中,印度将会在全球范围内占据领袖位置。

参考文献

United Nations Development Programme（2013），Human Development Index and its components.

本文的其他版本首次出现在付费电子书《崛起的软实力：印度》中（经南加州大学公共外交中心许可使用）。

案例：葡萄牙旅游管理——品牌架构

·若昂·里卡多·弗莱雷（João Ricardo Freire），博士,葡萄牙里斯本营销管理学院（IPAM–The Marketing School）研究主任

引　言

旅游业是世界上最重要的产业之一。对于绝大多数国家而言,从就业人数和GDP贡献两方面来看,旅游业通常是数一数二的产业。另外一个非常重要的原因是,旅游业产生的收入是出口盈利的一部分。因此,旅游消费的增加意味着出口额的增加,能够对该国的国际收支平衡产生积极影响。

自20世纪50年代以来,旅游业呈现出持续增长的态势。旅游业是一个蓬勃发展的行业,也是为数不多的几乎没有受到周期性经济危机影响的行业之一。即使在2008年的经济衰退中,尽管西方国家的国民生产总值都在减少,但世界范围内的旅游业收入总体仍在增长。中国市场以及巴西和俄罗斯等其他新兴市场弥补了美国和英国等传统旅游市场衰退带来的影响。

由于旅游业与国家经济密切相关,并对其产生重要影响,因此它通常受到政府的支持,并由政府高级官员监管。实际上,大多数国家都设有专门负责旅游业的政府部门。

葡萄牙的旅游管理

葡萄牙的经济高度依赖旅游业。2013年,旅游业收入占葡萄牙国民生产总值的近10%。过去几年中,葡萄牙的旅游业在创造就业、增加出口和改善国家收支平衡方面发挥了重要作用。

由于旅游业与经济密切相关,葡萄牙政府一直非常积极地支持旅游业发展。葡萄牙设立了葡萄牙旅游局,负责管理旅游业的各个方面。葡萄牙国家旅游局受经济部直接管控,负责融资、发放许可、研究和教育,创建这些机制是为了帮助葡萄牙发展旅游业。但最重要的是,葡萄牙旅游局负责在国内和国际市场上将葡萄牙作为旅游目的地进行营销和推广,在一些最相关的国际市场设置办事处并配有员工。尽管已经具备了这些基础条件,葡萄牙旅游管理的概念模式仍在不断变化,尤其是自2008年以来。

在2008年以前,葡萄牙国内的旅游营销的任务是由葡萄牙旅游局和代表葡萄牙旅游区的其他几个组织共同承担的。因此,葡萄牙旅游局的部分预算被分配到不同的旅游区,然后这些旅游区再将这些资金用于营销活动。在葡萄牙旅游局有限的监督和协调之下,旅游区分别开展各自的营销活动。

当时葡萄牙共设有19个旅游区,再加上里斯本、波尔图和埃斯托里尔海岸。由于这3个地区的知名度较高,它们的资金由中央政府另行安排。

这19个旅游区均在地方一级建立,其发展与运行逻辑大都与精力充沛的当地市长有关,也与游客可能感兴趣的地方旅游资源有关。因此,葡萄牙旅游区的地域覆盖范围没有遵循自上而下的策略,而是基于地方活力。

通常,旅游区总部设在主要城市,其品牌名称来自于本地或区域内的旅游资源。例如,"圣殿骑士团旅游区—中央森林与湖泊"区域由十个城市组成,总部位于托马尔。该地区以宗教圣殿骑士团的名字命名,托马尔曾是圣殿骑士团在葡萄牙的总部。但是,该旅游区也被称为Floresta Central e Albufeiras,翻译为"中央森林与湖泊"。这个旅游区是由托马尔市创建和大力推广的,托马尔市随后合并了来自其他城市的一些资源,如森林和湖泊,以提高区域的旅游吸引力。

这19个旅游区由葡萄牙旅游局进行官方认证,每个旅游区都由中央政府资助,但是中央政府不能决定旅游区如何使用这笔资助,葡萄牙旅游局的营销预算被这19个独立的区域分割。尽管存在着一个涵盖所有旅游地区的组织——全国旅游区协会,但它的主要职能是进行游说,而不是协调旅游区的营销战略或参加旅游区的推广。实际上,直到2008年,葡萄牙旅游局仍然无法参与制定各个旅游区的营销战略。虽然当时葡萄牙旅游局和所有其他旅游区都已经形成了自身的战略,但是没有中央文件对葡萄牙旅游局或各旅游区的行动进行指导。因此,葡萄牙当时没有形成协调一致的国家战略来进行旅游营销与推广。

在这样复杂的环境下——区域太多,监督太少,政府官员在其中发挥主要作用——建立营销和推广葡萄牙旅游业的共同目标和核心愿景变得愈发困难。同时,没有任何有效的机制能够帮助葡萄牙在国际、国内和地方层面上制定发展政策;葡萄牙旅游业在传播方面也缺乏连贯性,很难找到折中的办法。此外,旅游区难以进行自我推广的现象也越来越明显,各个旅游区获得的资源中的很大一部分都用于支付薪水和其他固定运营成本,而不是用于开展营销活动。

考虑到以上这些问题,葡萄牙决定采用一种新的旅游业推广模式。新模式的目标是设计一份营销战略计划,为葡萄牙的各个旅游区制定发展目标。这个营销战略计划详细地说明了各个旅游区的工作方式与目标,以及各个旅游区将如何促进葡萄牙旅游业的发展。同时,该计划明确制定了资助具体项目的指导原则。这一变化意味着各个旅游区必须实施国家层面制定的具有连贯性的战略,其目的是通过协调一致的努力将葡萄牙作为旅游目的地在国内和国际进行推广。

此外,新战略还包括全新的葡萄牙旅游地图。该战略决定将原有的19个区域变更为5个区域,新区域恰好与欧盟标准地域统计二级单元吻合。这些新区域分别是:波尔图和葡萄牙北部、葡萄牙中部、里斯本和特茹河谷、阿连特茹和阿尔加维。从政治角度出发,重新规划旅游区是非常明智的。因为新区域的规划设计已经完成,使用新方案的阻力较小,并且这个变化也符合逻辑。

葡萄牙旅游区域的重组以及营销战略计划的实施,加强了地方与中央政府之间的合作。由于只有5个区域,葡萄牙能够以更低的成本进行更多的国家旅游推广。通过撤销重复的机构实现规模经济,节省了大量的推广资金。这些节约下来的资金也被用于葡萄牙的旅游推广。

尽管重组可以更好地分配资源,并且有助于制定旅游推广的协同战略,但在新战略的设计和实施过程中,又出现了新问题。例如,新区域的命名问题。在这5个新区域中,有3个区域在命名方面存在问题:"葡萄牙中部"(Centro de Portugal),"波尔图和葡萄牙北部"(Porto e Norte de Portugal)和"里斯本和特茹河谷"(Lisboa e Vale do Tejo)。

"Centro de Portugal"在英语中意为"葡萄牙的中部"。这个名字没有任何含义,因此很难在葡萄牙国内或国外进行推广。

"Porto e Norte de Portugal"意为"波尔图和葡萄牙北部"。这个名称强化了波尔图市,却对该地区的其他城市和地区没有多大贡献,因而也带来了挑战。

最后,"Lisboa e Vale do Tejo"或"Lisbon and Tagus Valley"意为"里斯本和特茹河谷",这个区域的命名问题与"波尔图和葡萄牙北部"的问题类似,这种命名对于形成关于该区域的清楚认知并没有多大帮助,它强调的是里斯本市。

这3个区域需要面对的挑战是如何创建一个可以涵盖区域内部分品牌的品牌架构。

例如，在葡萄牙中部的贝拉斯或埃什特雷拉山；在波尔图和葡萄牙北部的米尼奥、杜罗河；在里斯本和特茹河谷的卡斯凯斯或埃什托里尔……这些都是区域内拥有的、至少在葡萄牙本国市场上具有品牌资产的一些景点。因此，国家必须决定应该传播和推广哪个品牌，以及其余的子品牌是否应该存在。

尽管如此，新计划中最大的问题是葡萄牙缺乏针对旅游业的品牌经营策略。各个旅游区域和整个葡萄牙的推广活动都应该利用"产品"来完成。这种策略的基本原理是旅游者会出于与特定产品相关的具体动机而做出旅行决定。首先，需要明确葡萄牙可以提供给旅游者的十种主要产品：旅游、自然、海洋和阳光、航海、城市休闲、美食、商业、高尔夫、健康和住宅。其次，营销战略应该在具体的目标市场对上述产品进行开发和推广。第一阶段需要决定各个区域可以投资哪些产品；第二阶段需要决定各个区域可以瞄准哪些国家；第三阶段需要为每个区域设计模型，详细介绍产品和可能的目标国家。如果旅游区想在计划之外的国家或地区推广产品，那么葡萄牙旅游局的资金将无法为其提供支持。

因此，一个包含产品、区域和目标市场的矩阵被设计了出来。这个矩阵之所以有用，是因为它为葡萄牙旅游局提供了一个连贯的、透明的通向市场的路径。尽管如此，如果这些旅游区域不具备品牌管理的理念，而是简单地像经营一系列产品一样经营自己，那么将很难制定成功的营销战略。

旅游目的地是由几个要素组成的，包括有形要素，例如当地美食、当地餐馆、建筑、景观和气候；以及无形要素，例如吸引力、独特性、安全性、趣味性等，这些都是旅游者用来评估旅游区的要素。因此，游客实际上并不是在消费某一种产品，而是在消费多种产品的组合。这也意味着，游客们是在消费一个目的地和一个品牌，而不是一个产品。因此，品牌传播应该基于该区域所能提供的益处和价值主张，而不是它有什么产品。

正如所有改变一样，葡萄牙旅游业管理的改革也需要在摸索中不断前进，也需要为建立品牌架构而做出努力。只有这样，不同的旅游区域才能发挥自身独特的作用。葡萄牙旅游局也认识到，消费者可能会选择一个特定区域而不是整个国家作为旅游目的地。对于像里斯本、波尔图或阿尔加维那样有较高认知度的区域而言，尤其如此。

然而，人们对于如何将目的地作为品牌进行管理仍然缺乏理解。葡萄牙作为一个品牌，仍然需要定义其价值主张，并发展连贯而高效的品牌架构。同样重要的是，要考虑到每个目标市场对葡萄牙及其旅游目的地的认知和了解程度可能不同。

将目的地作为品牌进行管理是一项艰巨的任务，因为它涉及众多利益相关者群体，它们的利益各不相同，有时甚至相互冲突，因此，应该努力根据品牌而非产品来设计营销战略计划。为此，对与旅游和市场营销相关的教育投资也将变得日益重要。这个行业的一个问题是，众多的利益相关者群体不一定全都具备旅游或市场营销方面的相关知识。

总　结

本章讨论了品牌身份、品牌形象和品牌定位这些关键的品牌化概念，并对身份和形象这两个经常容易混淆的概念进行了区分。此外，本章还分析了国家品牌身份和国家品牌形象的构成，并讨论了国家品牌定位中涉及的问题。虽然相较于商业品牌，国家品牌的复杂性有所增加，但品牌化的基本原则仍适用于国家品牌建构中。

讨论要点

1. 请说出三个你经历过的国家的身份—形象差异，解释为什么它们会存在身份—形象差异，并为这些国家提出应对这一问题的建议。

2. 请评估你所选择的国家的品牌定位。其品牌定位是否清晰？该定位对相关目标受众来说是否合适？

3. 思考本章有关印度公共外交的案例。请分析这些公共外交倡议是否应该纳入更广泛的国家品牌战略中，或者如果已经确立的国家品牌战略给予公共外交充分的自由发挥空间，公共外交是否能够产生更大的影响？

4. 在葡萄牙旅游管理的案例中提到，有人认为旅游推广的重点应该是品牌而不是产品。请解释这句话的含义，并说明你在多大程度上同意这个观点。

本章参考文献

Aaker, D.A. (1996) *Building Strong Brands*, US: Free Press.

Alvarez, M.D. and Campo, S. (2014) 'The influence of political conflicts on country image and intention to visit: A study of Israel's image', *Tourism Management*, 40 (February), 70–78.

Baldwin, C.Y. and Clark, K.B. (1997) 'Managing in an age of modularity', *Harvard Business Review*, Sept–Oct, 84–93.

Bauer, A., Bloching, B., Howaldt, K. and Mitchell, A. (2006) *Moment of Truth: Redefining the CEO's Brand Management Agenda*, UK: Palgrave Macmillan.

Blankson, C., Kalafatis, S.P., Coffie, S. and Tsogas, M.H. (2014) 'Comparisons of media types and congruence in positioning of service brands', *Journal of Product & Brand Management*, 23 (3), 162–179.

Buchholz, A. and Wordemann, W. (2000) *What Makes Winning Brands Different: The Hidden Method Behind the World's Most Successful Brands*, UK: Wiley.

de Chernatony, L. and McDonald, M. (2003) *Creating Powerful Brands in Consumer, Service and Industrial Markets*, 3rd edn, UK: Butterworth-Heinemann.

Concise Oxford English Dictionary (2009) 11th edn (revised), UK: Oxford University Press.

Cornelissen, J. (2004) *Corporate Communications: Theory and Practice*, UK: Sage Publications.

Damjan, J. (2005) 'Development of Slovenian brands: Oldest are the best', *Place Branding*, 1 (4), 363–372.

Elliott, R. and Percy, L. (2007) *Strategic Brand Management*, UK: Oxford University Press.

Florek, M. (2005) 'The country brand as a new challenge for Poland', *Place Branding*, 1 (2), 205–214.

Fuchs, C. and Diamantopoulos, A. (2010) 'Evaluating the effectiveness of brand-positioning strategies from a consumer perspective', European Journal of Marketing, 44 (11/12), 1, 763-1, 786.

Grant, J. (2006) *The Brand Innovation Manifesto: How to Build Brands, Redefine Markets & Defy Conventions*, UK: Wiley.

Hall, J. (2004) 'Branding Britain', *Journal of Vacation Marketing*, 10 (2), 171–185.

Hynes, N., Caemmerer, B., Martin, E. and Masters, E. (2014) 'Use, abuse or contribute!: A framework for classifying how companies engage with country image', *International Marketing Review*, 31 (1), 79–97.

Jaffe, E.D. and Nebenzahl, I.D. (2001) *National Image & Competitive Advantage: The Theory and Practice of Country-of-Origin Effect*, Denmark: Copenhagen Business School Press.

Jakubanecs, A. and Supphellen, M. (2010) 'Brand positioning strategies in Russia: Regional differences in the importance of corporate endorsement and symbolic brand attributes', *Journal of East-West Business*, 16 (4), 286–302.

Jaworski, S.P. and Fosher, D. (2003) 'National brand identity and its effect on corporate brands: The Nation Brand Effect (NBE)', *Multinational Business Review*, 11 (2), 99–113.

Jobber, D. (2004) Principles and Practice of Marketing, 4th edn, UK: McGraw-Hill.

Kapferer, J.-K. (2004) *The New Strategic Brand Management: Creating and Sustaining Brand Equity Long Term*, UK: Kogan Page.

Keller, K.L. (2003) *Strategic Brand Management: Building, Measuring, and Managing Brand Equity*, 2nd edn, US: Prentice Hall.

Konečnik Ruzzier, M. and de Chernatony, L. (2013) 'Developing and applying a place brand identity model: The case of Slovenia', *Journal of Business Research*, 66, 45–52.

Kotler, P. and Keller, K.L. (2006) *Marketing Management*, 12th edn, US: Pearson Prentice Hall.

Lehu, J.-M. (2006) *Brand Rejuvenation: How to Protect, Strengthen and Add Value to Your Brand to Prevent It From Ageing*, UK: Kogan Page.

Lodge, C. (2002) 'Branding countries: A new field for branding or an ancient truth?', *Journal of the Chartered Institute of Marketing*, February.

Lopez, C., Gotsi, M. and Andriopoulos, C. (2011) 'Conceptualising the influence of corporate image on country image', *European Journal of Marketing*, 45 (11/12), 1, 601-1, 641.

Madhavaram, S., Badrinarayanan, V. and McDonald, R.E. (2005) 'Integrated Marketing Communication (IMC) and brand identity as critical components of brand equity strategy: A conceptual framework and research propositions', *Journal of Advertising*, 34 (4), 69-80.

Mohr, J., Sengupta, S. and Slater, S. (2005) *Marketing of High-Technology Products and Innovations*, 2nd edn, US: Pearson Prentice Hall.

Nandan, S. (2005) 'An exploration of the brand identity-brand image linkage: A communications perspective', *Journal of Brand Management*, 12 (4), 264-278.

Nikolova, M.S. and Hassan, S.S. (2013) 'Nation branding effects on retrospective global evaluation of past travel experiences', *Journal of Business Research*, 66 (6), 752-758.

Okazaki, S. (2006) 'Excitement or sophistication? A preliminary exploration of online brand personality', *International Marketing Review*, 23 (3), 279-303.

Quelch, J. and Jocz, K. (2005) 'Positioning the nation-state', *Place Branding*, 1 (3), 229-237.

Ries, A. and Trout, J. (2001) *Positioning: How to be Seen and Heard in the Overcrowded Marketplace*, US: McGraw-Hill.

Riezebos, R. (2003) *Brand Management: A Theoretical and Practical Approach*, UK: FT Prentice Hall.

Roll, M. (2006) *Asian Brand Strategy: How Asia Builds Strong Brands*, UK: Palgrave Macmillan.

Roth, K.P. and Diamantopoulos, A. (2009) 'Advancing the country image construct', *Journal of Business Research*, 7 (62), 726-740.

Sjodin, H. and Torn, F. (2006) 'When communication challenges brand associations: A framework for understanding consumer responses to brand image incongruity', *Journal of Consumer Behaviour*, 5 (1), 32-42.

Usunier, J.-C. and Lee, J.A. (2005) *Marketing Across Cultures*, 4th edn, UK: FT Prentice Hall.

Wansink, B. and Huffman, C. (2001) 'Revitalizing mature packaged goods', *Journal of Product & Brand Management*, 10 (4), 228-242.

ZAD Group (2008) 'Egypt-an aspiring modern state', in Dinnie, K., *Nation Branding-Concepts, Issues, Practice*, 1st edn, 37-41, London: Butterworth-Heinemann.

第三章

国家品牌资产

> **关键要点**
> - 对品牌资产的思考主要有两种方法：消费者视角和金融视角；
> - 国家品牌资产包括内部资产和外部资产；
> - 内部资产包括图标符号、景观和文化；
> - 外部资产包括国家形象认知和流行文化中的他者画像。

引 言

本章主要聚焦品牌资产的概念。我们首先从两个主要的视角审视品牌资产——消费者视角和金融视角。接着,我们将品牌资产概念运用到国家品牌中,并探究国家品牌资产的潜在来源和维度。本章的第一个案例将介绍新加坡如何建立自己的国家品牌资产,第二个案例将探讨广告在提升中国的国家品牌资产中的重要作用。埃夫·塞文（Efe Selvin）的学术观点将提供关于线上 2.0（Web 2.0）时代和国家品牌化的深刻理解。罗杰·辛克莱尔（Roger Sinclair）的实践洞察将介绍对国家品牌进行金融评估的方法论。

品牌资产的两种视角

无论是在品牌化理论中还是在品牌化实践中，"品牌资产"（brand equity）都是一个重要概念。品牌资产是指品牌的价值。资产的概念来自金融领域，将其应用于品牌领域时，它失去了原本确定的、被普遍接受的含义。近年来，越来越多的研究者将品牌资产概念应用在区域形象研究中（Jacobsen, 2012; Lucarelli, 2012; Zenker, 2014）。

研究品牌资产有两种不同的方法。一种是消费者视角，即根据消费者对品牌的认知以及对品牌质量、独特性、声望等的评价来评估品牌资产。另一种是金融视角，即用不同方法将金融价值赋予特定品牌。在消费者视角和金融视角中，对于品牌资产的看法不尽相同，现在我们将分别进行探讨。

消费者视角

凯勒（Keller）作为品牌资产的消费者视角的主要支持者之一，使用了"基于消费者的品牌资产"（customer-based brand equity，CBBE）一词，并将其定义为"消费者所拥有的品牌知识导致其对品牌营销的差异化反应"（2003）。凯勒详细阐释了这一简短的定义，他指出，"基于消费者的品牌资产是在消费者对品牌具有很高的认知度和熟悉度，并在记忆中拥有一些牢固的、有利的、独特的品牌联想时产生的"。帕普等人（Pappu et al., 2005）的研究提出了"基于消费者的品牌资产"的四个维度，即品牌知名度（brand awareness）、品牌联想（brand associations）、被感知的质量（perceived quality）和品牌忠诚度（brand loyalty）。

对于国家而言，重要的是深入地了解和研究国家品牌资产的不同维度，而不是简单地依靠直觉。例如，许多国家可能会认为本国正在遭受负面的国家品牌联想之苦，但实际上，国外受众的头脑中可能完全没有形成对其国家品牌的认知。皮克等人（Pike et al., 2010）提出，要使用标准的"基于消费者的品牌资产"的工具，追踪品牌资产随着时间的推移而产生的变化。

基于消费者视角，阿克（Aaker）使用会计学词汇将品牌资产表述为"与品牌、品牌标识和品牌名称等相关的一系列资产或负债，它们可以通过产品或服务带给企业和（或）其消费者的价值而增加或减少"（1991）。法夸尔（Farquhar, 1989）同样也提到了增值的问题，他将品牌资产定义为"特定品牌赋予产品的，对企业、交易或消费者而言的附加价值"。法夸尔将"交易"包含在内，表明了品牌资产的消费者视角应该从更全面的角度考虑谁是"消费者"或"顾客"。利益相关者群体模型表明，品牌必须吸引多元支持者并与之进行沟通，而不是目光短浅地、单一视角地看待消费者。琼斯（Jones，2005）阐述了品牌资产的利益相关者群体理论，他认为，品牌价值是通过与多个战略性利益相关者群体的互动共同创造的，因此，在评估品牌资产时不应该只关注消费者。

唐波拉尔（Temporal，2002）对"品牌资产"一词如何经常被用来描述品牌的不同方面，如符号、图像和消费者联想，以及它如何被用来反映消费者感知到的品牌实力进行了描述。国家在符号和图像方面的资源尤为丰富，每个国家都拥有自己独特而鲜明的图像。这些内容以及国家身份的其他组成部分为国家品牌的发展奠定了基础，并确保国家品牌是对国家真实魅力的真正的提炼和表达，而不仅仅是公共关系或广告宣传活动。

品牌资产可以在品牌与消费者之间建立联系，并形成牢固纽带，这种联系会随着时间的推移而日益强化，包含了信任与情感联系（VanAuken，2002）。贝克（Baker，2002）将品牌资产定义为注入品牌的价值，这一价值被视为具有资产性。这种价值反映了品牌所享有的市场份额、忠诚度和认可度、被消费者感知的质量以及任何其他与竞争者区别的正面属性，如专利保护、商标等。莱兹伯斯（Riezebos，2003）回应了贝克对品牌资产的观点，确认了品牌资产的四个来源：市场份额的大小、市场份额的稳定性、组织的品牌价差以及与品牌相关的所有权（专利、商标）。在对品牌资产的讨论中，卡普费雷（Kapferer，2004）还提出了品牌资产的四个指标：辅助的品牌知名度、自发的品牌认知度、受品牌因素激发的消费者以及该品牌被消费的程度。切纳托尼和麦克唐纳（Chernatony & McDonald，2003）也提出了一个类似的观点，他们认为品牌资产描述了消费者对品牌的看法，又反过来形成了品牌的价值。

消费者忠诚度是品牌资产的关键要素。品牌塑造工作通常强调为消费者创造差异性和价值而获得高忠诚度，这是评估品牌战略成功与否的有效指标。多年来，商业品牌一直将大量的资源用于开展忠诚度计划，相对而言，国家品牌在这方面几乎没有采取任何措施。忠诚度计划必须以塑造消费者对品牌的情感依恋为目的，而不是仅仅着眼于刺激重复购买。因为情感忠诚度与品牌购买之间的相关性是指数性的关系，而非线性的关系，即当消费者对品牌的情感忠诚度达到顶峰时，他们的购买量将会是那些对品牌情感依恋没有那么强的消费者两倍，甚至是三到四倍（Hallberg，2004）。作为丰富文化意义符号的储藏库，国家品牌拥有强大的情感和体验特质，因而具备很好的条件发展消费者对其强烈的情感依恋。

事实表明，在产品品牌语境下，获得许可的定期电子邮件营销可以对品牌忠诚度产生各种积极影响，即被电子邮件提醒的消费者会继续光顾品牌零售商店，并向朋友推荐该品牌。忠诚的顾客不仅能够获得品牌产品的优惠，还能够从定期的交流和品牌带来的各种信息中获得快乐（Merisavo & Raulas，2004）。如果品牌未能建立顾客忠诚度，则存在佩尔·马丁尼克（Perrin-Martinenq，2004）所说的"品牌淡漠"（brand detachment）的风险，即品牌和消费者之间的情感或情绪纽带将会像其他类型的关系那样化为乌有。为了预防

"品牌淡漠"的负面影响,国家品牌可以将客户关系管理原则应用于全国范围内的所有公众和利益相关者群体（Buttle, 2008）。

品牌的视觉表达方式能够为品牌的整体资产作出重要贡献。对于许多消费者而言,品牌的标识、名称、符号、字体和颜色是品牌知名度的主要贡献者。有研究认为,视觉设计与品牌的正面效应之间存在显著关系,尤其是在积极影响、品质感知、识别和意义共识等方面。国家应积极地管理自身的视觉身份,以确保在不同的目标受众和利益相关者群体之中产生最大的影响和协同作用。

金融视角

如我们所见,品牌资产的消费者视角与国家品牌之间有明确的相关性,尤其是在多重受众的利益相关者群体的理论框架下——国家品牌的多重利益相关者群体包括:旅游者、投资者、雇员、学生和国内外消费者。然而,品牌资产的金融视角与国家品牌化之间的相关性并没有那么明显。在本节中,我们先简要概述品牌资产的金融视角,之后再讨论对国家品牌进行金融评估的具体方法。

迄今为止,关于对品牌进行金融评估的会计方法和程序尚未达成共识。但是,一些特定的手段可供希望估算品牌金融价值的公司和分析师使用。这些手段包括以历史成本估值、以重置成本估值和以未来收益估值。以历史成本估值将品牌视为资产,其价值是从一段时间内的投资中获得的;以重置成本估值的重点在于估算创建同样的品牌所需的成本;以未来收益估值的目的是估计与该品牌相关的未来现金流量（Kapferer, 2004）。

因特品牌（Interbrand）公司的最佳全球品牌评选（Best Global Brands）是一个享有盛誉、备受瞩目的品牌评估活动。为了获得入选最佳全球品牌的资格,品牌必须满足以下条件:30%以上的收入来自本国以外的地区;公开品牌财务状况数据;业务遍布亚洲、欧洲和北美洲,并在新兴市场中广泛地开展业务;长期来看,预期经济利润必须为正值,且获得高于品牌资本成本的回报;品牌必须要在世界范围内的各个主要的经济体中都享有良好的公众形象和知名度（www.bestglobalbrands.com/2014/methodology）。2014年,因特品牌公司评选出的全球排名前两位的品牌是苹果公司和谷歌公司,其品牌估值分别为1189亿美元和1074.3亿美元。从企业角度来看,品牌估值是一个有用的工具,因为它可以促使公司利用品牌提高信誉,从许可业务中确定潜在的收入流,并深入了解未来可能的品牌收购价值（Riezebos, 2003）。对商业品牌进行品牌评估的理由很明确,罗杰·辛克莱尔则在本章的实践洞察中讨论了对国家品牌进行金融估值的潜在意义。

国家品牌资产的来源和维度

在这一部分,我们要明确国家品牌资产（nation brand equity, NBEQ）的主要来源,这些来源构成了发展国家品牌化战略的潜在基础。这些来源在基于资产的国家品牌资产模型中呈现出来（图 3.1），在该模型中，构成国家品牌资产的内部和外部资产，被概念化为固有资产、培育资产、间接体验资产和传播资产。以之前关于品牌资产的讨论和定义为基础，我们将其应用到国家品牌化的语境中。我们将国家品牌资产定义为"国家有形的和无形的、内部的和外部的资产（或负债）"。这些内部的和外部的资产（或负债）代表了国家品牌资产的来源。内部资产被定义为固有的（如图标符号、景观、文化）或被培育的（内部认同、对艺术的支持）。外部资产被定义为间接培育的（国家形象感知、流行文化中的他者画像）或传播的（品牌大使、侨民、出口的品牌产品）。现在我们将讨论这些来源对整个国家品牌资产的贡献。

图 3.1　基于资产的国家品牌资产模型

内部资产

我们认为，国家品牌的内部资产是固有的或被培育的。一方面，固有资产是国家身份的持久要素，国家本质的这些方面可以被看作是塑造国家品牌资产的固有资产，包括国家的图标符号、景观和文化。另一方面，培育资产源于国家为创造健康的品牌资产发展环境而做出的努力。内部认同和对艺术的支持是培育资产的重要部分。

固有资产：图标符号、景观和文化

一个国家的显著特征包括其图标符号、景观和文化。这些为国家品牌提供了强大而真实的差异化手段。一个国家的图标符号包括视觉图像、符号和其他独特的表现要素。国旗仍然是国家图标符号中最明显的要素,但是"图标"(icon)一词的现代含义已经扩展到象征更具广泛社会意义的区域、个人,甚至是产品。因此,纳尔逊·曼德拉(Nelson Mandela)可能是南非的标识,雅典卫城是希腊的标识,而威士忌则是苏格兰(地区)的标识。与国家拥有的其他固定资产一样,这些要素是独有的且无法复制的,它们是所有国家品牌创建的基础。

景观,包括城市,在构成国家的本质特征中起到了很重要的作用,它们是国家品牌资产的重要组成部分。景观是国家品牌中最重要的平衡器之一。即使是由于经济贫困或其他原因而处于不利状况的国家,它也可能因为拥有独特的景观而形成强大的品牌资产。例如,玻利维亚的乌尤尼盐沼周围的彩色潟湖、奇异的岩层和火山口都是该国的重要资产。另一个经济贫困却拥有丰富而引人入胜的独特景观的国家是尼泊尔,景观之美已经使该国成为世界上最吸引人的旅游目的地之一。

与图标符号和景观一样,一个国家的文化也代表着其独特而真实的国家身份。这些资产不是由营销人员策划设计的,相反,它们是国家真实面貌的原真体现。特别是文化,它为国家提供了无限丰富的塑造国家品牌的资源。以俄罗斯为例,文化是其塑造更为积极的国家形象的重要内容,该国在推动其海外文化中心的现代化建设中表现得日益活跃(Lebedenko, 2008)。对于财力有限的小国或新兴国家而言,不需要诉诸费用昂贵且内容浮浅的广告宣传活动,通过音乐、电影、文学、艺术以及饮食来强调其国家文化,是建立国家品牌资产的一种更具吸引力和可行性的方式。

传统文化可能在外界对国家的认知方面发挥着关键作用,但绝不能因此将本国的形象定位为守旧的,传统文化可能与本国想展现的充满活力的现代经济体形象不相符。快速发展的生态旅游业为推广国家的传统文化提供了当代语境,在这一语境下,推广国家的传统文化不仅能够体现对过去的关注,还能够展示出可持续发展的一个重要方面。例如,玻利维亚真实的国家身份在很大程度上源于其祖先文化,这种文化体现在民俗、服饰、饮食和传统中,而这些传统的文化形式则构成了该国"依然本真"(The authentic still exists)定位的核心部分。

音乐、电影、文学、语言和体育作为当代文化的表达,可以在决定国家形象的认知方面发挥重要作用,因此也应被纳入国家品牌化战略中。与国家的政治体制或军事形象有关的负面认知可能会因为关于该国当代文化的更为正面的联想而被抵消。例如,全球对美国电影的喜爱在某种程度上抵消了世界上许多国家和地区对美国在世界事务中的主导地位的敌意。英国文化教育协会等组织肩负着在海外积极推广英国文化的任务,包括推动文化经济。对于政治地位低且政治认知度较小的国家而言,文化可以弥补这种弱势地位,通过将国家与其拥有的独特而差异化的文化名人相联系,这些国家可以在全球舞台上占据消费者认知的小众市场。

培育资产：内部认同、艺术支持、忠诚程度

确保对国家品牌的内部认同是国家品牌资产的重要组成部分，这为发展国家品牌战略带来了挑战。如果本国国民以及其他的国内利益相关者群体不了解或不支持本国所希望展现的形象和叙事，就不能期望他们通过自己的生活来展现国家品牌。这将会导致现实与所展示的国家形象之间的差距，当游客和外国投资者们发现国家所展示的形象没有植根于现实时，他们便无法与这样的形象产生共鸣。公共部门和私营部门都需要对国家品牌形成内部认同。因此，与其说国家品牌是期望其国民可以"像品牌所描述的一样生活"，不如说它是国民及其文化的真实写照。

另一项重要的培育资产是对艺术的支持。国家可以通过那些负责推动国家文化生活的机构来提供这类支持，也可以通过以营利为目的的私营公司提供的艺术赞助来实现。管理商业与文化之间的关系很有挑战性。传统上，商业世界和文化世界之间存在着许多矛盾。尽管历史上的有钱商人对艺术的资助可以追溯到几个世纪以前，并且时至今日仍在以各种各样的形式进行，但文化界的许多个人和组织依然对将文化作为品牌战略的一部分持严重的保留意见。一方面，"品牌"一词令不少人感到疏远；另一方面，商人似乎大多缺乏文化意识，并且经常拒绝任何难以在财务上进行量化的提议。在他们看来，文化要么是奢侈品，要么是无用品。

忠诚度是品牌资产的重要组成部分。在国家品牌的背景下，为了提高多元受众的忠诚度，国家需要实施一些特定的项目。这些受众包括本国公民、贸易伙伴、本国商品和服务的外国消费者、国际组织、政治盟友、旅游者和外来投资者。

外部资产

构成国家品牌资产的外部资产可能是间接产生的，这些资产不一定是个人的亲身体验，而是个人的间接体验。它们可能是在海外或全球范围对国家品牌的传播的体验或是有形的展现。国家品牌的外部资产和内部资产一样，如果要发挥它们的最大效力，需要对其进行战略管理。

间接资产：国家形象认知、流行文化中的他者画像

关于国家形象的认知可能并不总是与现实相符。在这种情况下，一方面需要实施目标清晰的战略，以确保国家的品牌资产不受负面的或陈旧的认知的损害。另一方面，这种负面形象也可能准确地反映了国家的潜在问题，如高犯罪率、政府腐败等。在这种情况下，必须先采取补救措施解决实际问题，之后才能开展品牌推广工作。

对当前的国家形象认知进行监控和评估并开展有效管理，是一项非常重要的工作。这种认知可能是强大的国家品牌资产，也可能是损害国家形象的负面资产。如果没有进行形象跟踪研究，那么历史上存在的曲解和刻板印象可能会导致当前的国家形象模糊不清。这个问题将在第九章进行进一步讨论。有些时候,国家形象可能在某个维度上表现得非常正面,但如果这一点影响了人们对这个国家的潜在活力的认识,那么它将会成为一个问题。巴西的信息技术部门就成功地应对了类似的挑战,外界对巴西信息技术部门的了解不足一度阻碍了该国在全球舞台上进行有效竞争(Sanches & Sekles, 2008)。

许多影响国家品牌资产的因素实际上都不在负责国家品牌战略团队的掌控之中。例如,国家体育队可能会表现不佳,政府可能会腐败,出口品牌所在的公司可能会被发现存在违背道德的和反社会的行径。流行文化中对国家的他者画像也几乎无法被控制。正面或负面的国家刻板印象可能会在书籍和电影中不断地重复出现。尽管这些现象无法改变,但重要的是通过强调有益于国家品牌的正面联想,淡化那些负面描述并管理其影响和后果。尽管在史实的准确性上令人质疑,但是电影《勇敢的心》(*Brave heart*)却提升了苏格兰的国家形象,为其作为"英雄的失败者"的定位作出了贡献。在流行文化中没有得到这种他者画像的小国可以通过努力在消费者心目中留下印象。

电影并不是唯一一种用来展现当代文化形象的媒介,音乐也可以发挥类似的强大作用。这一点已经在获得公共资助的音乐家国外巡演方面得到验证,这是一种非军事、非霸权主义的国家声誉提升方式。这种文化关系能够在不同国家的人民之间架起桥梁,并且能够在国家品牌战略中发挥重要作用。

传播资产:品牌大使、侨民和品牌产品出口

对于由于缺少资源而无法开展花费巨大的推广活动的国家和地区而言,建立一个品牌大使网络可能是一种节约成本的策略,其作用是利用每一个机会提升国家品牌。在苏格兰,国际知名的高尔夫球手科林·蒙哥马利(Colin Montgomerie)就曾被任命为这样一位品牌大使。苏格兰威士忌公司——威廉·格兰父子公司(William Grant & Sons)等苏格兰公司都聘请了品牌大使以增强企业的声誉。未来,各国可能还会将品牌大使的概念作为国家品牌资产中不可或缺的构成部分。任命品牌大使时应该注意的关键问题是,要确保所选择的个人尽可能真实地反映该国的个性和该国希望展现的正面特质。许多体育名人事实上都是国家的品牌大使,即使他们没有被正式任命。对于某些观众来说,网球运动员罗杰·费德勒(Roger Federer)可以被视为瑞士的国家品牌大使,足球运动员罗纳尔多(Ronalddo)也可以被视为巴西的国家品牌大使。

与品牌大使概念密切相关的是国家可能拥有的海外侨民。侨民们可以被看作是一个存在已久的国家品牌大使网络,他们的活力值得开发。李奥蒂尔(Leautier, 2006)指出,侨民网络中的成员"可以成为联通其居住国的政策、技术和管理知识与其本国国情之间的关键桥梁"。库兹涅佐夫和萨贝尔(Kuznetsov & Sabel, 2006)都认同这种观点。他们认为,政策专业知识以及管理和营销知识是侨民网络最重要的资源。因此,这种侨民网络的无形作用和它带来的金融效益能够形成互补,金融效益主要通过外商直接投资和个人汇款得以实现。例如,中国就在外商直接投资方面受益于侨民网络,中国近期接受的外商直接投资中有70%来自海外侨民(Devane,2006)。对于其他国家来说,个人汇款对本国经济也发挥着同样关键的作用。例如,海地和约旦从海外侨民的个人汇款中获得的收益相当于国内生产总值的20%(Torres & Kuznetsov,2006)。

第三种传播型资产是品牌产品出口。品牌产品出口可以在塑造国家的海外声誉方面发挥重要作用。例如,智利红酒生产商将一半以上的产量用于向世界范围内的90个国家出口(Felzensztein,2008)。对于许多消费者来说,他们仅有的关于智利的个人体验就是购买智利红酒。品牌产品出口可以被看作是国家品牌资产的关键组成部分,因此,国家在实施国家品牌化战略的过程中需要为出口推广机构配备充足的资源。

国家品牌与投资吸引

国际商务领域的文献对外商直接投资进行了广泛的研究,但市场营销和品牌领域的文献对这方面的研究较少。国际商务领域的文献已经对一些关键问题进行了阐释,例如公司的国际选址决策(Boeh & Beamish,2012;Cantwell,2009;Dunning & Gugler,2008;Galan et al.,2007)、跨国公司与东道国政府之间的关系(Lee & Rugman,2009)以及可以用于吸引外商直接投资的战术工具(Wilkinson & Brouthers,2000)。此外,文献中还强调了国家的特定优势对吸引外商直接投资的影响(Cho et al.,2009;Rugman & Verbeke,1992)。在极少的以区域品牌视角研究外商直接投资的文献中,卡皮克(Capik,2007)对捷克、波兰和斯洛伐克的外商直接投资进行了调研,结论显示,招商引资部门应该采用更加系统化的方法来推动外商直接投资。

各国的政府投资机构正在利用类似推广国家品牌的方法传播国家的特定优势。例如,阿根廷投资局制作了一份宣传手册,封面上印有一对探戈双人舞者,并伴有"拥抱您的激情,投资阿根廷"(Embrace your Passion. Invest in Argentina)的标语。这是一个很特别的例子,一个国家为了吸引投资而打情感牌,而不是使用更加常规的方式,如强调自身健全的经济政策、有利的法律和商业环境、发达的基础设施等优势。一份来自南非的国家品牌宣传手册以"南非:投资者的梦想"(South Africa:An investor's dream)作为封面文字,选择了更加传统的方式,宣传该国在工业能力、竞争力、贸易改革、稳健的经济政策和接入其他非洲市场方面的优势。

有时,各国会采取合作而非竞争的方式开展以吸引投资为目的的国家品牌化战略。2007年,法国投资局和德国投资局合作推出"欧洲吸引力计分板"(European Attraction Scoreboard)计划,这一联合计划旨在向投资者介绍在欧盟开展业务的好处。计分板上列出的影响因素包括:市场和商业活力、人力资源、研究与创新、基础设施、行政环境、成本和税收、能源与可持续发展以及互联网和信息通信技术。

学术观点

网络2.0和国家品牌

·埃夫·塞文（Efe Sevin），博士，卡迪尔哈斯大学（Kadir Has University）公共关系与信息学系，土耳其伊斯坦布尔

社交媒体是指基于网络的通信平台，例如Facebook、Twitter、WordPress、Blogger、Instagram和Vine，它们鼓励用户发布内容并建立社交关系，与其他用户进行内容和关系的共享（Boyd & Ellison, 2007）。

网络2.0类别的数字技术，例如社交媒体平台，并不遵循传统媒体单向的和一对多的交流模式（Smith, 2013），而是基于双向的和一对一的交流模式。营销人员与受众之间存在对话和互动，这使得"他们"作为客户与"我们"作为品牌之间的界线在企业环境中日益模糊，并鼓励企业通过保持与受众之间的对话来塑造品牌作为社区成员的归属感（Yan, 2011）。品牌是在所有利益相关者群体的参与下共同创建的，社交媒体平台则促进了各方之间的对话（Potts et al., 2008）。

从这个角度来看，国家品牌化项目与企业品牌化项目并没有什么不同。因此，不能够再简单地将市场营销专家和公共机构视为品牌形象的唯一生产者，将公众视为消费者。相反，区域品牌化是不同利益相关者群体和受众之间的协商过程（Sevin, 2011）。

Facebook和Twitter是受众之间相互传递信息并向国家品牌化项目的推动者提供反馈的主要工具。如果用户认为自己能够与品牌相关的社群相联系，他们就会传播品牌信息（Jansen et al., 2009）。例如，冰岛市场营销组织——天然冰岛（Iceland Naturally）成功地吸引了成千上万的用户在Facebook上谈论其品牌和品牌化努力。在利用Twitter进行国家品牌化的推广活动中，瑞典通过将官方Twitter账户每周分配给一位公民使用，达到使官方账户呈现与众不同且令人难忘的内容的目的，从而提供更多有关瑞典的个人叙事。

社交媒体是允许用户创建内容和社区的新平台。社交媒体对国家品牌化实践的意义可以归纳为以下五点：

1.参与：受众是社交媒体时代品牌塑造过程和合作塑造过程的积极参与者。如果国家不能吸引受众，那么其国家品牌将无法获得共鸣。

2.信息的格式和传递必须符合社交媒体的交互性和多媒体性的本质。

3.社交媒体推广活动需要在"网络1.0"（Web 1.0）和线下传播战略的支持下才能取得成功。

4. 社交媒体是一个众声喧哗的平台。为了脱颖而出,信息需要具备创意性和娱乐性。

5. 数字环境在不断变化,每天都有新的工具出现。从业者应该为下一个传播范式的出现做好准备。

参考文献

Boyd, D.M. and Ellison, N.B. (2007) 'Social network sites: Definition, history, and scholarship', *Journal of Computer-Mediated Communication*, 13 (1), 210–230.

Jansen, B.J., Zhang, M., Sobel, K. and Chowdury, A. (2009) 'Twitter power: Tweets as electronic word of mouth', *Journal of the American Society for Information Science and Technology*, 60 (11), 2, 169–2, 188.

Potts, J., Hartley, J., Banks, J., Burgess, J., Cobcroft, R., Cunningham, S. and Montgomery, L. (2008) 'Consumer co-creation and situated creativity', *Industry & Innovation*, 15 (5), 459–474.

Sevin, E. (2011) 'Thinking about place branding: Ethics of concept', *Place Branding and Public Diplomacy*, 7, 155–7, 164.

Smith, W. (2013) 'Brands Must Get Social Media Right', Branding Strategy Insider, www.brandingstrategyinsider.com/2013/03/brands-must-get-social-media-right.html.

Yan, J. (2011) 'Social media in branding: Fulfilling a need', *Journal of Brand Management*, 18 (9), 688–696.

实践洞察

评估国家品牌

- 罗杰·辛克莱尔(Roger Sinclair),博士,前金山大学市场营销学教授,南非约翰内斯堡

"品牌矩阵"(BrandMetrics)是一种在线品牌评估方法,是南非约翰内斯堡的金山大学商业经济学系的一个学术项目的研发成果。它于1998年下半年在商业领域推出,之后迅速成为南非品牌评估领域的引领者,并被用于衡量400余个品牌的价值。2009年,该评估方法被总部位于美国的品牌代理商预言者公司收购,现用于为该公司的客户进行品牌估值。

南非政府成立了国际营销委员会，目的是在全球市场上建立南非国家品牌。2002年，南非国际营销委员会邀请品牌矩阵帮助确定南非国家品牌的货币价值，其目的是建立一个可识别的指标用于衡量南非国家品牌推广活动的效果。在此项任务成功完成后，品牌矩阵在2006年再次被邀请对南非国家品牌进行估值。

评估国家品牌价值与评估产品和服务价值不同，因此，在品牌矩阵采用的四个评估步骤中，每一步都面临着独特的挑战，如下所示：

1. 财务。该方法是指对品牌产生的经济利润的估算，它是除去资本成本的税后利润。投入南非国家品牌的现金流来自三个外向来源的收入：出口、外商直接投资和旅游。资本成本是将国家作为上市公司，通过对国家预算和账目的估算得出的。

2. 品牌贡献。它是指经济利润中可归因于国家品牌的部分，可以通过在外国合作伙伴中进行研究来了解可能存在的国家品牌贡献。2002年，南非国家品牌的品牌贡献率是16%，这意味着，南非经济利润中的16%受益于南非国家品牌。这一相对较低的数值并不奇怪，因为南非在过去几十年中一直依靠大宗商品出口获取出口收入。

3. 类别预期寿命。这是对外部因素在多大程度上使品牌获得经济利润的评估。为此，我们借用了阿马蒂亚·森（Amartya Sen）教授的"五种自由"理论（Five Freedoms）：政治、经济、社会、透明度和安全性（Sen, 1999），并搜集研究资料以填充变量，每个撒哈拉以南的国家都通过与概念上的理想国家——挪威来进行对比和索引。

4. 《世界竞争力报告》（*World Competitiveness Report*）。世界经济论坛（World Economic Forum）的这份报告被用来对南非的国家品牌进行定位，与南非在世界范围内的竞争对手进行对标。这样，我们可以找到南非的国家品牌在市场的领导者和落后者之间所处的位置。

这些变量被输入到品牌矩阵模型中，产生的价值为541亿美元。当该项评估在2006年再次进行时，品牌贡献率上升到21%，产生的全部价值达到740亿美元。

这项工作的价值在于将货币价值作为衡量营销成就的基准。从以上内容中可以清楚地看到，品牌南非（Brand SA）团队在过去的三年内取得了令人印象深刻的成就。

参考文献

Sen, A. (1999) *Development as Freedom*, UK: Oxford University Press.

案例：新加坡国家品牌的成就与未来展望

·许木松（Koh Buck Song），作者兼顾问，品牌新加坡

2015年，新加坡庆祝了其独立建国50周年。在这50年间，新加坡巩固了本国的国家声誉，使其成为世界范围内国家声誉最为强大的国家之一，特别是当国家声誉主要依据"硬性"指标评估时。这个没有自然资源的热带岛国依托的主要资产是处在亚洲与世界其他地区之间的贸易路线上的绝佳地缘战略位置，并且新加坡已经在最大程度上发挥了这一地缘优势。这个位于亚洲大陆南端的前英国殖民地多年来在大多数的国家品牌的全球排名中都取得了优异的成绩。在这些排名中，新加坡常常位列亚洲首位，或者至少位列亚洲前三。在大多数衡量宜居性子因素的排名中，它也通常名列前茅。

在言论自由等所谓的"软性"方面，新加坡在全球排名中相对表现不佳。但是，国家品牌化的本质在于，例如营商便利性之类的"硬性"方面通常在问卷中占主导地位。而且对于大多数国际企业，甚至是旅游者和选民而言，强大的政府通常更受偏爱。因为强大的政府能够更好地满足不同选区的需求，或者在需要的时候转变方向或掉头。为了对国家品牌塑造进行最有效的中央统筹领导，国家品牌决策需要更加集中，新加坡的成功秘诀也在于此。

对于新加坡这个实际上自独立以来就由人民行动党一党领导的国家而言，一个强权政府的好处在于它在任何时候都能够把自身的愿景明确地对外展现出来。在过去的半个世纪中，新加坡的国家品牌给人留下了深刻的印象，这主要是因为无论实际的品牌塑造工作是否得到目标清晰的引导、无论品牌工作是否真正有效，品牌传播都无一例外地注重了实用性。更重要的是，新加坡的国家品牌与其他国家的国家品牌相比尤为出色，因为那些国家甚至无法履行在保障生活质量方面的最基本的责任，无论是在降低犯罪率方面，还是在环境保护方面。狮城的基础设施（港口、机场、法律制度等）一直以来都是高效的，甚至是世界一流的。有利的营商环境代表着一种能力，这种能力是有远见的、务实的、受商业驱动的政府所特有的，使其能够不断地调整经济政策，并进一步推动外商投资。

用专业术语来说，新加坡的"硬实力"主要建立在所谓的"直接营销"的基础上。新加坡经济发展局等政府机构通过其海外中心的官员每天敲开国外公司的大门，或者通过定位恰当的小众市场的传播平台，直接向全球大多数发达经济体中的行业负责人以及最有希望的朝阳产业负责人传递信息。尽管近年来全球经济起伏不定，中国等新兴区域投资热点也在逐渐兴起，但新加坡仍然在世界经济论坛等组织发布的全球经济竞争力指数中名列前茅。新加坡旅游局在目标市场开展了一系列多部门协同合作的品牌推广活动，

虽然广告的真实性可能有待商榷,但其所取得的成绩却无可争议。例如,新加坡每年接待游客人数(2013年为1560万)比日本更多,但相对而言,日本拥有更广阔的国土、更丰富的资源、更深厚的传统和文化以及在全球范围内的更强大的品牌吸引力和品牌知名度。

虽然新加坡的国土面积很小,刚刚超过716平方公里(由于几乎不间断地进行土地开垦,确切数字一直在变化),但因为品牌营销产生的效果极其显著,新加坡成为一个在国际生活的许多领域都具有巨大影响力的国家,这一影响与其国土面积不成正比。新加坡的对外贸易总额是国民生产总值的三倍,也是主权财富基金领域的重要参与者。新加坡在东南亚国家联盟等区域性组织和联合国等其他最高级别的国际论坛中都处于领导地位。在国家的多边关系中,特别是对于活跃在亚洲的主要大国而言,新加坡都是重要的战略伙伴。最近,新加坡正在建立自己的新基地,同时也在如世界城市峰会(World Cities Summit)等非正式国际平台中发挥领导作用。该论坛聚集了来自世界各地的思想领袖,共同分享有关建设宜居城市的观点。

在新加坡国家品牌化新范式的转变过程中,最有力的改变是从"花园城市"(Garden City)到"花园中的城市"(City in the Garden)。自1965年以来的40年间,新加坡以其花园、公园和街景享誉世界,这在很大程度上帮助其树立了正面的全球形象。确实,政府特别制定了注重细节的政策,政策要求路边的树篱和草坪必须修剪整齐,借此向潜在的外国投资者表明:这个国家在精心照顾植物的同时,也会精心照顾他们的投资。进入21世纪以来,新的"花园中的城市"模式彻底改变了旧的模式。现在,新加坡的首要任务是培育整个国家的绿色植物,并将其编织到城市发展之中,而不是为了城市发展而破坏绿色植被。这种新的"绿色视觉"包括将更多的开花树木和灌木移植到街景中以及将垂直绿化移植到新的摩天大楼上。此外,还包括对双溪布洛湿地的沿海木板路区域进行重建,并通过为冠斑犀鸟等本地鸟类建造人工巢的方式将野生动植物带回城市。这些努力将继续提升新加坡在宜居城市排行榜单中的名次。

向"花园中的城市"这一国家愿景的转型,与新加坡在塑造其国际认知度的过程中对软实力的不断提升相一致。重大的投资项目,例如于2015年开放的新国家美术馆,为新加坡增添了真正的世界级内容,并为新加坡对外界的吸引力赋予了更加深厚的"文化重要性"。同时,这也将有助于与近期新增加的其他生活方式项目达成平衡,这种生活方式——包括两个综合度假村和世界上第一个一级方程式夜间比赛——已经为新加坡赢得了许多粉丝。两个度假村中的赌场收入与拉斯维加斯全部赌场的总收入持平。

放眼未来,为了提升新加坡在海外的正面形象,新加坡将在文化领域投入更多的努力。特别是在21世纪以来新加坡的海外形象已经大幅提升的情况下,一些陈旧的负面认知正在减弱并得以消除,如"文化沙漠"和"保姆国家"的负面印象。如今,新加坡的艺术活动非常丰富,也举办了无数的大型活动。国际舆论已经接受了新加坡在国家安全和公民福利方面的"好保姆"角色。一个"更时尚"的新加坡是否有更好的未来前景,取决于它是否能够采取更为完善的发展路径,是否能够为建构软实力的核心品牌要素——包括开放的言论和对新观点的包容——留出更多的发展空间。

2013年,新加坡的人口总量为540万。近年来,为了增加人口数量,除了致力于吸引跨国公司的技术和资本以外,新加坡的国际视野已转移到了吸引人才方面。如今,通过选择将注意力集中在三大主要生产因素之一的劳动力方面(另外两个生产因素是土地和资本),这座全球城市已经为本国经济的未来发展制定了一个具体的、也许会引发争议的计划。这再次证明了,如果传播内容足够真实,品牌推广足够有效,那么一个有凝聚力的政府能够在建构国际大都会的海外声誉方面发挥更大的影响力。多元文化族群之间的团结合作也是新加坡国家品牌成功的重要因素,这需要更加细致周全的内部品牌战略来推动。

新加坡这块磁铁能否像在过去50年间吸引投资一样吸引移民还有待观察。但显而易见的是,新加坡的国家品牌化正随着国家对下一个50年的展望而进入一个新的时代。鉴于全球化和信息革命对受过良好教育并且广泛游历的人群的影响,一些事情发生了不可逆转的变化,例如舆论的力量正变得比以往任何时候都更有影响力。但是,另一些事情并不会很快改变。新加坡的地缘战略地位应该始终为其在跨国业务和国际关系中发挥重要影响提供坚实的基础。位于亚洲这个全球最活跃的区域的中心,随着越来越多的企业和人口搬迁或移居到新加坡这座未来主义的大都市中,新加坡的一些方面将得到进一步提升。总的来说,正是这些基础因素确保新加坡继续保持其领先地位,并且成为未来国家品牌化和品牌塑造方面的成功典范。

案例:广告中国

- 王坚(Jian Wang),博士,南加利福尼亚大学公共外交研究中心主任,公共关系学副教授

2011年1月17日,中国在纽约时代广场的超大屏幕上开启了一场对国家形象的广告宣传。一支时长为60秒的名为"感受中国"(Experience China)的视频广告展示了中国各行各业的名流和杰出人物。循环播放的视频广告的推出,恰逢时任中国国家主席胡锦涛对美国进行国事访问。在截至2月14日(2月3日是中国农历新年)的四周时间内,该广告每天播放300次,共计播放8400次(Chao, 2011)。

该广告由灵狮国际广告公司(Lowe & Partners)上海办事处制作。它的创作理念是通过展示包括名人和普通公民在内的中国人来表达当代中国。正如灵狮公司的

工作人员指出的那样,广告中出现的50多名中国人"代表着当代中国乐观向上的奋进精神"(新华社,2011),其中享有国际知名度的中国名人包括前NBA球员姚明和钢琴家郎朗。这50多名中国人被分成十几个主题小组,例如"令人惊叹的中国美女"(Stunning Chinese Beauty)、"非凡的中国人民"(Extraordinary Chinese people)、"中国财富"(Chinese Wealth)、"启迪思想的中国学术"(Thought-Provoking Chinese Scholarship)和"中国太空旅行"(Chinese Space Travel)。这些标签与其对应的人物同时出现在屏幕上。

该广告由一系列主题场景组成,场景中的人物面带微笑直视镜头。他们的姿势(无论站立还是坐着)都是静止不动的。所有场景都在主题背景之下,例如,"获奖的中国人才"主题场景包括两名中国电影导演——吴宇森和陈凯歌,以电影院为背景。姚明和其他四名中国运动员以2008年北京奥运会的主要场馆和视觉标识——鸟巢为背景。大多数场景的持续时间不到五秒。"中国太空旅行"场景由一群穿着制服的中国宇航员组成,比其他大多数场景的时长更长。淡入和淡出效果被用于场景间的平滑过渡。在广告的结尾处,红色的背景上出现了两个书法风格的汉字——"中国"。

广告中没有任何对话,使用了乐器音乐作为背景音乐。虽然背景音乐的创作是当代的,但它融合了中国的古典乐器的音质,并以中等速度在其间清晰地流动。

正如中国媒体报道的那样,美国电视台还补充播放了一个30秒的浓缩版本和一个同主题的时长为30分钟的纪录片(新华网,2011)。

毫无疑问,中国正在翻开麦迪逊大道①剧本里的一页来传达关于自己的信息。这个广告是中国在全球舞台上为提升国家形象而进行战略性宣传的主要案例,它的目的是在美国公众中展现正面的中国形象。但是,在广告中出现的50多个人物中,大多数美国人可能只能认出篮球运动员姚明,并且认为广告中的其余角色很可能是由匿名的演员扮演的。然而在中国,广告中的所有人物都位列当代中国的"名人录"。

毫无疑问,广告的基调是赞美的。在中国国内,这则广告被视为是中国人自豪感和成就感的表达。因此,这种国际导向的传播带来的国内影响是不容忽视的。在这个信息日益透明的时代,"国内"与"国际"之间的界限不过是人为建构的,国家建构与国家品牌建构之间的区别也在于此。

关于广告中应该选择谁来代表中国的问题,人们在中国的社交媒体上展开了激烈讨论。许多网民对中国一家大型电信公司的首席执行官的入选表示质疑,因为电信行业在中国实际上是政府垄断行业。有些人对广告中选择的几个光鲜亮丽的电影明星表示质疑,因为其他许多对于中国的发展作出巨大贡献的人并没有在广告中受到关注或赞扬。

中国选择了时代广场作为国家形象的推广场地,这一点毫不奇怪。时代广场被视为

---

① 麦迪逊大道:美国广告业中心。——译者注

美国的中央舞台,在中国人的想象中占据着特殊的地位。纽约时代广场一年一度的新年仪式在中国广为人知,甚至诱导出了它的中国版本。从这个意义上讲,此次广告宣传对于中国公众而言具有空间上的重要意义。

事实上,时代广场对于中国广告业而言并不陌生。三九医药公司是第一家在时代广场设置广告牌的中国公司。几年前,时代广场的巨幅屏幕上还曾经放映了中国京剧表演的片段。尽管如此,路过时代广场的大多数人都是在纽约的国际旅游者或是美国国内的旅游者,不能代表美国公众。选择时代广场实际上是受到其象征价值以及中国国内共鸣的驱动,并不是针对目标受众的选择。

整个视频广告试图展示中国在各个方面的成就。在喧哗的媒体环境中,诸如此类的活动通常是用于吸引注意力并开展对话的,而不是一次单独的、孤注一掷的冒险行为。令人感到惊讶的是,这支视频广告构成了这次推广活动的全部。由于大多数美国人并不熟悉广告中的人物,因此,建立一个与推广活动相关的网站可能会有所帮助,甚至能够启发感兴趣的个人访问网站并了解这些人物的故事和成就。正如这支广告所证明的那样,讲述的欲望确实需要通过阐释的手段来平衡。

此外,无论是在时代广场周围还是在其他地方,在嘈杂的信息环境中快速而连续地呈现多幅人物图像,其结果是观众只会注意到其中最突出的人物,他们的突出性是基于外部特征或在广告中的实际位置。要讲述任何一个引人入胜的故事,最为重要的原则是:少即是多。该广告采用的路径完全违背了简单的、聚焦的和动态的叙事方式。广告中的人物看起来是静止的,但他们好像都在努力地摆姿势。显然,使用一系列静态的照片而非移动的图像可能效果会更好。另外,面对广告中显示的众多人物,观众可能会感到不知所措,不清楚他们是谁以及他们为什么会出现在广告里。在时代广场拥挤而喧闹的物理环境中,背景中的音乐旋律也变得毫无意义。

没有人会天真地相信一次单独的推广活动能够迅速地改变美国公众对中国的认知。尽管如此,从中国媒体业的全球扩张到孔子学院的迅速发展,中国近年来为提升自身的软实力做出了一系列努力。将这支广告置于这样的大背景下,它是有意义的。这个旨在拓展美国公众对中国认知的广告推广活动,成为这些努力的巅峰。但有趣的是,考虑到广告在信息传递和媒体投放方面所选择的路径,它在中国国内所引发的关注可能要多于在美国引发的正面评价。

简而言之,具有广泛吸引力的故事叙事是任何形式的品牌传播工作的基础。通过这样的广告传播方式来塑造认知,与其说是要论证观点,不如说是要分享一个关于国家形象的引人入胜的故事。这样的故事叙事必须具有清晰的结构和顺序,并且需要调动观众的情绪。此外,国家品牌不仅可以推销一个国家或一种文化体验,还可以展示国家及其传播是如何丰富受众生活的。讲述一个引人入胜的故事,是要从聚焦自我转向拥抱共同的国家品牌意义的可能性。

参考文献

Chao, L.（2011）'Pro-China ad makes Broadway debut', *China Real Time*, 18 January, http://blogs.wsj.com/chinarealtime/2011/01/18/pro-china-ad-makes-broadway-debu.

Xinhuanet（2011）'National Image Lights Up Times Square', 19 January.

总　结

本章通过聚焦国家品牌资产的来源和维度,将品牌资产概念应用于国家品牌语境中。本章还分析了品牌资产的两个不同但互补的视角:消费者视角和金融视角。从以资产为基础的角度分析国家品牌资产,我们看到了其中包含的内部资产和外部资产,两者又可以被细分为固有资产、培育资产、间接体验资产和传播资产。

讨论要点

1. 当应用在国家品牌领域时,品牌资产的金融视角可以发挥多大作用?深刻理解国家品牌资产的金融评估可以给政策制定者带来哪些帮助?

2. 请选择一个国家,并使用本章基于资产的国家品牌资产模型（图3.1）对其进行分析。思考该国的国家品牌资产是否平衡?或者说,它是否在某些方面表现得较为强势,而在某些方面表现得较为弱势?

3. 新加坡国家品牌化的成功经验（参见本章的第一个案例）能够在多大程度上被其他与新加坡在地理位置、人口规模和政治体制方面存在很大不同的国家所复制?

4. 从中国在美国的广告战略中可以吸取哪些经验和教训（参见本章的第二个案例）?

本章参考文献

Aaker, D.（1991）*Managing Brand Equity*, US: The Free Press.

Baker, M.J.（2002）*The Westburn Dictionary of Marketing*, Westburn Publishers Ltd, www.themarketingdictionary.com.

Boeh, K.K. and Beamish, P.W.（2012）'Travel time and the liability of distance in foreign direct investment: Location choice and entry mode', *Journal of International Business Studies*, 43, 525–535.

Buttle, F.（2008）'A CRM Perspective on Nation Branding', 66–67, in Dinnie, K., *Nation Branding-Concepts, Issues, Practice*, 1st edn, London: Butterworth-Heinemann.

Cantwell, J.（2009）'Location and the multinational enterprise', *Journal of International Business Studies*, 40, 35–41.

Capik, P.（2007）'Organising FDI promotion in Central-Eastern European regions', *Place*

Branding and Public Diplomacy, 3 (2), 152–163.

de Chernatony, L. and McDonald, M. (2003) *Creating Powerful Brands*, 3rd edn, UK: Butterworth-Heinemann.

Cho, D.-S., Moon, H.-C. and Kim, M.-Y. (2009) 'Does one size fit all? A dual double diamond approach to country-specific advantages', *Asian Business & Management*, 8 (1), 83–102.

Devane, R. (2006) 'The Dynamics of Diaspora Networks: Lessons of Experience', 59–67, in Kuznetsov, Y. (ed). *Diaspora Networks and the International Migration of Skills: How Countries Can Draw on Their Talent Abroad*, Washington, DC: WBI Development Studies.

Dunning, J. and Gugler, P. (2008) *Foreign Direct Investments, Location and Competitiveness*, Oxford: Elsevier.

Farquhar, P. (1989) 'Managing brand equity', *Marketing Research*, September, 1–11.

Felzensztein, C. (2008) 'Chile- "All Ways Surprising"', 59–61, in Dinnie, K., *Nation Branding-Concepts, Issues, Practice*, 1st edn, London: Butterworth-Heinemann.

Galan, J.I., González-Benito, J. and Zuñiga-Vicente, J.A. (2007) 'Factors determining the location decisions of Spanish MNEs: An analysis based on the investment development path', *Journal of International Business Studies*, 38, 975–997.

Hallberg, G. (2004) 'Is your loyalty programme really building loyalty? Why increasing emotional attachment, not just repeat buying, is key to maximising programme success', *Journal of Targeting, Measurement and Analysis for Marketing*, 12 (3), 231–241.

Henderson, P.W., Cote, J.A., Leong, S.M. and Schmitt, B. (2003) 'Building strong brands in Asia: Selecting the visual components of image to maximize brand strength', *International Journal of Research in Marketing*, 20 (4), 297–313.

Jacobsen, B.P. (2012) 'Place brand equity: A model for establishing the effectiveness of place brands', *Journal of Place Management and Development*, 5 (3), 253–271.

Jones, R. (2005) 'Finding sources of brand value: Developing a stakeholder model of brand equity', *Journal of Brand Management*, 13 (1), 10–32.

Kapferer, J.-N. (2004) *The New Strategic Brand Management: Creating and Sustaining Brand Equity Long Term*, UK: Kogan Page.

Keller, K.L. (2003) *Strategic Brand Management: Building, Measuring, and Managing Brand Equity*, 2nd edn, US: Prentice Hall.

Kuznetsov, Y. and Sabel, C. (2006) 'International Migration of Talent, Diaspora Networks, and Development: Overview of Main Issues', in Kuznetsov, Y. (ed), *Diaspora Networks and the International Migration of Skills: How Countries Can Draw on Their Talent Abroad*, 3–19, Washington, DC: WBI Development Studies.

Leautier, F.A. (2006) Foreword, in Kuznetsov, Y. (ed), *Diaspora Networks and the International Migration of Skills: How Countries Can Draw on Their Talent Abroad*, Washington, DC: WBI Development Studies.

Lebedenko, V. (2008) 'On National Identity and the Building of Russia's Image', in Dinnie, K., *Nation Branding-Concepts, Issues, Practice*, 1st edn, 107–111, London: Butterworth-Heinemann.

Lee, I.H. and Rugman, A.M. (2009) 'Multinationals and public policy in Korea', *Asian Business & Management*, 8 (1), 59–82.

Lucarelli, A. (2012) 'Unraveling the complexity of "city brand equity": A three-dimensional framework', *Journal of Place Management and Development*, 5 (3), 231–252.

Merisavo, M. and Raulas, M. (2004) 'The impact of e-mail marketing on brand loyalty', *Journal of Product and Brand Management*, 13 (7), 498–505.

Pappu, R., Quester, P.G. and Cooksey, R.W. (2005) 'Consumer-based brand equity: improving the measurement-empirical evidence', *Journal of Product and Brand Management*, 14 (2/3), 143–154.

Perrin-Martinenq, D. (2004) 'The role of brand detachment on the dissolution of the relationship between the consumer and the brand', *Journal of Marketing Management*, 20 (9–10), 1001–1023.

Pike, S., Bianchi, C., Kerr, G. and Patti, C. (2010) 'Consumer-based brand equity for Australia as a long-haul tourism destination in an emerging market', *International Marketing Review*, 27(4), 434–449.

Piscitello, L. (2013) 'Multinationals and economic geography: Location, technology and innovation', *Journal of International Business Studies*, 44, 861–863.

Riezebos, R. (2003) *Brand Management: A Theoretical and Practical Approach*, UK: FT Prentice Hall.

Rugman, A.M. and Verbeke, A. (1992) 'A note on the transnational solution and the transaction cost theory of multinational strategic management', *Journal of International Business Studies*, 23, 761–771.

Sanches, R. and Sekles, F. (2008) 'Brazil IT: Taking Brazil's Successful Domestic IT Industry Abroad', in Dinnie, K., *Nation Branding-Concepts, Issues, Practice*, 1st edn, 133–136, London: Butterworth-Heinemann.

Temporal, P. (2002) *Advanced Brand Management: From Vision to Valuation*, Singapore: John Wiley & Sons.

Torres, F. and Kuznetsov, Y. (2006) 'Mexico: Leveraging Migrants' Capital to Develop Hometown Communities', in Kuznetsov, Y. (ed), *Diaspora Networks and the International Migration of Skills: How Countries Can Draw on Their Talent Abroad*, 99–128, WBI Development Studies.

VanAuken, B. (2002) *The Brand Management Checklist: Proven Tools and Techniques for Creating Winning Brands*, London: Kogan Page.

Wilkinson, T.J. and Brouthers, L.E. (2000) 'Trade shows, trade missions and state governments: Increasing FDI and high-tech exports', *Journal of International Business Studies*, 31, 725–734.

Zenker, S. (2014) 'Measuring place brand equity with the advanced Brand Concept Map (aBCM) method', *Place Branding and Public Diplomacy*, 10, 158–166.

第二部分
PART TWO

国家品牌的理论根源

第四章

国家品牌与来源国效应

> 🔑 **关键要点**
> - 来源国效应是指产品或服务的来源国对消费者关于该产品或服务的态度和行为的影响。
> - 消费者行为文献为来源国效应提供了许多有用观点。
> - "制造国"(Made in)运动是政府试图提升来源国认知的战略工具。

引 言

本章将在国家品牌的语境下讨论来源国效应话题,涉及的内容包括:来源国与品牌、来源国与人口以及来源国与符号学理论。同时,本章指出,来源国认知不一定是静态的,而是可以随着时间的推移发生改变的。本章的实践洞察部分将会讨论来源国与国家品牌化之间的关系,作者米哈伊尔·萨维琴科(Mikhail Sadchenkov)将介绍"俄罗斯制造"(Made in

Russia）项目的启动。学术观点部分将会关注德国过去和现在的国家形象。本章的案例部分将会概述加纳以吸引外商直接投资为目标的国家品牌化战略。

消费者行为

来源国效应已经在消费者行为领域得到了广泛的研究（Usunier，2006）。近期的一些文献对品牌忠诚度（Park et al.，2013）和消费者对其他国家的亲近度（Nes et al.，2014）等概念进行了更深的研究。在国家品牌试图管理来源国认知的语境下，消费者与其他国家的情感纽带对消费者购买意愿的影响是一个重要问题（Oberecker & Diamantopoulos，2011）。

来源国研究概述

来源国效应是指产品或服务的来源国对消费者关于该产品或服务的态度和行为的影响。来源国效应在许多产品类别中起关键性作用，并被消费者作为产品的区分要素而受到重视。如法国香水、苏格兰威士忌、瑞士手表、意大利时装、日本技术和哥伦比亚咖啡等著名的产品类别，这些产品与其来源国之间的感知契合度对消费者来说很有价值。在这些案例中，产品与其来源国之间都存在正相关关系，虽然这种正面认知发生作用的方向并不明确。例如，是索尼等著名品牌提升了日本的国家品牌形象，还是日本作为高科技产品来源国的良好声誉提升了索尼的品牌价值？

国家品牌与突出（或忽视）其来源国的商业品牌之间的共生关系是一个值得关注的话题，因为国家品牌活动可能会影响消费者对该国产品和企业品牌的来源国认知。

现有的一些关于来源国的文献已经受到了批评，因为迄今为止，这类研究所采取的研究方法都是单项提示测试法（single-cue design），它们往往夸大了来源国的影响。单项提示实验法是指在研究中将来源国作为唯一的产品属性告知被测者，而不是多项提示测试法（multi-cue design），即将来源国属性作为价格、品牌名称和设计等其他相关条件之外的属性一同告知被测者。这些文献受到批评的另外一个原因是研究者在研究中通常使用语言描述产品，而不是提供真实的有形产品（Peterson & Jolibert，1995）。对来源国文献的评述进一步发现了这些研究的其他不足之处，如只有少数研究探究了来源国效应对服务业的消费和评价的影响，而这些少数关于服务业的研究更侧重于对西方国家服务业的研究，而非世界其他地方的服务业（Al-Sulaiti & Baker，1998）。此外，过度依赖学生样本的做法限制了其研究结果在更广泛的人群中的普遍性（Dinnie，2004）。还有人认为，需要对来源国的符号和情感方面进行更多研究（Verlegh & Steenkamp，1999）。

来源国与品牌

2005年,当冰岛的伏特加品牌雷克(Reyka)在英国上市时,它的广告宣传称"在冰岛,伏特加是一种自然资源……雷克伏特加酒是用来自世界上最洁净国家的北极泉水酿造而成的。我们小批量生产雷克伏特加并使用地热能,以确保我们的伏特加和我们的国家一样洁净"。由于这样的广告宣传,一位记者把该品牌描述为"也许是你能品尝到的最环保的酒"(Lyons,2005)。产品与其来源国之间的匹配或契合看上去是完美无瑕的,雷克品牌受益于消费者关于冰岛纯净环境的联想;同时冰岛也会受益于本国新出现的高质量品牌,因为这会增加国家现有的品牌资产。这样双赢的局面证明了来源国效应作为品牌塑造工具的潜在力量。但雷克品牌事实上不属于冰岛,它的拥有者是苏格兰威士忌公司威廉·格兰父子公司,不过,这样隐秘的外资所有权不会影响消费者将其视为冰岛品牌。

产品类别与国家形象感知之间的匹配关系已经得到了广泛的研究(Papadopoulos & Heslop,1993;Zafar et al.,2004;Verlegh et al.,2005)。其中一项研究(Roth & Romeo,1992)得出的结论是,管理者们应该利用产品—国家之间的匹配信息来评估消费者的购买意愿,并进行产品来源国管理。创造"品牌来源"(brand origin)一词是为了将消费者对品牌来源的认知与事实不符的情况概念化。在这种情况下,品牌来源是指"目标群体认为品牌所属的地点、区域或国家"(Thakor & Kohli,1996)。消费者对品牌来源国产生误解可能是因为不了解,也可能是因为企业开展品牌活动的目的就是塑造一个更加正面的品牌形象,而非展示真实的情况。表4.1列出了一些品牌,它们的名称可能会引起消费者对其来源国的误解。

表4.1 品牌来源:可能感知的来源与实际来源

品牌	产品类别	可能感知的来源	实际来源
哈根达斯(Haagen-Dazs)	冰淇淋	斯堪的纳维亚	美国
松井(Matsui)	消费者电子产品	日本	英国
雷克萨斯(Lexus)	汽车	美国	日本
克拉布伦(Klarbrunn)	瓶装水	瑞士、奥地利和德国	美国

中国作为全球经济超级大国的崛起以及中国市场的对外开放,引发了人们对中国消费者如何看待国内品牌和进口品牌这一问题的极大兴趣。在亚洲,日本品牌如东芝、三菱和索尼,在多年前就已经塑造了高品质的形象;韩国品牌如三星和LG,近来也采取了相同的做法。如今,海尔和联想等中国品牌也正在加入这些希望获得正面品牌认知的亚洲

品牌的行列。

一般来说，新兴国家会遭遇产品质量认知较低的问题，但是人们对金砖国家（巴西、俄罗斯、印度、中国和南非）日益增强的信心将会激励这些国家以及其他的新兴国家做出改变，帮助它们从商品提供商发展成为畅销产品品牌的生产商。在一项关于来源国效应及其如何影响中国城市消费者态度与行为的研究中，研究者基于432名上海消费者组成的研究样本得出的调查结果证明了一个逐渐普及的观点，即中国消费者并不一定会被外国品牌所吸引。参与此项调研的研究者指出，为了利用消费者对本土品牌的既有偏好，管理者们应该强调品牌的中国身份，并将其运用到品牌定位战略中（Kwok et al., 2006）。专营运动鞋、运动服和运动装备的李宁就是中国本土品牌的典范，该品牌已经成功地在中国市场上与耐克、阿迪达斯和锐步等全球知名品牌展开竞争。李宁的品牌定位主要基于其同名创始人——奥运会金牌得主李宁（Roll, 2006）。

一些国家发现，它们的国家品牌处于弱势是因为其国家形象主要表现为旅游目的地，除此之外没有其他吸引人的地方。另一些国家发现，它们的产品可能会受益于有利的来源国联想，但却身处竞争异常激烈的领域。这些事实都在促使国家在国家品牌塑造活动中付出更多的努力。比如，智利为了促进本国红酒行业的发展，一直在努力增强来源国效应。

来源国与服务业

与对实物产品来源国效应的广泛关注相比，很少有研究关注来源国效应对服务业的影响。一项对20年间24个市场营销和一般商业期刊中的来源国效应文献的回顾性研究发现，其中只有19项研究将来源国效应应用于服务业，而迅速发展的服务业需要更多的针对性研究（Javalgi et al., 2001）。在大多数的发达经济体中，相比于制造业，服务业往往更占主导地位；但令人惊讶的是，关于来源国如何影响服务业的研究却如此匮乏。在为数不多的研究中有一项是从国家层面上比较瑞士、法国和奥地利作为滑雪旅游胜地的品牌形象，具体的研究方法是邀请269名参加过纽约滑雪表演的滑雪者，请他们根据五分制量表对这三个滑雪胜地从10个方面进行打分。研究发现，这三个国家作为滑雪旅游胜地的品牌形象具有很强的同质性，参与打分的滑雪者无法对其进行区分（Ofir & Lehmann, 1986）。另一项关于来源国与服务业的研究探讨了国家刻板印象和广告信息对消费者在选择眼科服务供应商时的影响。研究结果显示，尽管不同国家的服务供应商可以通过广告为消费者提供更多信息并在一定程度上克服偏见，但消费者在选择眼科服务供应商时仍然存在一定的国家偏见（Harrison-Walker, 1995）。

也许是为了尽量减少来源国的负面偏见，许多国际服务业品牌都采用首字母缩写作为其品牌名称。表4.2列举了国际服务业领域中的这类品牌。

表 4.2 服务业品牌使用首字母缩写以淡化来源国影响

首字母缩写	全称	服务业部门
HSBC	香港上海汇丰银行（Hong Kong and Shanghai Banking Corporation）	金融
RBS	苏格兰皇家银行（Royal Bank of Scotland）	金融
UBS	瑞士联合银行（Union Bank of Switzerland）	金融
KFC	肯德基（肯塔基州炸鸡，Kentucky Fried Chicken）	餐饮
BP	英国石油公司（British Petroleum）	能源

国际金融服务品牌希望将自身定位为全球性品牌而非地方性品牌。汇丰银行（HSBC）的"世界的当地银行"（The world's local bank）的定位，有效地结合了其全世界范围内的声望和信誉，同时使消费者相信该品牌了解地方社区的具体需求。消费者可能会认为，如果一个金融服务品牌是世界性的，那么它一定是成功的、运营良好的和可靠的。然而，主流金融服务品牌平淡无奇且不体现任何地方特色的定位，也可能会给其他品牌留下一个独特的机会，让这些品牌通过建立更加明显的来源国定位在市场中占据一席之地。

与一个特定来源国的联系过于紧密，也会导致品牌容易受到超出其控制范围的政治或军事事件的影响。美国运通公司（American Express）已经认识到了这一潜在的威胁。运通公司在 2003 年伊拉克战争开始时进行了一项调研，因为该公司非常担心自身以美国为中心的品牌名称可能会因此受到抵制。然而，调研结果显示，在世界上绝大多数地区的消费者心中，美国运通不是一个仅仅与美国相联系的品牌，而是一个全球商务品牌（Mortimer，2007）。

国际航空是一个有趣的行业，因为它既需要进行统一的品牌管理，又需要具体地发挥来源国效应。因为国家航空公司的传统，国际航空领域的品牌常常会明确地使用来源国。例如，新加坡航空（Singapore Airlines）强调了它的来源国，以强化其作为广受赞誉的全球性服务品牌的定位。然而，当英国航空（British Airways）试图通过将自身重新定位为 BA 来淡化来源国效应、从而远离英国帝国主义历史的负面联想时，却引发了社会的批评。这一举动被视为是不爱国的，并引发了一场政治风暴。英国前首相玛格丽特·撒切尔（Margaret Thatcher）便曾公开斥责该公司对"英国身份"的轻视。

来源国与产品生命周期

产品生命周期是市场营销领域的一个耳熟能详的概念。这个概念的重点是，产品与其他生命有机体一样，需要经历一系列生命阶段。对于产品而言，具体可以分为进入期、成长期、成熟期和衰退期四个阶段。在前两个阶段，产品会经历成长；在第三阶段，也就是成熟期，产品会在销售和市场份额等领域达到稳定水平；在最后阶段，产品会进入商业生命周期的终点，可能会因为消费者需求的变化而被遗忘，也可能会因为新技术的出现而逐渐过时。产品生命周期概念的功能是帮助市场营销从业人员评估产品的当前状态，并根据目前产品所处的生命周期阶段制定合适的营销战略。例如，一个处在进入期的新产品需要的是投放战略，其营销传播方法与已经处在成熟期的知名品牌是截然不同的。

然而，产品生命周期概念的内在缺陷在于它假定产品确实与生命有机体一样，也会遵循类似出生—成长—成熟—死亡这样的发展轨迹。这一模型缺少可测量的时间维度，使市场营销从业人员无法准确地评估产品所处的生命周期阶段。此外，该模型还暗示产品总有一天将不可避免地走向衰落。这一假设会受到许多产品管理者们的质疑，因为他们认为自己的工作就是确保产品永远处于生命周期的顶峰。

已经有一些研究试图将产品生命周期概念运用到来源国语境中。一项研究探讨了产品生命周期中的来源国营销，研究发现，在产品的不同生命周期阶段中对来源国标签的使用是不同的，相较于成长期和成熟期，产品在进入期会更多地提及来源国（Niss，1996）。对这一发现的研究解释是，当某一产品进入外国市场时，当地消费者对具体的产品品牌的了解程度不高，甚至完全不了解，但对产品来源国的了解程度却可能很高。在这种情况下，利用已经存在的国家形象认知帮助产品在新的外国市场上立足是合理的。这一研究还发现，随着产品生命周期的发展，企业会逐渐减少使用来源国标签，同时增加品牌营销。其他研究似乎也支持这样的观点，即来源国标签主要在产品的进入期被使用，目的是从来源国的强势品牌效应中受益（Lampert & Jaffe，1998）。同时，对来源国标签的使用是高度语境化的，并且随时间的推移而变化（Beverland & Lindgreen，2002）。因此，将开展出口推广活动作为国家品牌整体战略的一部分时，政府、贸易委员会和出口推广机构应该仔细评估国家或地区的哪些品牌会在最大程度上从强调来源国标签的举措中受益。

来源国与人口统计

产品的来源国标签可能会对一些消费者产生很大影响，而对另一些消费者毫无影响。人口细分是辨别消费者群体是否受到来源国标签影响的一种手段。许多有关来源国的研究已经分析了主要的人口变量如何影响人们关于产品或服务的看法。例如，一项来源国领域的早期研究发现，不同人口特征的群体对外国产品的偏好呈现显著差异。受教育程度高的消费者比受教育程度低的消费者对外国产品的评价更高，女性消费者比男性消费者对外国产品的评价更高，年轻消费者比老年消费者对外国产品的评价更高（Schooler，1971）。

然而，有关来源国对不同人口特征的消费者群体具体产生了怎样的影响并没有形成明确的共识。也有其他研究指出，受教育程度高的消费者确实会更青睐外国产品，但并没有证据表明男性消费者和女性消费者在对外国产品的看法上有任何不同（Dornoff et al.，1974）。品牌管理者们需要开展情境化的且针对具体品牌的调研，以确定目标市场的哪些受众群体会受到品牌来源国标签的影响。

来源国与民族中心主义

民族中心主义是指"产品来源国效应中的本土偏爱"(Shimp & Sharma,1987)。它是指相较于来自其他国家的产品,消费者更加青睐本国的产品。例如,哈民和艾略特(Hamin & Elliott,2006)研究了印度尼西亚消费者中的消费者民族主义现象。已经有研究设计出用于衡量消费者民族中心主义的量表,其中最广为人知的是消费者民族中心主义倾向量表(Consumer Ethnocentric Tendency Scale, CETSCALE)。该量表包含了17个7分制的项目,用于测量个体的民族中心主义倾向(Shimp & Sharma,1987)。消费者的人口统计数据,如教育、收入和社会阶层也被认为会影响个体的民族中心主义程度(Jaffe & Nebenzahl,2001)。来自国外的品牌需要了解特定市场的消费者的民族中心主义的普遍水平,以便制定合适的营销战略,避免战略失误。例如,有研究发现,在奥地利这种拥有不同文化遗产和语言的国家里,在品牌传播中使用外国名人和英文品牌名称可能会效果不佳(Chao et al.,2005)。

来源国与社会身份

来源国领域的一项研究在南非考察了社会身份与品牌偏好之间的关系(Burgess & Harris,1999)。这项研究的有趣之处在于它选择关注南非而不是一般的西方国家。此外,该研究还将国家身份概念——具体来说是"国家内部多样性"概念——纳入思考之中,这一问题在过去的来源国研究中并没有得到太多关注。这项研究使人们认识到,当种族或宗教联系比国籍联系更为强大时,需要谨慎地将国籍作为人口细分变量。这一观点在后来的一项研究中得到了验证,该研究的重点是识别社会中存在的多元亚文化,以避免对某个国家的消费者做出毫无根据的普遍化描述。因为实际上,同一国家内部的不同亚文化群体通常表现出巨大的差异(Lenartowicz & Roth,2001)。有观点指出,大多数关于来源国或产品国国家形象效应的跨文化研究,通常都将国内市场假设为由同质化的消费者组成的,这些研究实际上只关注了跨国,而没有关注跨文化(Laroche et al.,2003)。

来源国与符号学理论

符号学是关于符号的研究。符号学中的符号概念要比日常使用中的符号概念更加广泛。从符号学的角度来说,符号是"一个包罗万象的概念,包括语言、视觉、触觉、嗅觉或其他任何可以通过感官感知到的东西,以及所有向接收者或解码者传递的具有意义的信息"(Shimp,2003)。符号还被定义为"一些能够被感知的实际存在,用于指代一些事物(所指对象)以便能在某些情境中向接收者(解码者)传达"(Fiske,1990)。在品牌管理过程中采用符号学视角的一个好处是它强调了语境的重要性。用于品牌传播的符号可能会根据消费者身份特征的不同而被从不同方向解读。就来源国效应而言，无论是简单有形的实物产品品牌，还是复杂多维的国家品牌，各种类型的品牌在创造性使用符号方面都有很大的提升空间。

阿斯格伽德和盖尔（Askegaard & Ger，1998）主张用符号学的方法来研究来源国和产品国家形象效应。他们认为，在对产品及其来源国进行形象分析时，需要运用一系列丰富的意涵。阿斯格伽德和盖尔采用符号学的方法，提出了一个包含区域、产品、市场环境和使用情境四个维度的概念化模型，即情境化产品—区域形象（contextualized product-place images，CPPI）。这种方法可能会被认为是应用符号学的一种形式，即利用符号相关知识来实现多种目标（Morris，1946）。对语境的认知是符号学理论的核心，该理论认为，意义来源于"符号和象征根植于的文化空间和时间"（Mick，1986）。这一点对于国家品牌化来说有着重要意义，例如，在阿拉伯文化中，书法、颜色、图案和符号所代表的视觉元素为文化身份、国家身份和宗教身份提供了编码参照，因此，在建构品牌的视觉表现时都需要加以考虑。

克服消极的来源国偏见

消极的来源国偏见会给国家的产品和企业品牌带来许多问题。当来源国效应受到低劣产品质量感知、对该国政治体制的敌意、媒体中贬损的形象再现或是其他许多社会、文化、经济或历史联想的损害时，消费者可能不会希望与这样的品牌产生联系。

为了淡化负面的来源国刻板印象，洛茨和胡（Lotz & Hu，2001）提出了消除社会刻板印象的路径。科特勒和格特纳（Kotler & Gertner，2002）则提出，为了提升国家形象，创造新的正面联想可能比反驳旧的负面联想更容易。例如，哈萨克斯坦为了改善受到电影《波特拉》（Borat）①冲击的国家形象，选择推广其正面但鲜为人知的国家特质，而不是试图淡化这部 2006 年的电影对哈萨克斯坦的负面刻画。

所有类型的品牌，无论是产品品牌、服务品牌还是企业品牌，都可能会遭遇负面的来源国偏见。爱德曼全球信任度调查（Edelman Trust Barometer）的研究结果显示，在来自 18 个国家的 3100 名被访者中，欧洲人对来自瑞典、加拿大和德国的企业信任度最高，而对来自新兴的金砖国家和墨西哥的企业信任度最低（Smith，2007）。调查样本的人口特征如下：受过大学高等教育，年龄在 36~64 岁，家庭年收入处在本国人口的前 1/4，对媒体和时事有极大的热情和参与度。换句话说，人口特征表明，该群体对外国品牌具有较高的接受度和较低的消费者民族中心主义水平。但即使是面对这样一个可能相对国际化的人口群体，金砖国家显然仍需付出更多努力来打消欧洲消费者对其负面的来源国偏见，因

---

① 影片用讽刺癫狂的手段，展现了哈萨克斯坦主播波拉特在美国的一场"文化之旅"。——译者注

为这种偏见将会在未来阻碍金砖国家企业进入欧洲市场。国家需要开展严谨的研究，以形成品牌推广活动的基础，从而"修正最终可能会损害国家形象的形象缺陷"（Pasquier，2008）。

国家品牌化与出口促进

出口可以在塑造国家品牌方面发挥重要作用（Florek & Conejo，2007）。"制造国"推广活动是主要的促进出口的国家品牌化工具。例如，越南贸易（Vietrade）是越南政府实施的国家品牌化项目，旨在通过优质的产品品牌提升国家形象。由"澳大利亚制造"推广有限公司管理的"澳大利亚制造"（Australian Made）是最著名的且开展时间最长的"制造国"推广活动之一。该公司是一家非营利性公司，它的主要工作是授权其他公司使用著名的"澳大利亚制造"和"澳大利亚种植"（Australian Grown）标识。参与此项推广活动的公司严格服从相关规定，从而提升了标识和推广活动的可信度。标识中使用的绿色和金色以及勾勒的袋鼠轮廓，为澳大利亚整体的国家品牌做出了突出而独特的贡献。

"澳大利亚制造活动"已经进行了数十年。近年来，俄罗斯也提出了一项"俄罗斯制造"倡议，米哈伊尔·萨维琴科在本章的实践洞察中对此进行了详细介绍。

> **学术观点**
>
> **德国国家品牌：过去与现在的形象**
> · 奥利弗·佐尔纳（Oliver Zöllner），德国斯图加特传媒大学（Stuttgart Media University）媒体营销与研究方向教授
>
> "德国制造"：在19世纪后期，"德国制造"标识是为了将德国制造的劣质廉价消费品与所谓的英国制造的高级产品区分开来。但随着德国工业的发展，这一原先具有歧视性的品牌发生了颠覆性的变化，成为全球性的质量标识。"德国制造"的产地标签受到消费者的争相追捧，并且被德国制造商们自豪地展示。无论是汽车、机械工程产品、化学制品和软件，还是设计师配件，如果它是德国制造的，就会产生正面的来源国效应，并且取得成功（即使产品定价相对较高）。宝马、奔驰、保时捷、西门子、思爱普和汉莎航空都是在全球范围内享有盛誉的德国公司。根据德国外交部联合编辑的官方手册《德国介绍》（*Facts about Germany*）[①]，这些公司代表着创新、质量和尖端技术。这无疑是使德国政府和许多德国人都感到满意的形象。
>
> ---
> ① *Facts about Germany*：可以在网上查看，网址为 www.tatsachen-ueber-deutschland.de/en。

21世纪初,德国在国内和海外开展了一场名为"德国:创意之国"(Germany: Land of Ideas)的公共外交活动。在活动中,德国展现并强调了这个令自己感到满意的国家形象。同时,德国大胆地使用品牌大使,如时装模特克劳迪娅·希弗(Claudia Schiffer),她身着德国国旗颜色服饰为活动代言。德国人喜欢的作为诗人和哲学家之邦的自我形象常常被掩盖在有关纳粹独裁的历史联想之下,一些知名的企业也被迫卷入其中。与这种令人不悦的联想相联系的通常是德国人严厉且一丝不苟、呆板且缺乏想象的形象。德国人擅长生产汽车、机械和化学制品,但是在友善的、创造性的或是悠闲的生活方式方面却很不擅长。高科技,低人情味(High tech, low touch)——这是德国品牌化过程中的刻板印象困境。

因此,德国在2006年举办的国际足联世界杯对于国家品牌建设来说是一件幸事。比赛期间天气晴朗,人们的情绪愉悦而轻松,足球赛事本身也很令人兴奋。可能正是这次赛事,带来了全球范围内对德国的态度的一次最根本的改变。突然间,这个国家变得友善而热情,一点也不僵硬呆板。在接下来的几年中,德国的国家品牌指数处于较高位置,这是任何公关活动都实现不了的效果。从那时起,全世界的年轻人开始将德国首都柏林作为他们最喜欢的休闲场所之一,并宣称柏林是创意和时尚潮流的中心。对于德国来说,它将自己重塑为时尚流行之地的过程似乎在一定程度上是自下而上的,廉价机票使这一过程得以实现。而在十年前,没有人能够预见到这一结果。当时布莱尔时代的英国正试图通过自上而下的策略推动"酷不列颠"(Cool Britannia)身份的建立,却产生了毁誉参半的结果。

但是,在2008年开始的全球金融危机的背景下,德国被视为财政紧缩政策的坚定支持者,其新获得的正面国家品牌价值很可能会面临潜在的危机,对德国自高自大的批评再次出现。在这种情况下,以"出口冠军"闻名的德国国家品牌是否会再次受到损害呢?

实践洞察
俄罗斯制造
·米哈伊尔·萨维琴科(Mikhail Sadchenkov)

2014年4月15日,"俄罗斯制造"项目经过两年的调研后正式推出,100多家企业和50多名专家参与了调研,目的是在新的国家品牌背景下提出一个俄罗斯商业和文化推广活动的概念。这项工作中最困难的部分是对"俄罗斯制造"一词的定义。在研究了世界范围内的许多国家品牌的创建和推广经验后,我们得出结论——项目需要朝着新的方向发展,扩大"俄罗斯制造"一词的内涵。

当时的想法是将"俄罗斯制造"视为俄罗斯创造或发明的所有东西的总价值,包括文化、传统和成就。这一概念使得人们有机会将产品、网站和专家作为"俄罗斯制造"名录的推广载体。考虑到俄罗斯商业运作的特殊性,这一概念得以发挥作用的唯一方法是建立一个透明的商业模式,以免受到政府财务的影响,并且抵御政治和官僚主义带来的风险。"俄罗斯制造"商业模式的基础是,所有参与的企业每年支付25万卢布的费用,无论其业务规模或收入如何,所有参与企业均享有同样的服务和权益。我们的研究表明,这个金额适合于各种规模的企业,并足以支持我们履行"俄罗斯制造"推广活动中的所有义务。

除此之外,我们并没有忘记那些不需要任何推广的大品牌和大公司。我们向它们提供的是免费的公司专属页面,作为交换这些公司为我们免费推广俄罗斯的符号、文化和非商业品牌,并成为它们企业社会责任项目中的一部分。

对那些出于某种原因还没有准备好以商业付费形式参与进来的企业,我们会提供合作伙伴协议,以便它们能够使用"俄罗斯制造"标识。作为交换条件,它们需要在公司网站上使用该标识,并将其印刷在产品、服务和广告材料上。这样的合作伙伴关系能够帮助我们吸纳这些企业,直到它们采取进一步行动,加入"俄罗斯制造"名录。

为了成为"俄罗斯制造"项目的参与者,所有企业都必须满足三个条件:必须由俄罗斯联邦公民创立或拥有(所有权不低于50%)、必须在俄罗斯纳税以及必须在俄罗斯创造就业机会。我们不评定质量,也不要求产品组件或是生产的本土化程度。我们相信,所有的俄罗斯品牌和企业都有加入"俄罗斯制造"的权利,但是当然,在批准标识使用之前,我们会了解并研究该企业的所有信息。所有参与者都会享有同样的服务和权益,包括在所有版本(互联网、印刷物和移动应用程序)名录中拥有公司页面;拥有单独的公司资料文件手册;有权在"俄罗斯制造"网站发表专家意见;有机会作为业内专家在"俄罗斯制造"网站上发表新闻评论;免费参加"俄罗斯制造"活动;有机会参加国际商务访问;有机会在世界重要展会上通过"俄罗斯制造"的展位和名录进行企业展示;通过俄罗斯品牌代理机构协会(俄罗斯领先的品牌行业协会)获得免费咨询并获取品牌塑造与推广的最佳路径;获得来自"俄罗斯制造"合作伙伴的特别优惠和折扣;"俄罗斯制造"品牌下所有的企业页面、手册、名录和其他产品都将被翻译成15种语言等。

"俄罗斯制造"名录和标识是我们用来推广俄罗斯品牌和文化的主要工具。"俄罗斯制造"标识是一个桦树皮纹理的条形码。选择桦树是因为它在俄罗斯的工业、文化、文学、音乐、艺术和宗教领域中具有重要意义。桦树皮被广泛应用于古罗斯的民间工业。

MADE IN RUSSIA

图 4.1 "俄罗斯制造"标识

标识的简单样式使其能够适用于所有类型的应用情境,不需要对包装设计进行大幅修改,并且适用于所有表面和材料,从而降低了集成成本。

参与"俄罗斯制造"项目的企业的产品和广告材料上的标识表明,它们是国家品牌活动的一部分。当人们购买其产品或服务时,他们不仅支持了本地就业机会的创造者和纳税人,还帮助推广了俄罗斯文化。我们不会呼吁消费者来购买这些产品,而是向观众展示俄罗斯制造的品牌和服务供他们选择,以便他们可以根据价格和质量来权衡是否购买。

"俄罗斯制造"名录是一套通过互联网、展览、商务出访和其他渠道,采用15种语言帮助俄罗斯进行商业和文化推广的工具。名录内包括有关俄罗斯出口商、品牌、企业、符号、文化和专家的信息。它是能够为企业和品牌提供高质量宣传材料的统一信息源,同时能够实现直接的企业对企业(B2B)和企业对消费者(B2C)联系。名录宣传的目标受众是世界各地的进口商、出口商、承包商、制造商、媒体代表、参展商、投资者、消费者和其他相关各方。该名录有三种不同的形式,包括网站 www.madeinrussia.ru、移动应用程序和印刷出版物。我们不仅可以通过不同的形式组合来吸引不同的受众,还可以将其作为一个系统,通过投放和调整内容来重新定向这些产品之间的流量,同时鼓励人们使用各种形式来获取有关俄罗斯商业和文化的更多信息。

案例:为吸引外商直接投资而进行的国家品牌化:加纳

- 柯林斯·奥塞(Collins Osei),博士,爱丁堡纳皮尔大学(Edinburgh Napier University)市场营销、旅游与语言学院讲师

引言

对于世界各国而言,争夺外商直接投资已经变得至关重要,加纳也不例外。这是因为外商直接投资能够带来巨大的预期收益,如创造就业机会、提高生产力水平、人力资源

开发、帮助消费者以有竞争力的价格获得各种产品、向投资对象国进行技术转移——特别是当投资对象国拥有转化技术所需的吸收能力时。加纳为了吸引和保护外商直接投资已经采取了许多措施,其中最著名的是1994年加纳投资促进中心的成立,旨在为所有打算在该国开展业务的外国投资者提供"一站式服务"。但是,人们逐渐意识到,如果加纳能够进行战略性的品牌化,并且与负面的"品牌非洲"形象区分开来(Gavi & Brenya, 2012),那么这些措施将会发挥更大的效果。例如,《非洲商业》杂志(African Business)的编辑安弗·韦尔西(Anver Versi)在2009年的一则报道中指出,贫困、冲突和作为等待着其他国家救助的慈善对象的非洲形象主导着人们的认知,特别是西方国家的认知。因此,每个非洲国家都需要创造并维护新的正面国家身份。

加纳国家品牌的本质

是否所有事物都能够进行品牌化这一问题在学术界和业界都备受争议(Keller et al., 2012),国家品牌的概念或许是国家品牌咨询专家为了创造和保留市场才不断强调的(Browning, 2014)。仔细研究加纳投资促进中心和品牌加纳办公室(Brand Ghana Office)的活动和出版物之后,我们可以看出加纳在国家品牌方面的态度,特别是在吸引和保护外商直接投资方面的态度。

品牌加纳办公室成立于2009年,其任务是建立和维持"通过创造、协作和调整一个具有说服力的加纳品牌定位,塑造一个有吸引力的加纳国家形象"(Brand Ghana, 2014)。要在利益相关者群体的脑海中保持这种形象以创造竞争身份和优势,不仅能够通过外交手段实现,更重要的是能够通过体验该品牌的个人和组织(包括外国公司的代表)的故事实现。品牌加纳的前首席执行官、已故的马蒂亚斯·阿科蒂亚(Mathias Akotia)认为,强大的国家品牌可以改善人们对本国的认知,并促进出口、旅游业和外商投资。品牌加纳办公室表示,加纳的外资投入增长过慢,以至于无法支撑任何飞跃性的经济增长,是加纳国家品牌的负面品牌资产之一。因此,根据品牌加纳的国际资产净值目标,品牌加纳办公室的关键任务之一是进行国家定位,以增加外商直接投资,而国家品牌化也被认为具有促进外商直接投资的潜力(Osei & Gbadamosi, 2011)。为了增加外商对本国的直接投资,品牌加纳办公室与政府机构和其他合作伙伴之间开展了密切的合作。例如,加纳投资促进中心直属于总统办公室,并与品牌加纳办公室进行协商合作。品牌加纳办公室的监管者包括作为主要赞助人的总统和各位内阁部长。品牌加纳办公室和加纳投资促进中心的首席执行官都由总统任命。以下将回顾这两个机构在吸引和保护外商直接投资方面采取的战略。

品牌化和吸引外商直接投资方面的加纳经验

加纳投资促进中心的代理首席执行官在2013年第三季度的报告中指出,形象塑造是加纳吸引、促进和保护投资所采取的战略之一。加纳的"品牌拱门"(Brand Arch)框架与向投资者们发出的公开邀请一致。品牌拱门上注明的"由衷地欢迎您"(Uniquely Welcoming)的品牌表达体现了该国如何通过展示"好客、机遇和稳定的绿洲"(Oasis of Hospitality, Opportunity and Stability)形象来吸引投资者。加纳投资促进中心网站对投资者的邀请也强调了这一信息,它邀请投资者"来吧!来投资加纳!"(Come, invest in Ghana),并附有一张总统支持该邀请的照片。该国的战略任务之一是为投资提供具有吸引力的环境和巨大的可能性。然而,关键问题是,加纳该如何提供这些关键的决定性信息,并将其可靠性传递给外国投资者呢?这就引出了品牌信任的概念。

品牌信任

2014年,品牌加纳首席执行官表示,与其他国家相比,有关品牌加纳的故事必须是可信的、吸引人的和与众不同的。他还提到了国家品牌和竞争优势顾问,如西蒙·安霍尔特(Simon Anholt)和特比·伊卡拉峰(Thebe Ikalafeng),以表达这样的观点:广告很难影响利益相关者群体对一个国家的看法。因此,该国开始使用不同背景的人(包括加纳人在内)的讲述以展示加纳的国家形象,其中最为重要的是那些曾经体验过加纳品牌的个人和组织。这些人大多在加纳生活和投资,或者研究过加纳的投资环境和当前机遇,选择他们的目的是强化国家品牌属性中的可信性。

加纳投资促进中心网站上的一段视频就采用了这样一种叙事,它突出了加纳所取得的成绩和能够提供的机遇。视频的标题是"国家画像——加纳"。通过拍摄增强品牌信任的视频传递一种"如果你不相信我们,请相信他们"的态度。也就是说,如果由政治领导人、投资促进机构和品牌加纳办公室来讲述这些故事,可能会有粉饰和美化的嫌疑。因此,这样的内容很难改变人们的看法。但是该视频选择了一些受尊敬的个人来讲述加纳的故事,例如艾琳·奥多蒂(Irene Odotei)教授(加纳历史学会主席),纳纳·博阿凯·阿萨福·阿贾耶(Nana Boakye Asafu-Adjaye)(加纳国家石油公司首席执行官),科菲·安南(Kofi Annan)(联合国前秘书长),巴拉克·奥巴马(美国总统),还有几位经济学家和独立分析师。值得强调的是,利益相关者群体期待这个视频的推广活动能够产生有效的影响,特别是在吸引外商直接投资和促进旅游方面。该视频着重强调了外商直接投资的关键指标,这些指标作为外商直接投资的决定性因素在国际商业出版物、加纳投资促进中心网站和品牌加纳网站以及其他的宣传资料中都得到了强调。其他的一些关键变量将在下文提到。

经济增长

该国国民生产总值的持续增长表明,国际社会已经注意到加纳的经济增长。国内石油的发现不仅为石油工业创造了就业机会,也为其他行业创造了就业机会。在加纳投资促进中心网站的视频中,全球发展中心(Center for Global Development)高级研究员托德·莫斯（Todd Moss）认为，加纳已从低收入国家转变为中等收入国家，因此，来自本国和国际社会的期望也在随之增长。随着国民购买力的提升，加纳为寻求市场的外商直接投资提供了机会。

加纳是一个政治稳定的国家

加纳一直以来都被称赞为"非洲民主的灯塔"，特别受到西方社会的广泛赞誉（Asare et al., 2012）。品牌加纳的宣传明确指出，在加纳获得政治权力的唯一途径是通过投票箱的民主进程。全球发展中心的托德·莫斯认为，加纳的民主建设已经超越了非洲的其他任何地方，而这是一个至关重要的差异化要素。由于政治稳定，外国企业可以在加纳建立分部，并将加纳作为进入其他非洲国家的枢纽。

自然资源的可获得性

自然资源对吸引外商直接投资的作用已经在之前的学术文献中得到了广泛的探讨。因此，加纳强调了其自然资源的可获得性，这些资源包括主要用于出口外汇交易的金、锰、铝土矿和钻石。此外，奥多蒂教授还将石油的发现作为自加纳独立以来最重要的事件。对自然资源的投资不仅为外国企业直接参与资源的探测和利用提供了机会，还为那些提供辅助性服务的企业提供了机会，如管道维修、机械提供、咨询和餐饮等。

旅游业的投资机会

加纳拥有许多旅游景点，包括曾用于奴隶贸易的堡垒和城堡、自然公园、瀑布、湖泊和传统手工艺品。外商投资者们有机会与当地伙伴合作开发旅游资源潜力，并为游客提供接待设施。这些机会在国家品牌方面也已经得到强调。直到最近，加纳政府才通过激励措施，从战略上鼓励外国公司在本国建立酒店以满足日益增长的需求。假日酒店（Holiday Inn）和瑞享酒店（Mövenpick）等国际品牌充分利用这些机会，以不同的方式进入该国市场进行投资。

农业机会

加纳一直被认为具有在农业和农业加工领域获得投资的潜力。加纳最重要的出口农产品之一是可可。加纳通过展示外国和本国公司从可可中生产巧克力和其他产品的经验，向投资者提供农产品加工领域的机会。获得这种机会的公司之一是百乐嘉利宝（Barry Callebaut）。该公司的总部位于瑞士，但运营地在加纳。加纳百乐嘉利宝的董事总经理卢瓦克·比阿尔多（Loic Biardeau）强调了加纳免税区委员会在支持出口导向型投资方面提供的便捷的基础设施和诱人的投资激励措施。加纳所提供的其他机会包括对农业投入的投资，如优质种子和农用化学品、设备的提供和安装等。

基础设施发展

加纳投资者们面临的主要问题之一是缺乏可靠的能源供应。在加纳,电力供应并不总是可靠的,这一情况迫使一些公司不得不寻找价格昂贵的替代能源。尽管似乎没有足够的电力供本国使用,但加纳已经开始向邻国供电。不过,沃尔塔河管理局(加纳的电力提供机构)表示,加纳的发电量有望增加一倍以上,并且国家正在投资其他能源,如热能、太阳能和风能。由于可靠能源的供应对投资者来说至关重要,因此,仅仅传播加纳为改善能源状况所作的努力并不足以改变投资者们的看法。当投资者们亲身经历这些重大变化之后,其关于该国能源供应的看法才可能随之发生变化。加纳投资促进中心的宣传材料中提出的另一个决定因素是交通基础设施的改善,为了帮助该国吸引更多的外商直接投资,基础设施的修建需要进一步加快。

前进的道路

加纳在吸引外商直接投资方面已经取得了巨大的成功。自国家品牌化制度建立以来,外商直接投资的金额已经从 2009 年的 6.199 亿美元增至 2011 年的 70 亿美元。但在过去几年间,新注册项目的金额却几乎减少了一半(2013 年约为 39.4 亿美元)。虽然不能确定是否能将 2009 年后在吸引和保护外商投资方面取得的所有成绩都归功于目标清晰的国家品牌化努力,但品牌化在这一过程中发挥的作用是不容忽视的。特别是处在外商投资前沿的加纳政府机构一直在强调,形象塑造、声誉和机遇是在吸引外商投资的过程中创造国家竞争优势的不可或缺的部分。尽管有上述的品牌化过程和承诺,但如果加纳讲述的国家品牌故事能够为更多的投资者带来可以辨别和衡量的具体结果,外国企业可能会对加纳吸引外商直接投资的可能性更加充满信心。这一方法非常有助于将外交和公关与国家品牌化区分开来,以便取得理想的结果。

参考文献

Asare, S.D., Gopolang, B. and Mogotlhwane, O.(2012)'Challenges facing SMEs in the adoption of ICT in B2B and B2C E-commerce: A comparative case study of Botswana and Ghana', *International Journal of Commerce and Management*, 22(4), 272–285.

Brand Ghana(2014)available: www.brandghana.org.gh(accessed 5 November 2014).

Browning, C.S.(2014)'Nation branding and development: Poverty panacea or business as usual?', *Journal of International Relations and Development*, doi: 10.1057/jird.2014.14.

Gavi, J.K. and Brenya, O.S.(2012)'Ghana Identity Summit: In Search of a Brand Identity', accessed from www.brandghana.org.gh,(accessed 29 October 2014).

Keller, K.L., Aperia, T. and Georgson, M.(2012)*Strategic Brand Management: A European Perspective*, 2nd edn, UK: FT Prentice Hall.

Osei, C. and Gbadamosi, A. (2011) 'Re-branding Africa', *Marketing Intelligence and Planning*, 29 (3), 284–304.

总　结

本章回顾了来源国研究领域的主要内容,并将这些内容置于国家品牌的语境下。无论是产品品牌、服务品牌还是国家品牌,来源国效应都可以影响人们对于品牌的态度和行为。来源国认知可能会随着时间的推移而发生变化,而国家品牌战略工作者则有责任确保这些变化朝着对国家有利的方向发展。

讨论要点

1. 国家品牌政策制定者可以从关于消费者行为的文献中学到哪些内容?
2. 消除负面的来源国偏见是可能的吗?请举例说明成功消除负面来源国认知的国家,并解释这些国家是如何获得成功的。
3. 本章的实践洞察描述了新启动的"俄罗斯制造"项目。你认为这个项目将在多大程度上取得成功?请说明理由。
4. 请评价加纳吸引外商直接投资的国家品牌化战略的优势和不足(参见本章案例)。

本章参考文献

Acton, M. (2007) 'Fuel for thought', *Brand Strategy*, April, 54–55.

Al-Sulaiti, K.I. and Baker, M.J. (1998) 'Country-of-origin effects: A literature review', *Marketing Intelligence & Planning*, 16 (3), 150–199.

Amine, L.S. and Chao, M.C.H. (2005) 'Managing country image to long-term advantage: The case of Taiwan and Acer', *Place Branding*, 1 (2), 187–204.

Askegaard, S. and Ger, G. (1998) 'Product-country images: Towards a contextualized approach', *European Advances in Consumer Research*, 3, 50–58.

Beverland, M. and Lindgreen, A. (2002) 'Using country of origin in strategy: The importance of context and strategic action', *Journal of Brand Management*, 10 (2), 147–167.

Burgess, S.M. and Harris, M. (1999) 'Social identity in an emerging consumer market: How you do the wash may say a lot about who you think you are', *Advances in Consumer Research*, 26, 170–175.

Chao, P., Wuhrer, G. and Werani, T. (2005) 'Celebrity and foreign brand name as moderators of country-of-origin effects', *International Journal of Advertising*, 24 (2), 173–192.

Darling, J.R. and Puetz, J.E. (2002) 'Analysis of changes in consumer attitudes towards the products of England, France, Germany and the USA, 1975-2000', *European Business Review*, 14 (3), 170-193.

Dinnie, K. (2004) 'Country-of-origin 1965-2004: A literature review', *Journal of Customer Behaviour*, 3 (2), 165-213.

Dornoff, R., Tankersley, C. and White, G. (1974) 'Consumers' perceptions of imports', *Akron Business and Economic Review*, 5 (Summer), 26-29.

Fiske, J. (1990) *Introduction to Communication Studies*, New York: Routledge.

Florek, M. and Conejo, F. (2007) 'Export flagships in branding small developing countries: The cases of Costa Rica and Moldova', *Place Branding and Public Diplomacy*, 3 (1), 53-72.

Hamin, E.G. and Elliott, G. (2006) 'A less-developed country perspective of consumer ethnocentrism and "country of origin" effects: Indonesian evidence', *Asia Pacific Journal of Marketing and Logistics*, 18(2), 79-92.

Harrison-Walker, L.J. (1995) 'The relative effects of national stereotype and advertising information on the selection of a service provider: An empirical study', *Journal of Services Marketing*, 9 (1), 47-59.

Jaffe, E.D. and Nebenzahl, I.D. (2001) *National Image & Competitive Advantage: The Theory and Practice of Country-of-Origin Effect*, Denmark: Copenhagen Business School Press.

Javalgi, R.G., Cutler, B.D. and Winans, W.A. (2001) 'At your service! Does country of origin research apply to services?', *Journal of Services Marketing*, 15 (6/7), 565-582.

Kotler, P. and Gertner, D. (2002) 'Country as brand, product, and beyond: A place marketing and brand management perspective', *Journal of Brand Management*, 9 (4-5), 249-261.

Kwok, S., Uncles, M. and Huang, Y. (2006) 'Brand preferences and brand choices among urban Chinese consumers: An investigation into country-of-origin effects', *Asia Pacific Journal of Marketing and Logistics*, 18 (3), 163-172.

Lampert, S.I. and Jaffe, E.D. (1998) 'A dynamic approach to country-of-origin effect', *European Journal of Marketing*, 32 (1/2), 61-78.

Laroche, M., Papadopoulos, N., Heslop, L. and Bergeron, J. (2003) 'Effects of sub-cultural differences on country and product evaluations', *Journal of Consumer Behaviour*, 2 (3), 232-247.

Lenartowicz, T. and Roth, K. (2001) 'Does subculture within a country matter? A cross-cultural study of motivational domains and business performance in Brazil', *Journal of International Business Studies*, 32(2), 305-325.

Lotz, S.L. and Hu, M.Y. (2001) 'Diluting negative country of origin stereotypes: A social stereotype approach', *Journal of Marketing Management*, 17 (1-2), 105-120.

Lyons, W. (2005) 'Clear winner', *Scotland on Sunday*, Food & Drink, 30 October, 22.

Mick, D.G. (1986) 'Consumer research and semiotics: Exploring the morphology of signs, symbols, and significance', *Journal of Consumer Research*, 13 (2), 196-213.

Morris, C.W. (1946) *Signs, Language, and Behaviour*, New York: Prentice Hall.

Mortimer, R. (2007) 'Card of conscience', *Brand Strategy*, February, 20-23.

Nes, E.B., Yelkur, R. and Silkoset, R. (2014) 'Consumer affinity for foreign countries: Construct development, buying behaviour consequences and animosity contrasts', *International Business Review*, 23, 774-784.

Niss, H. (1996) 'Country-of-origin marketing over the product life cycle: A Danish case study', *European Journal of Marketing*, 30 (3), 6-22.

Oberecker, E.M. and Diamantopoulos, A. (2011) 'Consumers' emotional bonds with foreign countries: Does consumer affinity impact buying intentions?', *Journal of International Marketing*, 19 (3), 45-72.

Ofir, C. and Lehmann, D. (1986) 'Measuring images of foreign products', *The Columbia Journal of World Business*, 21 (2), 105-108.

Papadopoulos, N. and Heslop, L. (1993) (eds) *Product and Country Images: Research and Strategy*, New York: The Haworth Press.

Park, C.W., Eisingerich, A.B. and Park, J.W. (2013) 'Attachment-aversion (AA) model of customer-brand relationships', *Journal of Consumer Psychology*, 23 (2), 229-248.

Pasquier, M. (2008) 'The Image of Switzerland: Between Clichés and Realities', 79-84, in Dinnie, K., *Nation Branding-Concepts, Issues, Practice*, 1st edn, UK: Butterworth-Heinemann.

Peterson, R.A. and Jolibert, A.J.P. (1995) 'A meta-analysis of country-of-origin effects', *Journal of International Business Studies*, 26 (4), 883-900.

Roll, M. (2006) *Asian Brand Strategy: How Asia Builds Strong Brands*, US: Palgrave Macmillan.

Roth, M.S. and Romeo, S.B. (1992) 'Matching product category and country image perceptions: A framework for managing country-of-origin effects', *Journal of International Business Studies*, 23 (3), 477-497.

Schooler, R.D. (1971) 'Bias phenomena attendant to the marketing of foreign goods in the US', *Journal of International Business Studies*, 2 (1), 71-81.

Shimp, T.A. (2003) *Advertising, Promotion, & Supplemental Aspects of Integrated Marketing Communications*, 6th edn, US: Thomson South-Western.

Shimp, T.A. and Sharma, S. (1987) 'Consumer ethnocentrism: Construction and validation of the CETSCALE', *Journal of Marketing Research*, 24 (3), 280-289.

Smith, S. (2007) 'Building the brands we love', *Brand Strategy*, March, 47-49.

Thakor, M.V. and Kohli, C.S. (1996) 'Brand origin: Conceptualization and review', *Journal of Consumer Marketing*, 13 (3), 27–42.

Usunier, J.-C. (2006) 'Relevance in business research: The case of country-of-origin research in marketing', *European Management Review*, 3 (1), 60–73.

Verlegh, P.W.J. and Steenkamp, J.-B.E.M. (1999) 'A review and meta-analysis of country-of-origin research', *Journal of Economic Psychology*, 20 (5), 521–546.

Verlegh, P.W.J., Steenkamp, J.-B.E.M. and Meulenberg, M.T.G. (2005) 'Country-of-origin effects in consumer processing of advertising claims', *International Journal of Research in Marketing*, 22 (2), 127–139.

Zafar, U.A., Johnson, J.P., Yang, X., Fatt, C.K., Teng, H.S. and Boon, L.C. (2004) 'Does country of origin matter for low-involvement products?', *International Marketing Review*, 21 (1), 102–120.

第五章 国家品牌与国家身份

🗝 关键要点

- 国家身份领域的关键概念包括：国家作为"想象的共同体"及其"传统的发明"。
- 国家身份要素包括：语言、文学、音乐、体育和建筑等，它们体现了一个国家的灵魂。由于国家品牌化工程过于庞大，如果只交给市场营销、品牌或广告领域的专家来开展，将难以完成。
- 公共外交包括政府与外国公众的接触，实现公共外交的关键路径是推广作为"软实力"表现形式的文化项目。

引 言

国家身份在国家品牌化中发挥着至关重要的作用。认识并理解国家身份的核心特征是发展国家品牌战略的前提，这是因为国家品牌的本质不仅来源于企业和品牌，还来源于国家最广泛意义上的文化——语言、文学、音乐、体育和建筑等,它们都体现了国家的灵魂。由于国家品牌化工程过于庞大,如果只交给市场营销、品牌或广告领域的专家来开展,将难以完成。一个深厚且真实的国家品牌必须包括该国文化的众多要素及其表现形式,如果国家品牌无法做到这一点,就会被认为是肤浅的、表面的,且无法真正地代表国家。国家品牌不同于简单的产品品牌——在很多情况下,相互竞争的产品间并不存在真实的差异,而是基于一些人为创造的差异进行宣传和推广;相反,国家品牌深深植根于国家文化现实,这可能是所有品牌都希望拥有的最真实的和最本质的区分要素。

通常情况下,人们对其他国家的了解有限,由此导致了一种具有破坏性的"身份—形象"鸿沟。也就是说,由于冷漠或是压倒性的负面刻板印象,外部观察者无法了解真实的国家身份。这种"身份—形象"鸿沟会被某些看起来微不足道的东西放大,如电影中的负面呈现。哈萨克斯坦是2006年的电影《波特拉》的最大受害者。尽管没有像哈萨克斯坦那样受到巨大影响,斯洛文尼亚也在2005年的恐怖电影《人皮客栈》(*Hostel*)中被刻画成了可怕的、邪恶的国家。在这些案例中,用公关活动来控制事态发展可能在短期内会产生不错的效果。但从长远来看,为了弥合或者至少缩小"身份—形象"鸿沟,有必要对国家文化和国家身份进行更有战略性的推广。库巴蒂和斯金纳(Kubacki & Skinner, 2006)等研究者对国家品牌与国家文化之间关系的重要性进行了探讨。

本章将概述与国家品牌概念和实践相关的国家身份关键特征,总结国家身份对国家品牌的意义,并讨论国家身份领域中与国家品牌发展相关的话题。根据以往的观察,至少有九个学科曾经提出过民族主义(Nationalism)和民族国家(Nation-states)方面的理论。因此,某一学科的作者们不熟悉其他学科的理论,或者理论之间存在重叠或重复也就不足为奇了(Treanor, 1997)。这些学科包括政治地理学、国际关系学、政治学、文化人类学、社会心理学、政治哲学、国际法、社会学和历史学。为了将国家身份应用到具有深厚文化内涵的国家品牌发展中,现在我们将从众多学科中选出一些最重要的国家身份话题进行探讨。

国家身份的基本特征

国家身份的基本特征包括:历史领土或家园、共同的神话和历史记忆、共同的大众文化、全体成员共同的法律权利和责任、对全体成员而言具有领土流动性的共同经济(Smith, 1991)。虽然欧盟等区域统一体越来越多地进行高层次的超国家立法,使得最后两个特征不再具有那么鲜明的国家特性,但共同的历史家园、共同的神话和历史记忆以及共同的大众文化仍然是国家身份的关键特征。国际贸易壁垒的降低和互联网的跨国界属性推动着世界的相互连通,但国家身份作为很多人的身份认同来源,仍然保持着深厚的情感和精神力量。例如,在国际体育赛事中展现的国家身份中强烈的自豪感和情绪表明,即使是在全球化的时代,国家身份仍然是一个具有重要意义的概念。

国家身份的视觉表现往往存在于我们周围。例如,国旗可能是国家身份最有力的视觉表现。对于国旗的认知程度促使那些希望强调来源国的产品将国旗设计为其视觉速记符号。由此产生的问题是,来自这个国家的任何品牌都可以自由地在包装或其他形式的营销传播中使用国旗,使得国家很难保证只有高质量的产品和品牌在其品牌化中使用国旗。为此,国家可以成立专门的组织来推广本国的产品和服务,并设计一个仅限组织成员使用的标识或商标,这是一种保护本国品牌感知质量的方式。

国家身份的其他视觉表现包括:军队和其他机构的制服、传统服饰以及建筑风格。同时,国家身份还有声音表现形式,其中最明显的例子是国歌。除此之外,国家身份的声音表现形式还包括:语言、地区方言和口音以及与具体的国家紧密相连的知名人物的声音——如南非的曼德拉(Nelson Mandela)和苏格兰的肖恩·康纳利(Sean Connery)等。这些标志性的人物构成了共同的大众文化要素,是国家身份的基本特征之一。

景观是另一个重要的国家身份视觉表现。例如,富士山、壮观的峡湾和艾尔斯岩分别是日本、挪威和澳大利亚的标志性象征。这些独特的、重要的标志性景观符号长期被国家旅游组织使用,因此,国家品牌化的一个关键挑战是如何对一个国家进行定位,使它不仅被看作是旅游目的地,同时还被视为可靠的外商投资目的地、高科技产品产地等。对于旅游潜力还没有得到完全开发的新兴国家而言,"培育诗意的空间"的概念——确认历史上属于某一特定社群的神圣地域(Smith,1991),可以作为以快速发展的生态旅游部门为中心的可持续发展议程的一部分。

国家身份领域中的一个最为关键的问题是,许多国家经常出现文化多样性和国家统一性之间的紧张关系(Burgess & Harris,1999)。例如,有人提出,国家身份塑造方面的主要问题是如何协调包容性的公民身份与排外性的族群身份之间的关系(Tolz,1998)。当文化层级在国家内部相互交叉时,可能会导致毁灭性的社会和政治后果。另一种可能的情况是,国家内部的文化多样性也可以作为一种资产被人们接纳和赞赏,而不是成为一种负担。这是一个具有争议性的政治话题,显然超出了参与国家品牌战略推广的个人或组织的掌控范围。但是,国家品牌团队必须在国家品牌推广中对政治分歧保持敏感,团队需要决定吸纳还是排除特定的文化群体或文化观点。曾短暂实施的"酷不列颠"国家推广活动因为所谓的文化商品化被政治左派嘲笑,又因为所谓的对国家传统和历史的漠视与不尊重被政治右派嘲笑,这使得政客们至今都对投身于国家品牌化战略深感不安。一种包容的利益相关者群体路径是克服来自所有政治派别的反对意见,并将国家的文化多样性融入国家品牌中的最佳方式。在没有事先与国家的各个文化团体协商的情况下,自上而下的粗暴强加的国家推广活动很难使本国公民产生共鸣。

表 5.1 国家身份的维度

作者	国家身份的维度
史密斯（Smith，1991）	历史领土或家园、共同的神话和历史记忆、共同的大众文化、全体成员共同的法律权利和责任、对全体成员而言具有领土流动性的共同经济。
安德森（Anderson，1991）	国家作为一个想象的共同体，一种深刻、平等的同胞之情。
特尔茨（Tolz，1998）	国家身份塑造方面的主要问题是如何协调基于包容性公民资格的公民身份与基于文化、宗教和未来想象等共同特征的排外性族群身份之间的关系。
帕尔克（Parekh，2000）	身份既不是固定不变的，也不是一直变化的，更不可能无限次地被重塑。身份可以被改变，但只能在继承的基础上改变，也会受到对自我缺乏全面认知的局限。
汤普森（Thompson，2001）	与民族主义的论述和假设相反，国家并不是一个所有成员都统一思考、统一感受和统一行为的实体。相反，在与他人的互动过程中，每个人都在以不同的方式理解国家和民族身份。
邦德、麦客隆和布朗（Bond, McCrone & Brown，2003）	国家身份不能单从民族主义所提倡的文化性、狭义的政治性、历史性以及防御性去理解，还要从当代经济与国家创造性建构的角度来审视。

来源：改编自 Dinnie，2002

为了便于对比分析并进行有效决策，研究者正在设计用于客观测量国家身份的量表。其中一种量表的理论基础是：国家身份拥有"一套特定的文化意义"，使之区别于其他文化。这个量表明确了国家身份的四个主要构成：文化同一性（cultural homogeneity）、信仰结构（belief structure）、国家传统（national heritage）和民族中心主义（ethnocentrism）（Keillor & Hult，1999）。量表的设计是为了将国家身份中的相似性和差异性置于推动国际营销决策的语境中。其他研究者设计了另外一种量表，他们提出了国家身份的五个分量表，分别是成员身份（membership）（即个体对内群体的价值或贡献，此处的内群体指个体所属的国家）；私人（private）（个体关于内群体价值的看法）；公众（public）（他人对该群体的看法）；身份（identity）（内群体成员身份对个体自我评估的意义）以及对比（comparison）（内群体在与相关外群体的对比中对自身的评价，此处的外群体是指其他国家）（Lilli & Diehl，1999）。这个量表借鉴了社会心理学的相关理论，若在国家品牌化语境中使用，则需要进行调整。

虽然国家身份量表在一定程度上提供了关于国家品牌建构和传播的有用观点，但值得注意的是，国家身份只是个体身份的一种形式，个体身份在国家身份的基础上得以建构。个体的自我归类也可能基于社会的、超国家的和个人的身份来源，而哪一种身份来源更为显著则因社会情境而异（Burgoyne & Routh，1999）。因情境而变的自我归类概念可以从个体层面扩展到国家层面，国家可能会根据不同情境来凸显适合其身份的自我归类。以北爱尔兰为例，它在与爱尔兰关系友好的市场上采用"爱尔兰"身份进行自我营销，而在与英国关系友好的市场上则采用"英国"身份进行自我营销（Gould & Skinner，2007）。

一个国家想要有效地进行品牌化,使其国家品牌涵盖广泛的产品和服务部门,就必须根据其竞争目标的地理和社会环境来"定制"身份。这一观点并没有将国家身份视为静止的和固定的,而是将其视为再生的和流动的。考虑到个人和国家的身份并不是一张白纸,这种流动性具有明显的局限性(Macdonald,1997;Higson,1998)。

将国家身份作为一种流动现象置于经济语境中,邦德等人(Bond et al.,2003)注意到,国家的历史对经济机构为实现当前的经济目标而调动国家身份的方式具有重要影响。他们建议,在建构当代国家身份时,需要认识到国家身份的持续的历史影响。当代国家身份的建构大致可以分为四个过程:一是"重述"(reiteration),它包括调动国家身份中积极的历史要素;二是"重获"(recapture),它是指在面对当代问题时,想要再现过去辉煌的壮志;三是"重释"(reinterpretation),它是指将历史上的负面因素作为当代的优势或基本中立的因素;四是"重判"(repudiation),它是指将不适合进行再阐释的负面特征从当代身份的建构中予以剔除。国家身份是被建构的而非固化的这一概念,支撑了国家品牌化的范式。虽然由于狭隘的政党目的,政府并没有被全权委托运作国家身份,但身份的概念既是被赋予的,又是不断重塑的(Parekh,2000),这意味着政府可以尝试通过强调国家身份的某些方面来塑造国家形象认知。

作为想象的共同体的国家

关于国家身份的另一个关键观点是安德森(Anderson,1991)将国家概念化为一个"想象的共同体"(imagined community)。安德森认为,国家是被"想象"为一个共同体的,因为即使是最小国家的国民也无法认识他们的大多数同胞。国家是一种深刻、平等的同胞之情。卡梅隆(Cameron,1999)同样探究了国家身份的抽象本质,他关注了神话在国家身份中的作用。卡梅隆观察到,神话与国家身份的概念紧密相连,人们用于表达国家忠诚的许多符号其实是与其他国家的人民共享的,但其他国家的人民并没有赋予这些符号同等的重要性。虽然这些神话和符号的价值更多地体现在人们心中而非现实中,但思想和深层次的心理反应可以支配人们的态度,因此,国家神话和符号具有真实的效力。然而,皮托克(Pittock,1999)对安德森"想象的共同体"概念提出了异议。他坚持认为,虽然"想象"的国家这一概念在某种程度上可能是有效的,但是如果不经过质疑就采纳这一概念,可能会赋予创意作家和创意叙事过大的想象力,而在很大程度上忽视了国家共同体的共同生活经验和共享传统。同样,在发展国家品牌化战略的语境中,这样的观点可能会使国家品牌化的路径更加包容,而不是自上而下地讲述一个虚构的故事。关于国家身份建构的叙事经常会引发国家历史教学方面的一些争议,并引发出对"传统的发明"(invented tradition)这一明显自相矛盾的概念的思考,这个概念在国家身份的学术文献中引发了有趣的讨论。

传统的发明

《传统的发明》(*The Invention of Tradition*)是国家身份文献中的一部里程碑式的著作(Hobsbawm & Ranger, 1983),这是一本由不同的历史学家和人类学家编写的案例集。他们认为,那些看似古老的传统,很可能起源于近代,甚至有时是在单独的事件中或是在短期内被创造出来的。这本书认为,虽然被发明的传统较为频繁地出现在旧传统逐渐消失的社会转型期,但是历史上可能并不存在某个时间或地方没有"发明"过传统。"发明"传统的一个重要目的是建构或象征社会凝聚和集体身份,它的一个关键特征是在很大程度上虚构了与某个历史情境之间的关联。被发明的传统的虚构本质在多数情况下难以避免地遭受到了批评,人们认为这样的传统缺少真实性或合法性,创造这些传统的目的是服务于已经建立的社会秩序。例如,被发明的苏格兰高地和方格裙传统就引发了激烈的争论(Finlay, 1994):

> 方格裙、高地主义和苏格兰的乡村代表……所有这些都象征着一种苏格兰身份的创造,这种身份与快速城市化和工业化社会的现实没有多大关系,但是与借用植根于神话般历史的苏格兰符号表征有关……因为资产阶级和贵族努力宣传这些符号的真实性,为了使这些符号意义能够获得可信性,他们对历史的认知是模糊的,随意的。严谨科学的历史观定会揭露这种身份符号的虚构性。

史密斯(Smith, 1991)对"传统的发明"这一话题进行了详细阐释,他认为所有纪念过去的纪念物,包括纪念仪式、英雄雕像和周年庆祝,无论它们现在的形式是多么新颖,都从想象的和感受到的集体历史中汲取了意义和情感力量。然而,在某种程度上,表面化的风险确实存在。当媒体是唯一的信息来源时,国家形象可能完全由媒体创造(O'Shaughnessy & Jackson, 2000)。这一观察得到了皮托克(Pittock, 1999)的回应,他批评了"虚构国家"的概念。他认为,大众能够接受公关人员或创意艺术家为了完成自己的作品而虚构故事,但在发展国家品牌化战略时,必须认识到对操纵国家身份的担忧都是有道理的。在任何一个拥有新闻出版自由的国家,媒体通常会反对任何一项政府支持的被发明的传统在未经讨论的情况下实施。因此,在发展国家品牌化战略的过程中,特别是在对待传统的发明时,将众多的公共部门和私营部门的利益相关者群体纳入其中具有重要意义。

国家身份的文化要素

文化一直被描述为"对任何群体和国家而言,最无形但却最具有区分度的要素"(Pant, 2005)。因此,可以说一个国家的文化构成了国家品牌的真正本质。将文化融入国家品牌能够提升国家品牌化战略,使其不再是毫无新意的、肤浅的广告宣传活动。已经有观点认为,国际商务,特别是市场营销,既是一种经济现象,又是一种文化现象

(Bradley，2005)。了解国家文化的重要内容有利于国际市场营销者搭建营销组合，吸引喜爱该国文化的消费者（Muhlbacher et al.，1999）。因此，本节将概述国家身份中的一些关键文化要素。虽然无法对这些文化要素进行深入而彻底的研究，但鉴于本书的目的，我们最感兴趣的是这些要素与国家品牌化之间的关系。表5.2列出了一些关于国家身份的文化观点。

表5.2 国家身份的文化观点

作者	文化观点
安德森（Anderson，1991）	民族主义的文化产品：诗歌、散文小说、音乐和造型艺术。
麦克瑞迪（McCreadie，1991）	语言在国家身份塑造中的作用。
霍尔（Hall，1976）	"高语境"文化和"低语境"文化之间的对比。
金（King，2000）	通过欧洲足球俱乐部的发展状况，可以发现一个由相互竞争的城市和地区构成的新欧洲轮廓，这些地方从各自的国家语境中分离出来，构成了新的跨国矩阵。
舒尔曼（Shulman，2002）	国家身份主要的文化构成包括：语言、宗教和传统。
塔克（Tuck，2003）	媒体对英格兰国家橄榄球队战绩的描述唤起了极为强大的被发明的传统和在国家身份中确立已久的符号。

高语境和低语境文化

一个知名的文化分析方法是霍尔（Hall，1976）对高语境文化和低语境文化的区分。用霍尔的术语来说，在高语境文化（如日本、阿拉伯和中国文化）中，间接沟通方式和对非语言符号和间接隐喻的解读能力极为重要；而在低语境文化（如英国和美国文化）中，非语言行为往往是被忽略的，因此沟通者不得不提供更加直接的信息。高语境文化和低语境文化之间的其他差异也会影响跨文化沟通和跨文化关系。例如，在高语境文化中，人际关系往往相对持久，协议往往是口头的而非书面的，局内人和局外人之间有明显区分，文化模式根深蒂固并且很难改变。而在低语境文化中，相反的特征则占主导地位（Mead，2005）。

个人主义与集体主义

阿克和威廉姆斯（Aaker & Williams，1998）在他们有关跨文化情感诉求影响的研究中，探讨了国家身份要素与消费者行为之间的关系。通过对比集体主义文化和个人主义文化中情感诉求的影响，他们讨论了跨文化说服效应。作者发现，基于他人指向的情感诉求（如共情、和平），相较于基于自我指向的情感诉求（如骄傲、快乐），更能够获得来自个人主义文化（美国）成员的青睐。而基于自我指向的情感诉求，相较于基于他人指向的情感诉求,则更能够获得来自集体主义文化(中国)成员的青睐。作者认为,这一令人惊讶的发现是由于,在情感说服中产生的新想法能够促使成员的态度发生变化,从而驱动了态度和认知的转变。然而,阿克和威廉姆斯指出,还需要进行进一步的研究以了解情感在跨文化诉求中的具体作用。

尽管研究者关于个人主义与集体主义结构在消费者决策中发挥主导作用还是辅助作用没有达成共识(Takano & Osaka,1999),但个人主义与集体主义是跨文化决策研究的中心问题,也是国家身份的主要组成部分。高野和大阪(Takano & Osaka,1999)认为,尽管个人主义和集体主义结构的支持者列举了关于许多消费者决策在国家间存在差异的研究结果,但是其他关于决策的类似研究却没有发现明显的国家间差异,最近的元分析也并没有发现支持这种结构性预测的整体模式。同样,普通度量方法对高度抽象的文化认知的有效性也受到了方法论和理论上的质疑(Peng et al.,1997)。布里利等人(Briley et al.,2000)也同意这种观点,他们认为,文化认知不仅包括一些类似个人主义和集体主义的对立结构,而且还包括许多非常具体的结构。因此,为了展现对不同程度的个人主义或集体主义的目标市场的吸引力,国家需要相应地制定国家品牌化战略。如果不增强对不同市场的文化适应,那么整体的国家品牌将会缺乏目标市场的共鸣。

民族中心主义

尤尼奈尔和李(Usunier & Lee,2005)指出,在20世纪初,萨姆纳(Sumner,1906)最早提出了民族中心主义的概念,其目的是区分"内群体"(个体认同的本族群体)和"外群体"(本群体之外的群体)。凯勒和霍特(Keillor & Hult,1999)将民族中心主义倾向描述为个人或社会以自己的文化视角作为基本准则进行文化评价和归因的倾向。在凯勒和霍特的国家身份框架中,民族中心主义被纳入其中,并用来解释保持以文化为核心的价值和行为的重要性。随着经济全球化的发展以及当前产品和服务业领域中日益加剧的竞争,民族中心主义在经济方面的意义显而易见。民族中心主义可能会被看作是细分市场的有效方式。例如,为了吸引高度民族中心主义的消费者,需要强调国内产品的来源国属性,以便获得与进口产品相比更为有利的消费者态度和行为。因此,对于上述凯勒和霍特提到的对民族中心主义消费者文化视角的基本原则的理解,可能会对国家品牌化战略的制定作出重要贡献。

语言

对于政策制定者而言,在制定国家品牌的传播策略时,提高对语言的重视具有重要意义。作为品牌来源国的表达意义的工具,语言具有非常大的作用和影响。在任何一种语言中,都存在着每天在社交场合使用的不同用途的语调和语域。它是一种广泛而丰富多元的传播资源,可供包括品牌战略在内的营销战略借鉴并使用。

麦克唐纳（Macdonald，1997）从社会语言学的理论角度考察了语言的灵活性和适应性。他认为，我们无法孤立地理解任何术语或音调的变化，典型的社会语言学分析聚焦在语言学实践、变体和变化，如语音、语域和编码的变化。麦克唐纳认为，这些语言实践可能产生一系列习语，这些习语具有不同程度的重合度和传播度，人们对它们的使用方式和理解方式可能各不相同。作者指出，说话人和听话人是谁、他们的社会地位以及说话的方式和语境都变得至关重要。麦克唐纳对上述内容的重要本质的观察与营销战略有着直接的关系。虽然"细分"不是麦克唐纳所采用的社会学路径中使用的术语，但是从营销的角度来看，麦克唐纳所提到的现象就是细分，因为在面对不同的受众和利益相关者群体时需要使用恰当的话语。

另一个重要的语言学问题是语言和现实之间的关系。语言学家爱德华·萨丕尔（Edward Sapir，1929）认为：

> 没有任何两种语言能够同样地代表相同的社会现实。不同的社会存在于不同的世界中，而不是存在于贴着不同标签的同一个世界中。

"没有两种语言……代表相同的社会现实"这一语言学观点的启示在于，与文化议题相关的国家品牌传播可能需要目标市场的专业人员重新撰写和创作，而不能只依靠翻译。

文学

文学可能会被看作是国家身份的决定因素和表现形式。小说、诗歌、戏剧和其他形式的文学都能够对国家的身份感作出贡献，偶尔也可以作为国家宣言。文学与国家品牌的关系是，文学能够以一种规划外的方式塑造某种国家形象，这种形象可能与国家旅游局等官方机构所期待的形象相一致，也可能不一致。哥伦比亚作家加夫列尔·加西亚·马尔克斯（Gabriel Garcia Marquez）的魔幻现实主义作品，秘鲁作家马里奥·巴尔加斯·略萨（Mario Vargas Llosa）的小说，日本作家村上春树（Haruki Murakami）梦幻般引人入胜的故事，这些文学作品代表着了解一个国家的文化和精神的更深入、更丰富的路径，无论多么有创意的品牌推广都无法实现这一点。这对于国家品牌的影响体现在两方面，一是文学需要作为国家文化战略的构成部分得到支持，例如德国纽约书局（German Book Office New York）、纽约和芝加哥的歌德学院办公室（Goethe-Institut offices）和《德语新书》（New Books in German）杂志之间的合作，它们为精选的德国文学作品提供翻译资助；二是需要建立一个协调机构来确保当文学大师在国际舞台上产生影响时，国家的其他部门可以通过协调一致的活动从中获益，如促进旅游、品牌出口等。如果没有这样一个协调机构，国家就会失去发挥协同作用的机会。

音乐

一直以来,音乐作为国家身份的核心要素并没有在国家品牌战略中得到充分利用。一些国家已经认识到,音乐具有以正面的、庆祝的方式传播国家身份的潜在力量。例如,苏格兰的民间音乐,它在过去十年间经历了与更为现代化的音乐风格的融合,这对提升苏格兰的声誉具有潜在的强大影响。这一点得到了一些苏格兰产品和服务品牌化过程中的利益相关者群体的认可。例如,一个前往远东地区的苏格兰企业贸易代表团,其随行人员包括苏格兰民谣乐队——"俏皮摇摆"(Shooglenify)。他们的音乐将传统的苏格兰风情与开放的创新性以及世界的影响力相融合,可能会成为全球舞台上其他苏格兰领域的灵感来源。迪瓦恩(Devine,1999)观察到,像迪肯·蓝色乐队(Deacon Blue)、宣告者乐队(The Proclaimers)和奔跑货车乐队(Runrig)这样的摇滚乐队,虽然在风格上强调苏格兰特征,但同时也有能力将他们的音乐传递给更广泛的海外受众。奔跑货车乐队向那些对民族身份日益充满信心的年轻的苏格兰人推广了独特的盖尔(Gaelic)文化以及一般意义上的苏格兰文化。如果不将当前苏格兰音乐中的传统和现代之间的明显的动态融合整合到国家品牌化战略中,将会是一种浪费。无论国家品牌的任务是由政府资助的代理机构承担,还是由私营部门机构承担,或者是由其他一些实体承担,音乐都是一个关键的话题。像其他创意人才一样,音乐家通常不喜欢被拖进任何受拘束的结构中,因此,声音品牌化战略的基本战略是以非品牌表达的方式进行清晰地阐释,并且少谈及政策。

饮食

在国家身份的构成中,几乎没有什么比食物和饮品更能体现国家的身份特征。这一点在近年来激增的与饮食相关的国家推广活动中有所表现。这些推广可能发生在国家或地方层面。

体育运动

体育运动可以激发高度的热情,并且可以作为国家身份的重要因素。例如,布兰得利(Bradley,1995)引用西班牙的案例时指出,虽然拥有其他重要的区域身份和种族身份建构渠道,但足球仍然是西班牙社会内部多样性的象征。巴塞罗那、毕尔巴鄂和皇家马德里等俱乐部比以往任何时候都更能代表西班牙社会的象征和关注点,这些俱乐部也是表达种族、文化和民族特征与民族差异的传播工具。

在一些国家,足球是促进国家身份认同感的主要运动,而在另一些国家,其他不同的运动发挥着同样的功能。例如,在新西兰,全黑(All Blacks)橄榄球队是国家荣誉的象征。20世纪90年代中期,随着职业橄榄球的出现,新西兰橄榄球联盟雇用了萨奇广告公司,目的是为全黑队确定一系列作为国家橄榄球队的"品牌价值"。作为一个团队,萨奇广告公司认为全黑队代表了新西兰的价值观,包括卓越、谦逊、团队合作和传统等特质(Motion et al., 2003)。塔克（Tuck，2003）在一项类似的研究中以英格兰为背景探讨了橄榄球联盟与国家身份之间的关系。研究发现，英格兰媒体使用了大量的图片来描述英国国家橄榄球队的战绩，从而唤起了特别强烈的被发明的传统和确立已久的代表传统英格兰特质的符号，如战斗精神和安格鲁—撒克逊气质。另一个关于体育运动在身份建构中所发挥作用的例子来自加勒比地区。在 20 世纪 50 年代末 60 年代初，由于板球、黑人民族主义、加勒比身份和反殖民斗争之间的关联，板球成为加勒比地区进步和国家性的有力表达（James，1963）。

举办国际体育赛事，如奥运会或世界杯，能够有效地在全球范围内进行积极的地区宣传，并重塑地区形象（Jun & Lee，2007）。已经有人提出，作为定位工具的体育运动还没有在国家品牌化过程中得到充分的使用（Rein and Shields，2007）。

建筑

赫斯（Hess，2000）论述了建筑在建构国家身份中发挥的作用，他描述了加纳的阿克拉的建筑和空间结构所反映出的建筑与理想的国家自治管理达成一致性的方式。赫斯认为，后殖民主义加纳政府接受了建筑的现代性和对城市环境的重新定义，政府对殖民时期建筑物的重塑已经呈现出了一种独特的"国家"概念。赫斯在后殖民主义身份建构的语境中，考察了建筑在理想国家建构与自治中的运用。

态度与国家刻板印象

对于刻板印象的研究，在国家身份与来源国的相关文献中有着很大程度的概念重叠。国家的刻板印象通常是负面的，发展国家品牌的一个主要目标是改变这些潜在的有损国家形象的刻板印象。

在社会学领域，"刻板印象"一词意味着对一个群体或一个阶层的偏见（通常是负面的），这种偏见很难改变，并且无法修复纠正（O'Shaughnessy & Jackson，2000）。对国家的认知也存在刻板印象，这种刻板印象可能是正面的、负面的或是中立的，尽管它们对具体的产品不一定有直接的关联效应（Elliott & Cameron，1994）。

文化产品是国家刻板印象认知的重要决定因素。在对国家刻板印象的研究中，希格森（Higson，1998）发现，对一个国家的刻板印象可以通过多种方式形成，其中既包括有策略的，也包括无策略的。例如，电影等文化产品可以对一个国家的形象产生重要影响。希格森解释说，由于英国国内的电影市场规模过小，不足以赚回拍摄成本，因此，英国电影在制作时必须考虑到国际市场的受众，这将不可避免地影响英国国家身份在电影中的呈现。这样的电影通常会将刻板印象作为建立角色和身份的一种简单方式。这种随意的刻板印象是否会对消费者行为或者国家形象认知产生影响，是国家品牌建设应该关注的一个方面。

麦克林和库克（McLean & Cooke，2000）还研究了博物馆作为国家身份表达工具的作用。他们认为,博物馆作为再现的场所,是国家形象生产和消费的重要的话语空间。作者指出,在博物馆的环境中,国家叙事是通过展品、解说、物质文化的展示以及空间内参观者的互动建构的。安德森（Anderson，1991）强调了这种国家叙事的建构并不是中立的活动,博物馆以及他所认为的"博物馆化想象"都有着深刻的政治意义。因此,在制定国家品牌化战略时,必须认识到博物馆在展示国家身份的过程中发挥的重要作用。

在市场营销的语境下,消费者的态度与国家刻板印象之间存在着复杂的关系。帕帕多普洛斯等人（Papadopoulos et al.，1990）发现,一方面,对国家民众的刻板印象可以来自有关该国产品的联想（例如,匈牙利人认为日本人是值得信赖的和受欢迎的,这是基于他们对日本产品的认识）。另一方面,对国家民众的刻板印象也可能会被赋予来自该国的产品（例如,匈牙利人对瑞典产品的评价几乎和美国产品一样好,尽管当时只有很少的瑞典产品在匈牙利销售）。奥肖内西和杰克逊（O'Shaughnessy & Jackson，2000）的研究也承认了这种复杂性,他们发现,人们很难对一个国家产生连贯一致的认知,因为人们会排除或者重新排列某些国家特有的属性（我们不会真的把瑞士巧克力和瑞士银行业联系起来,也不会将它们整合到连贯的瑞士总体国家形象中）。国家品牌化战略必须将大量经费投入到正在进行的研究中,以追踪在形成国家形象认知的过程中人们排除或重新排列了哪些国家特有属性。

公共外交与软实力

在国家品牌化战略中需要引入软实力的概念。软实力被定义为"通过吸引和说服他人接受你的目标,从而获得你想要的东西的能力。不同于硬实力,软实力能够在经济和军事上威逼利诱地使他人服从你的意愿"（Nye，2003）。软实力在国内的意义在于,国家品牌化战略只有得到大量利益相关者群体的自愿支持并达成共识后,才能取得成功（Anholt，2007）。因此,需要建立协调机构。这些机构虽然不对国家品牌的利益相关者群体负责,但是可以加强与不同利益相关者群体之间的协同效应,并起到推动实现这些协同效应的催化剂作用。

为了增强国家品牌化战略的软实力维度,各国政府开始越来越多地开展公共外交活动。这就涉及了公共外交和市场营销之间的互动作用（Simonin，2008）。伦纳德（Leonard，2002）认为,公共外交的运作包括三个方面：新闻管理、战略传播和关系建设。这三个方面都需要政府接触外国受众（Rugh，2011）。而接触外国受众的关键方法是文化项目的推广。例如,已经有观点认为："在一个以无限多样性为特征的世界中,文化越来越被认为是卓越的国家品牌,文化是友好与冲突的根源"（Brown，2005）。

学术观点

国家形象与出口的消费者认知

· 韩昌民（C. Min Han），汉阳大学（Hanyang University）国际商务与市场营销学教授，首尔

韩国可能是国家形象与消费者对国家出口商品的认知之间存在互惠关系的最佳例证。韩国的国家形象影响了韩国的商品出口，反过来又受到商品出口的影响。从学术方面来看，韩国的经验证实了国家形象作为光环建构①和归纳建构②的双重角色（Han, 1989; Jaffe & Nebenzahl, 2006）。

韩国的经验表明，其国家形象曾在20世纪八九十年代对本国出口形象产生了不利影响。一项1999年的对出口美国的韩国电子产品的分析表明，与根据功能和质量估算得出的实际价值相比，韩国产品的价值被低估了15%~30%（Han, 2011）。为了应对这种不利的来源国形象，韩国出口商采取的策略是：（1）为他国的制造商品牌代工；（2）对品牌进行重新命名使其与韩国血统相分离（例如，从Sungkyung改名为SK）；或是（3）将韩国品牌推广为全球品牌（例如，三星）。

韩国政府还通过20世纪90年代早期的"韩国质量"（Korea for Quality）推广活动来改善其来源国形象。此外，韩国还发起了"世界最佳产品计划"（World Best Products Initiative）以支持中小型出口商的品牌发展和推广活动。该计划在一定程度上是有效的。进入21世纪以来，韩国政府为提升整体的国家形象，做出了更多协调一致的努力。政府成立了"韩国形象委员会"（Korea Image Council）和"品牌韩国总统委员会"（Presidential Council on Brand Korea），成立这些委员会的主要目的是统筹解决韩国对外信息的多元、不一致甚至相互矛盾的问题。

随着21世纪韩国产品质量的显著提升和韩国品牌在海外的良好表现，韩国产品开始对韩国的国家形象作出积极贡献。尤其是三星电子、现代汽车和LG电子等大型企业，尽管曾经试图与韩国国家形象相分离，但它们在改变海外对韩国和韩国产品的看法方面仍然发挥了主导作用。一项对28个国家或地区的消费者进行的分析表明，

---

① 光环建构（halo construct）：指当消费者对一个国家的产品知之甚少时，原产地形象直接影响消费者的态度。——译者注
② 归纳建构（summary construct）：指当消费者对某个国家或地区的产品或品牌很熟悉时，他们会从产品制造地和某一品牌名称下销售的产品属性的感觉中抽象出对该国或该地区的形象，进而影响消费者对品牌或特定产品的态度。——译者注

与那些混淆了品牌来源国的消费者相比,那些知道三星和现代是韩国品牌的消费者对韩国国家形象的认知更为正面(Han, 2014)。这一发现说明,韩国政府可能需要付出更多努力,将领先的韩国品牌所塑造的正面的韩国海外形象转变为更受欢迎的国家形象。

此外,韩国流行文化("韩流")近年来的风靡,在海外受众对韩国及其产品的认知方面发挥了积极作用。韩国流行音乐和影视剧吸引了众多海外的年轻女性观众,尤其是在亚洲地区。韩(Han, 2014)的一项研究指出,韩国的国家形象、文化形象和产品形象之间具有很强的相关性。国家形象与文化形象之间的相关系数为 0.588,文化形象与产品形象之间的相关系数为 0.463,国家形象与产品形象之间的相关系数为 0.701。这表明,韩国流行文化的盛行可能已经在韩国国家品牌中创造了相当可观的份额。近年来,韩国消费品在亚洲的成功,包括化妆品、时尚单品和家用电器等,可能部分归因于这股韩流。韩国政府通过与韩国音乐和影视剧制作人合作,扩大海外韩国文化中心的作用,积极地推广韩国流行文化。

考虑到韩国政府在国家形象政策方面未来面临的挑战,韩国需要提升韩国国家品牌在高收入国家的价值。韩(Han, 2014)的一项研究表明,韩国及其产品在高收入国家的认知往往不如低收入国家。同样,政府可能需要在非亚洲地区推广韩国流行文化,并拓宽流行音乐和影视剧以外的流行文化题材。

参考文献

Han, C. Min (1989) 'Country image: Halo or summary construct', *Journal of Marketing Research*, 26, May, 222–229.

Han, C. Min (2011) *Globalization and Place Brands: Can Nations and Cities Be Branded?*, Seoul: Hanyang University Press.

Han, C. Min (2014) 'Brand Korea: Assessment and Challenges', paper presented at Korean Academy of International Business, May, Seoul, Korea.

Jaffe, E.D. and Nebenzahl, I.D. (2006) National Image and Competitive Advantage: The Theory and Practice of Country-of-Origin Effect, Denmark: Copenhagen Business School Press.

实践洞察
国家品牌中的文化角色
·吉尔·查韦斯(Gil Chavez),BC咨询创始人

在国家品牌项目中,文化常常会被忽视,就像著名建筑物和街景边的橱窗装饰一样。然而,在没有引起强烈情感回应的情况下,许多景色都是无固定位置的,它们可以出现在任何地方。一片雪景,一个美丽的砂岩峡谷,这些景色对某个国家而言也许是罕见而特殊的,但却很难成为世界级的景观。塑造国家品牌需要超越普通的景观,而文化作为一种情感工具,可以帮助塑造国家品牌。如果没有情感,品牌不仅会缺少直击人心的力量,还会缺乏内核和真正的地域感。我们都知道,将情感注入品牌的一种常见方式是在广告中搭配音乐,但这只是文化所能够提供的巨大可能性中的极小的一部分。

通过文化唤起独特的感受能够使国家变得与众不同,这种文化表现形式包括音乐和绘画。得益于雷鬼音乐(Reggae)在全球的流行,牙买加将永远在世界版图上拥有一席之地。汀嘎汀嘎(Tingatinga)艺术帮助坦桑尼亚区别于其邻国。文化能够成为国家的个性,成为情感迸发的源泉,促使观众对国家产生兴趣,甚至对国家产生热爱。

尽管文化有着如此强大的力量,但它却常常被忽视。就像蝴蝶凝视自己的翅膀一样,它太近,太熟悉了,以至于其价值常常没有被世界上的其他国家所认识,也没能引发他国人士对它的兴趣,尽管文化可以成为一个最强大的国家品牌工具。

例如,当我们打算将博茨瓦纳带入日本的公众视野时,我们从一开始就知道这是一场艰苦之战。博茨瓦纳在日本的知名度非常低,并且经常与其他国家相联系,这些国家往往面临着全非洲最严重的发展问题。尽管博茨瓦纳是先进的钻石生产国之一,但由于钻石开采、加工和销售这一漫长过程涉及许多国家,因此很难将钻石与某一特定的国家或地区联系起来。但是,文化却能够发挥不同的作用。当我们初次前往博茨瓦纳进行访问时,有一天,我们一行人正漫步在哈博罗内炎热的大街上,偶然遇到了一群博茨瓦纳的传统舞蹈演员。我们这群经验丰富但有些疲惫的记者突然停了下来,被这群舞者吸引了目光,几名记者默默地举起了相机拍照。那个瞬间显然是一把打开日本大门的钥匙,是一种向在东京的民众传递地方感的方式。从那时开始,传统舞蹈演员就被作为博兹瓦纳在日本进行推广时的常用要素。

虽然很多国家都专注于在世界范围内建立文化和语言推广中心,例如德国的歌德学院和中国的孔子学院,但日本却更多地关注歌舞表演,包括歌舞伎、能剧和文乐木偶戏,所有这些都被列入了联合国教科文组织的非物质文化遗产名录。政府还支持"酷日本"计划(Cool Japan Initiative),侧重中小型企业的商品出口。除此之外,政府还

> 支持2013年被列入非物质文化遗产名录的日本传统料理——和食——获得世界认可，成为继2010年的法国料理之后第二道获此殊荣的美食。
>
> 此外，日本还设法输出其独特的体育运动，包括柔道、相扑和武术。冲绳旅游局发现，欧洲人更喜欢待在有文化吸引力的旅游目的地。现在，除了琉球舞和陶器外，日本还在欧洲的旅游展览进行空手道表演。
>
> 最后，在塑造品牌时，请从更广泛的角度来看待产品。景观可能会使受众记住你，但文化可以使他们爱上你。

案例：古巴的国家身份、电影和国家品牌

· 邓加·费希莫维奇（Dunja Fehimović），剑桥大学

2010年，来自波多黎各的13街乐队（Calle 13）访问了古巴，并在位于圣安东尼奥德洛斯巴诺斯的国际电影电视学院演出。就像众多来到这个久负盛名的机构的杰出访客一样，乐队的主唱雷尼·佩雷斯·朱格拉（René Pérez Joglar）用文字留下了他的印记，他在墙上写道："一个不出售自己的国家也不会被购买。"这是对卢宾·布雷兹（Rubén Blades）的歌曲《禁止遗忘》（*Prohibido olvidar*）中的一句歌词的幽默的、带有古巴特色的重新诠释，表达了对古巴社会主义制度的声援。考虑到雷尼·佩雷斯·朱格拉的觉醒意识和激进主义的历史，这并不令人惊讶。但同时，这也是一种能够体现古巴独特的国家身份认同感、自豪感和主权感的情感，这种情感的产生是对古巴的长期殖民历史（在西班牙统治下直至1898年）、新殖民主义历史（美国通过《普拉特修正案》等实现对古巴的控制）和可能的新帝国主义历史（考虑到美国禁运对古巴持续的负面影响）的回应。

1959年的古巴革命汲取并继续利用这些民族主义、主权和身份价值观来定义革命事业，并确保民众的支持。除了通过类似对外国公司国有化的行动尽早地确立这些价值观，革命中还制定了一项文化政策，强调了由古巴人创造并为古巴人创造的国家文化的重要性。文化并不是可有可无的，文化一直被认为与政治之间存在着密不可分的关系，因此，文化是社会和社会主义事业的关键。革命胜利仅三个月后，古巴政府就成立了国家电影学院，以表明其对文化的重视和文化与政治之间不可分割的关系。尽管该机构是非政府性的，但它的基本规则仍然明确地要求该机构与新兴政体的动员目标保持一致，因为该机构将电影定义为"最有力和最具启发性的艺术表现与传播媒介，也是最直接和最广泛的教育和传播思想观念的载体"。此后不久，菲德尔·卡斯特罗（Fidel Castro）于1961

年发表了著名演说《对知识分子的讲话》(*Palabras a los intelectualeses*),增强了革命与公共领域和文化领域之间的互动和联系,即"只有参加革命,才能拥有权利;如果反对革命,就没有任何权利"。

随着广播、电影和政府等主要利益相关者群体通过政府直接控制,或是像更独立的国家电影学院一样通过记录和参与革命进程而结合在一起,20世纪60年代的古巴似乎正处于开始国家品牌化,或者至少非正式地向世界推销自己的理想状态。的确,国家电影学院的成立原则之一就是承认"电影影像具有非凡的宣传影响力和暗示作用"以及"由此产生的可以用于宣传国家及其财富,并推动旅游业发展的机遇"。但是,正如以上关于独立、主权和国家身份重要性的讨论所表明的那样,国家品牌的概念本应受到1959年古巴革命的反对。但是政府却希望建立国家电影工业以满足国民需求,并取代好莱坞电影的压倒性优势。因此,当时的古巴电影更加关注所谓的内部品牌化,即面向并吸引国内观众,试图建立一致的国家身份,并致力于一个共同的目标:正在进行中的革命进程。

这一时期最著名的电影之一是古铁雷兹·阿莱(Gutiérrez Alea)执导的《低度开发的回忆》(*Memorias del subdesarrollo*, 1968),其中令人难忘的一幕是主人公塞尔吉奥(Sergio)从他的阳台上透过望远镜凝望楼下的城市和人们,这暗示了早期革命电影试图描绘普通古巴人感受到的艰难的革命历程以及对革命的适应。后来,胡里奥·加西亚·埃斯皮诺萨(Julio García Espinosa)在一篇有影响力的文章《致敬不完美的电影》(*Por un cine imperfecto*, 1970)中表达了这类电影反映当地现实并积极吸引国内观众的决心。他表示,相较于一部精雕细琢的作品,他更加支持一部参与式的、制作粗糙的、低预算的、"不完美"的电影,他认为,这样的电影更能反映出观众的满足感。从理论上讲,由此产生的电影将创造一个内部品牌和身份,界定内部品牌的不一定是内部同质化,而是对革命的共同承诺和参与,身份在很大程度上也是被正义斗争所定义的。这一观点在卢西亚(Lucia)(Solás, 1968)的目的论历史观和《草莓与巧克力》(*Fresa y chocolate*, Gutiérrez Alea and Tabío, 1993)中提出的对国家革命社区的拓展中得到了体现,这一拓展超越了切·格瓦拉(Che Guevara)有影响力的、异类的"新人类"范式。

如上述例子所示,吸引观众参与并鼓励他们发挥积极作用常常会引发对革命现实的批评,从《官僚之死》(*La muerte de un burócrata*, Gutiérrez Alea, 1966)中的讽刺到《爱丽丝奇境记》(*Alicia en el pueblo de Maravillas*, Díaz Torres, 1991)中对这一系统更为深入、严厉的寓言式谴责,都体现了不同程度的批评。的确,后一部电影的制作引发了古巴电影业反复发生的多种危机中的一种,甚至影响了整个社会。像之前的危机一样,这场危机引发了对可接受的批评限度的辩论,这一批评限度围绕着对"内部"和"外部"的波动界定,它与革命的性质有关,革命本身就是一个不断变化的过程(Kumaraswami, 2009)。就像菲德尔·卡斯特罗(Fidel Castro)对导演古铁雷兹·阿莱(Gutiérrez Alea)于20世纪90年代执导的电影《关塔那摩之情》(*Guantanamera*)的反应一样

（Chanan，2004：1），像《爱丽丝奇境记》这类的电影也引起了人们的担忧，电影苛刻的批评可能会引起国际观众的关注，从而增加对古巴及其政治事业的负面认知。这一担忧表明，政府意识到他们需要电影来推广一个以革命先锋队、自信和进步为特征的国家品牌。

上映于1991年苏联解体时的电影《爱丽丝奇境记》也标志着一个关键的转折点。政治和经济支持的突然撤销导致了一场影响广泛的严重危机，波及了古巴生活的方方面面，这一时期被称为"和平时期的特殊阶段"。以前，古巴采取了国际主义的国家品牌化形式，通过提供从军事到医疗的各种援助来努力提升本国声誉、政治地位和影响力。然而，苏联的解体仓促地促成了"古巴与世界体系的碰撞"，使其不得不参与全球市场竞争，由此古巴才开始追求国家品牌化中的许多其他的重要目标（Stock，2009：5）。从那以后，国家品牌化的目标也变得越来越重要。20世纪90年代，旅游业被认为是"必要的恶行"，并在后来成为古巴主要的收入来源之一。最近，政府将外国投资合法化，由此进入了一个需要通过国家品牌来增强投资者信心并提升古巴的全球竞争力的全新阶段。

由于资金和资源的短缺，20世纪90年代古巴的电影制作曾暂时停滞，但这一特殊时期也创造了新的电影制作范式，体现为从对国际合拍电影日益增长的依赖，到替代性的非国有电影业的兴起。斯托克（Stock）等批评家对这些发展表示了支持，并注意到"文化工作者在特定背景下激活全球进程并动员跨国联系，以维持、加强和重塑国家身份"的路径（2009：6）。但是，这种重塑也意味着妥协，意味着适应外国生产商和分销商的意愿和品位。可以说，这促进了旨在迎合现有刻板印象和幻想的影像国家形象的创建，在某种程度上，这反映出对国家品牌化相关身份的选择和策略，但并不是所有电影都是如此。如获奖电影《僵尸胡安》（*Juan de los Muertos*，Brugués，2011）就通过运用不同的主题、体裁和风格，将刻板印象与对古巴和古巴文化的认知挑战结合起来。此外，尽管国家品牌需要从多方的共同愿景中发展而来，但特殊时期导致了电影业的分裂（除此之外还有其他行业），从而创造了比以往任何时候都更为多元的国家话语和形象。

杨（Young，2007）认为，处在"市场与困境之中"使得古巴允许本国电影制作者们采取一个更加批判的立场。尽管这种说法还有待讨论，但是越来越多的专业人士被允许在替代性行业中开展工作——尽管从严格意义上来说，这样的行为违反了国家的规定——这也在很大程度上引发了对规定的重新审视。2013年5月，一群电影行业的专业人士终于成立了自发组织，他们致力于参与国家电影学院的改革，并倡导制定《电影法》以解决行业中的许多问题。虽然其结果尚待观察，但杨坚称，国内的市场竞争将会带来更大的自由度，这会导致对市场力量的积极性或是中立性表现出过度的信任。显而易见的是，诸如《长颈鹿》（*Jirafas*，Álvarez，2013）之类的电影和《马》（*Caballos*，Suárez，2014）这样的众筹项目，正在打破古巴政府对国家电影形象的垄断。这些电影的生产方式、流通和放映渠道，能够传播时而令人惊奇、时而充满矛盾的全新的古巴形象。除了劳尔·卡斯特罗（Raúl Castro）正在进行的经济调整外，这些新的电影和新兴产业之间建立的跨国联系可能表明,革命古巴的国家品牌比以往任何时候都更受到市场消费的驱动。然而,从古巴国家品牌以及融入全球市场的复杂性中可以看到,正如布雷兹(Blades)的歌词中所写的,古巴的重新定位并不清晰,就品牌化、身份和独立性而进行的整合仍存在着不确定性。

参考文献

Alicia en el Pueblo de Maravillas（1991）film，directed by Daniel Díaz Torres，Cuba：ICAIC.

Caballos（2014）film，directed by Fabián Suárez，Cuba.

Chanan，M.（2004）*Cuban Cinema*，Minneapolis：University of Minnesota Press.

Fresa y Chocolate（1993）film，directed by Tomás Gutiérrez Alea and Juan Carlos Tabío，Mexico，Spain，Cuba：ICAIC，IMCINE，TeleMadrid.

García Espinosa，J.（1970）'Por un Cine Imperfecto'，*Cine cubano*，66–67.

Jirafas（2013）film，directed by Kiki Alvarez，Panama，Colombia，Cuba：KA Producciones，Producciones Largasluces，Galaxia 311，Open Roads Media.

Juan de los Muertos（2011）film，directed by Alejandro Brugués，Spain，Cuba：La Zanfona Producciones，Producciones de la 5ta Avenida.

Kumaraswami，P.（2009）'Cultural policy and cultural politics in revolutionary Cuba：Rereading the Palabras a Los Intelectuales'，*Bulletin of Latin American Research*，28（4），527–541.

La Muerte de un Burócrata（1966）film，directed by Tomás Gutiérrez Alea，Cuba：ICAIC.

Lucía（1968）film，directed by Humberto Solás，Cuba：ICAIC.

Memorias del Subdesarrollo（1968）film，directed by Tomás Gutiérrez Alea，Cuba：ICAIC.

Stock，A.M.（2009）*On Location in Cuba：Street Filmmaking During Times of Transition*，Chapel Hill：University of North Carolina Press.

Young，E.（2007）'Between the market and a hard place：Fernando Pérez's Suite Habana in a post-utopian Cuba'，*Cuban Studies*，38，26–49.

总　结

本章回顾了国家身份的基本特征,展现了国家身份概念对新兴的国家品牌领域的意义。国家身份的关键话题包括将国家作为"想象的共同体"及其"传统的发明"的概念。国家身份的文化要素内容广泛,涵盖了语言、文学、饮食、体育、建筑和其他许多维度,国家品牌战略者们需要意识到这些维度,这样国家品牌的发展才能够植根于国家的现实和本质,而不只是广告、营销和品牌化代理机构的创意。

💡 讨论要点

1. 请举出三个将文化部门的支持纳入整体国家品牌化战略的国家。它们所采用的方法具有哪些共同特征？

2. 有观点认为，音乐在国家品牌定位方面可以发挥更为有效的作用。请举例说明哪些国家成功地将音乐以某种形式纳入了其国家品牌化活动中。

3. 思考本章关于古巴电影、国家身份和国家品牌的案例，请说明在电影对国家品牌的影响方面，我们可以从古巴案例中借鉴哪些内容？

本章参考文献

Aaker, J.L. and Williams, P. (1998) 'Empathy versus pride: The influence of emotional appeals across cultures', *Journal of Consumer Research*, 25 (3), 241–273.

Anderson, B. (1991) *Imagined Communities*, London: Verso Books.

Anholt, S. (2007) *Competitive Identity: The New Brand Management for Nations, Cities and Regions*, UK: Palgrave Macmillan.

Bond, R., McCrone, D. and Brown, A. (2003) 'National identity and economic development: Reiteration, recapture, reinterpretation and repudiation', *Nations and Nationalism*, 9 (3), 371–391.

Bradley, J.M. (1995) *Ethnic and Religious Identity in Modern Scotland: Culture, Politics and Football*, England: Avebury.

Bradley, F. (2005) *International Marketing Strategy*, 5th edn, UK: FT Prentice Hall.

Briley, D.A., Morris, M.W. and Simonson, I. (2000) 'Reasons as carriers of culture: Dynamic versus dispositional models of cultural influence on decision making', *Journal of Consumer Research*, 27 (2), 157–192.

Brown, J. (2005) 'Should the piper be paid? Three schools of thought on culture and foreign policy during the Cold War', *Place Branding*, 1 (4), 420–423.

Burgess, S.M. and Harris, M. (1999) 'Social identity in an emerging consumer market: How you do the wash may say a lot about who you think you are', *Advances in Consumer Research*, 26, 170–175.

Burgoyne, C.B. and Routh, D.A. (1999) 'National Identity, European Identity and the Euro', in Cameron, K. (ed), *National Identity*, UK: Intellect Books.

Cameron, K. (ed) (1999) *National Identity*, UK: Intellect Books.

Devine, T.M. (1999) *The Scottish Nation 1700-2000*, London: Penguin Books.

Dinnie, K. (2002), 'Implications of national identity for marketing strategy', *The Marketing Review*, 2 (3), 285–300.

Elliott, G.R. and Cameron, R.S. (1994) 'Consumer perceptions of product quality and the country-of-origin effect', *Journal of International Marketing*, 2 (2), 49-62.

Finlay, R.J. (1994) 'Controlling the past: Scottish historiography and Scottish identity in the 19th and 20th centuries', *Scottish Affairs*, 9 (Autumn), 127-142.

Gould, M. and Skinner, H. (2007) 'Branding on ambiguity? Place branding without a national identity: Marketing Northern Ireland as a post-conflict society in the USA', *Place Branding and Public Diplomacy*, 3 (1), 100-113.

Hall, E.T. (1976) *Beyond Culture*, US: Anchor Press/Doubleday.

Hess, J.B. (2000) 'Imagining architecture: The structure of nationalism in Accra, Ghana', *Africa Today*, 47 (2), 34-58.

Higson, A. (1998) 'Nationality: National Identity and the Media', in Briggs, A. and Golbey, P. (eds), *The Media: An Introduction*, England: Longman.

Hobsbawm, E. and Ranger, T. (eds) (1983) *The Invention of Tradition*, UK: Cambridge University Press.

James, C.L.R. (1963) *Beyond a Boundary*, London: Stanley Paul.

Jun, J.W. and Lee, H.M. (2007) 'Enhancing global-scale visibility and familiarity: The impact of World Baseball Classic on participating countries', *Place Branding and Public Diplomacy*, 3 (1), 42-52.

Keillor, B.D. and Hult, G.T.M. (1999) 'A five-country study of national identity: Implications for international marketing research and practice', *International Marketing Review*, 16 (1), 65-82.

King, A. (2000), 'Football fandom and post-national identity in the New Europe', *British Journal of Sociology*, 51 (3), 419-442.

Kubacki, K. and Skinner, H. (2006) 'Poland: Exploring the relationship between national brand and national culture', *Journal of Brand Management*, 13 (4/5), 284-299.

Leonard, M. (2002) *Public Diplomacy*, London: The Foreign Policy Centre.

Lilli, W. and Diehl, M. (1999) 'Measuring National Identity', Working Paper, 10, Mannheimer Zentrum für Europäische Sozialforschung, Germany.

Macdonald, S. (1997) *Reimagining Culture: Histories, Identities and the Gaelic Renaissance*, Oxford: Berg Publishers.

McCreadie, R. (1991), 'Scottish Identity and the Constitution', in Crick, B., *National Identities: The Constitution of the United Kingdom*, Blackwell, Oxford.

McLean, F. and Cooke, S. (2000) 'From Oor Wullie to the Queen Mother's Tartan Sash: Representation and Identity in the Museum of Scotland', Image into Identity Conference, University of Hull, United Kingdom.

Mead, R. (2005) *International Management: Cross-Cultural Dimensions*, 3rd edn, US Blackwell Publishing.

Motion, J., Leitch, S. and Brodie, R.J. (2003) 'Equity in corporate co-branding: The case of adidas and the All Blacks', *European Journal of Marketing*, 37 (7/8), 1, 080-1, 094.

Muhlbacher, H., Dahringer, L. and Leihs, H. (1999) *International Marketing: A Global Perspective*, 2nd edn, UK: Thomson.

Nye, J.S. (2003) 'Propaganda isn't the way: Soft power', *The International Herald Tribune*, 10 January.

O'Shaughnessy, J. and Jackson, N. (2000) 'Treating the nation as a brand: Some neglected issues', *Journal of Macromarketing*, 20 (1), 56-64.

Pant, D.R. (2005) 'A place brand strategy for the Republic of Armenia: "Quality of context" and "sustainability" as competitive advantage', *Place Branding*, 1 (3), 273-282.

Papadopoulos, N., Heslop, L.A. and Beracs, I. (1990) 'National stereotypes and product evaluations in a socialist country', *International Marketing Review*, 7 (1), 32-47.

Parekh, B. (2000) 'Defining British national identity', *The Political Quarterly*, 71 (1), 4-14.

Peng, K., Nisbett, R.E. and Wong, N.Y.C. (1997) 'Validity problems comparing values across cultures and possible solutions', *Psychological Methods*, 2 (4), 329-344.

Pittock, M.G.H. (1999) *Celtic Identity and the British Image*, UK: Manchester University Press.

Rein, I. and Shields, B. (2007) 'Place branding sports: Strategies for differentiating emerging, transitional, negatively viewed and newly industrialized nations', *Place Branding and Public Diplomacy*, 3(1), 73-85.

Rugh, W.A. (2011) Preface, The Practice of Public Diplomacy: *Confronting Challenges Abroad*, New York: Palgrave Macmillan Series in Global Public Diplomacy.

Sapir, E. (1929) 'The status of linguistics as a science', *Language*, 5 (4), 207-214.

Shulman, S. (2002), 'Challenging the civic/ethnic and west/east dichotomies in thestudy of nationalism', *Comparative Political Studies*, 35 (5), 554-585.

Simonin, B.L. (2008) 'Nation branding and public diplomacy: Challenges and opportunities', *The Fletcher Forum of World Affairs*, 32 (3), 19-34.

Smith, A.D. (1991) *National Identity*, London: Penguin Books.

Sumner, G.A. (1906) *Folk Ways*, New York: Ginn Custom Publishing.

Takano, Y. and Osaka, E. (1999) 'An unsupported common view: Comparing Japan and the US on individualism/collectivism', *Asian Journal of Social Psychology*, 2 (3), 311-341.

Thompson, A. (2001), 'Nations, national identities and human agency: putting people back into nations', *The Sociological Review*, 49 (1), 18-32.

Tolz, V. (1998) 'Forging the nation: National identity and nation building in post-communist Russia', *Europe-Asia Studies*, 50 (6), 993–1, 022.

Treanor, P. (1997) 'Structures of nationalism', *Sociological Research Online*, 2 (1), www.socresonline.org.uk/socresonline/2/1/8.html (accessed 21 May 2001).

Tuck, J. (2003) 'The men in white', *International Review for the Sociology of Sport*, 38 (2), 177–199.

Usunier, J.-C. and Lee, J.A. (2005) *Marketing Across Cultures*, 4th edn, UK: FT Prentice Hall.

第六章

从来源国和国家身份到国家品牌

🔑 关键要点

- 国家身份和来源国的研究领域包括：国家刻板印象、民族中心主义、文化表达、个人主义与集体主义以及全球化时代国家身份和来源国的模糊性。
- 国家品牌化的分类流程模型（Category Flow Model）借鉴了来源国和国家身份研究的内容，概括了国家品牌结构的前提、属性和结果。
- 国家品牌化的分类流程模型中的分类包括预期（刻板印象和个人经验）、复杂性（不可控性、城乡二元结构和多样性管理）、提炼（再定义、品牌化和时代精神）、文化表达（传统、景观和艺术）和参与（包容性和范例）。

引 言

来源国和国家身份是支撑国家品牌概念的两个相关研究领域，但它们却很少被整合起来。本章我们将明确来源国和国家身份的共通之处，并将它们与构成国家品牌发展基础的品牌差异化能力相联系。国家品牌的概念框架将以分类流程模型的形式呈现，并借鉴来源国领域和国家身份领域的关键内容。本章将会以新西兰"走向边缘"（Going to the Edge）项目为例，展现国家品牌化如何不仅依靠政府的官方战略，而且做到公民参与。本章的学术观点将探讨公共外交与国家品牌之间的关系，实践洞察将会讨论公共外交与艺术之间的关系。

国家身份和来源国：共通之处

来源国效应的研究者很少借鉴与国家身份有关的文献，这一点有些出人意料，因为来源国形象认知的许多决定因素都来源于构成国家身份的文化、社会和政治环境。现有的来源国研究大多聚焦于"制造国"（Made in）标签对消费者决策的影响，而没有考察国家身份中有助于国家形象塑造的文化维度。帕帕多普洛斯和赫斯洛普（Papadopoulos & Heslop，2002）指出，绝大多数的国家形象研究都要求受访者评估不同国家的产品，并将评估结果与国家形象等同起来。当然，事实并非如此。国家形象不是仅仅由国家的产品和服务决定的，而是由多种因素共同决定的。

研究国家身份的决定因素——例如传统的发明、教育的作用和体育活动——能够为制定与国家品牌化相关的营销策略提供更加丰富和更具文化底蕴的基础。在经济全球化的进程中，如果国家无法规划和管理自身的国家品牌战略，那么它将很难与那些在这方面采取积极措施的国家竞争。图 6.1 展示了国家身份研究和来源国研究中的共享概念。这些共享概念在国家品牌化的过程中发挥着重要作用，能够影响国家形象的形成，并为国家品牌战略的制定提供参考。

国家身份和来源国之间的共享概念（图 6.1）主要体现在文化领域。正确地考量文化的定义能够帮助我们理解，为什么文化表达应该作为国家形象认知的决定因素和国家品牌的重要组成部分。丹尼希和佩龙（Danesi & Perron，1999）将文化定义为代代相传的"一种基于意义规则（signifying order）的生活方式"。丹尼希和佩龙提到的"意义规则"是指某一社会团体为进行日常生活和规划未来活动所创建和使用的符号（文字、手势、视觉符号等）、代码（语言、艺术等）和文本（对话、文章等）的集合。古迪纳夫（Goodenough，1971）提出了一个与国家身份和来源国相关的文化定义。他指出，文化是一群人共享的一套信念或标准，它可以帮助个人确定是什么、可以是什么、如何感受、做什么以及如何去做。蔡尔德和凯泽（Child & Kieser，1977）也给出了类似的文化定义，虽然这一定义是用人类学的词汇表述的，但也可以从市场细分的角度去理解。他们认为，文化是广泛共享

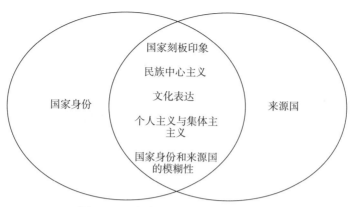

图 6.1 国家身份和来源国的共享概念

的思想和行为模式。然而,参与这种共享的社会群体不一定具有明确的边界,因此,阶级文化或区域文化可能和国家文化具有同样重要的意义。

从以上对文化的定义中可以看出,迄今为止,许多尚未被深入研究的文化领域与国家品牌化战略的制定直接相关,因为国家形象主要由该国的文化构成,而不仅仅是消费者对该国产品或服务的认知。这种观点在很大程度上得到了科特勒和格特纳(Kotler & Gertner,2002)的赞同,他们主张,一个国家的形象是由其地理、历史、叙事、艺术和音乐、名人以及其他特征共同塑造的。

在组织语境下,汉迪(Handy,1999)认为,文化是无法被精确定义的,因为它是被感知的、被感觉的存在。汉迪认为,影响组织文化和结构的因素包括其历史和所有权、规模、技术、目标和宗旨、环境和人员。在有关组织身份的文献中可以找到对国家品牌的阐述。巴尼和斯图尔特(Barney & Stewart,2000)在讨论多元化组织的组织身份时认为,多元化企业的问题在于,基于价值观的组织身份必须具有足够的包容性,以包含所有的企业目标;同时又要足够清晰,以支持各种知识手段(即核心竞争力)来实现这些目标。二人的结论是,为了使价值观达到必要的广度,高度多元化的企业需要建构一种以道德哲学定义的组织身份,即关于在社会和企业中正确和错误的行事方式的陈述。管理者们可以采纳这些道德要求,并将其应用于特定的公司业务。就国家品牌而言,国家可能与巴尼和斯图尔特定义的需要极大的价值观广度的高度多元化的组织具有相似性。

品牌化的区分能力

为了在全球舞台上展现出本国与众不同的魅力,同时也提升本国在国际和国内市场上的竞争力,各国政府开始采用品牌化手段。许多学者和业界专家已经对品牌化的本质和影响进行了定义。例如,凯勒(Keller,2003)指出,品牌本质上是一种产品,由于品牌为产品增加了其他维度，使该产品能够以某种方式区别于旨在满足相同需求的其他产品。这种区别可能是理性的、有形的，与品牌的产品性能有关；也可能是象征性的、感性的、无形的，与品牌所代表的事物相关。阿克和庄米萨勒（Aaker & Joachimsthaler，2000）也承认品牌的差异化影响，他们指出，最强势的品牌具有摆脱混乱竞争的出色执行力，能够帮助品牌自我提升，并随着时间的推移产生累积效应。

卡普费雷（Kapferer，2004）支持品牌化的累积效应这一观点，他认为，除了研发、消费者导向、高效文化、员工参与以及快速改变和反应的能力之外，品牌是为数不多的能够为公司提供可持续竞争优势的战略资产之一。以消费者为基础的品牌资产（customer based brand equity，CBBE）的观点认为，品牌是在消费者脑海中的真实存在（Kotler & Keller，2006），各国正在采取越来越积极的措施进行国家品牌管理。因此，与外部强加的刻板印象和毫无新意的国家形象相比，品牌化能够在消费者的脑海中树立更加正面的国家形象。

国家品牌化的概念框架

基于第一章至第五章对品牌化、来源国和国家身份研究中的一些关键话题的讨论，结合本书各章的案例、学术观点和实践洞察，图6.2所示的分类流程模型的概念框架提出了国家品牌化的前提、属性和结果之间的关系网络。从图6.2可以看出，国家品牌化结构的前提被归入**预期（Anticipation）**之中；国家品牌化结构的属性则包括**复杂性**

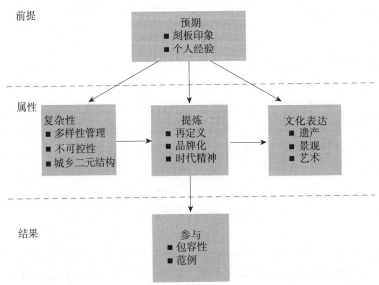

图6.2　国家品牌化的分类流程模型（Category Flow Model）

(Complexity)、提炼（Encapsulation）和文化表达（Cultural expressiveness）；国家品牌化结构的结果则体现在参与（Engagement）之中。

分类流模型体现了从初始的预期过渡到两个类别——复杂性和文化表达的连续流程。为了实现国家品牌化概念框架最终的参与阶段，需要通过发展国家品牌战略，对复杂性和文化表达所包含的国家品牌结构中的要素进行提炼。

预期代表着该模型的初始阶段。它来自于在国家品牌塑造活动开始之前就已经存在的消费者认知。国家必须将这些认知作为国家品牌化过程中的初始步骤进行分析和理解，以便了解个体如何借助刻板印象和个人经验形成对该国的认知。作为前提的预期可能来自于肤浅的刻板印象、错误的信息或局限的个人经验，但这些都不能真正反映国家品牌的本质。因此，为了反映国家品牌的多面本质，使国家形象认知不受草率的刻板印象的损坏，复杂性和文化表达这两个类别也被概念化了。

复杂性承认许多影响国家品牌因素的不可控性，例如政治事件、战争、自然灾害、杰出公民的行为、国家体育队伍的表现等。它还包括多样性管理和存在于大多数国家的城乡二元结构等相关概念。

文化表达包含了艺术、语言和历史等文化要素，以及可以在国家身份的形成中扮演重要角色的景观要素。如果国家品牌缺少对这些文化要素的鉴赏和容纳，那么这样的国家品牌将会成为肤浅的、受商业驱动的手段，无法保障利益相关者群体的参与。

因此，复杂性和文化表达能够体现国家品牌丰富、复杂和多面的本质，二者将被汇入"提炼"中。在提炼过程中，具体的品牌化手段得以应用。通过对国家品牌结构复杂性的认识并将高度的文化表达整合到国家品牌中，市场营销人员可以将国家的本质提炼到一个多面且连贯的国家品牌中。这种提炼需要与主流的时代精神相协调，重新定义国家品牌的价值。这一过程所需的整合协同技能和文化自觉远远超过了传统的产品品牌化或企业品牌化的要求。提炼完成之后，进入到最后一个分类——参与。如果没有广泛的利益相关者群体的参与，国家品牌将很难取得成功。提炼与参与之间的关系表明，在主流的时代精神的背景下，对国家品牌进行重新定位和品牌化的有效性与后续支持国家的参与程度之间存在着一定的联系。参与的表现形式包括：国家品牌的利益相关者群体的包容度、激励性榜样的存在以及国家品牌发展和管理中合理的透明度。

该模型的具体分类及其组成要素将在下面进行讨论。

预期：刻板印象与个人经验

就国家品牌化结构的前提而言，预期关注消费者对国家的期待，也就是人们期望从国家得到什么，以及消费者应该对什么做好准备。否认这些期待是一种冒险的策略，但如果现有的国家印象是负面的，那么国家需要通过对国家品牌的管理，使这些刻板印象朝着积极的方向发展。因此，需要了解预期的基本概念。

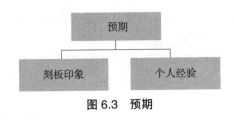

图 6.3 预期

刻板印象和个人经验概念构成了预期的要素。刻板印象是来源国和国家身份文献中的一个常见话题,而个人经验作为国家形象的潜在决定因素之一,最近也引起了来源国研究领域的关注。刻板印象往往是负面的,这对于试图在外部受众中提高声誉的国家而言是一个挑战。有效的国家品牌管理旨在应对国家刻板印象中那些对国家形象具有潜在破坏性的讽刺刻画。陈旧的刻板印象对于受众而言是一种侮辱,对于那些见多识广的观察者而言是乏味而无趣的,并且可能会损害国家的经济利益。因此,政府应该使用品牌化策略克服这些刻板印象。例如,玻利维亚长期以来一直受到"苦难与贫困之地"这一刻板印象的困扰,该国丰富的文化和自然资源却鲜为人知。一个统筹一致的国家品牌战略是一种以更加正面的形象取代陈旧的负面形象的可行办法(Aguirre & Renjel, 2008)。

然而,刻板印象并不总是负面的,对于国家的预期形象也可以是正面的。在发展国家品牌时,主要问题在于如何利用正面的预期形象,同时又避免将国家品牌局限在狭窄的联想范围内。国家品牌化需要承认预期形象,并最终超越它。

预期中的第二个概念是个人经验,它是国家品牌化结构的一个重要方面。个人经验既包括个人对特定国家的参观访问,又包括个人与该国公民的互动。个人经验也可以来自对特定国家产品或服务的消费,这进一步表明了出口推广机构协同该国出口商开展国际营销活动的重要性。瑞士在这方面有所创新。有研究表明,外部受众认为瑞士在"公民对政治决策的强大影响"方面表现不够突出,为了回应这一问题,瑞士决定资助国外大学在瑞士政治制度领域的研究,以解释和宣传瑞士的联邦体系(Pasquier, 2008)。这样,国外的学生和学者就可以通过与这些解释和宣传瑞士联邦制度的学者进行定期互动的个人经历,改变他们之前对瑞士的政府治理持有的负面认知。

复杂性:不可控性、城乡二元结构和多样性管理

国家品牌化的复杂本质给希望发展国家品牌的决策者带来了重大挑战。国家品牌的复杂性远远超过了产品品牌或企业品牌的复杂性,这是因为国家品牌具有多面性特征,而且利益相关者群体众多,在做出相关决策时需要将所有利益相关者群体关注的问题和利益都纳入考虑之中。

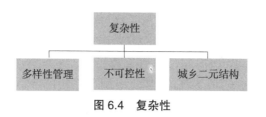

图 6.4　复杂性

多样性管理（managing diversity）是国家品牌结构的关键构成。随着全球一体化程度的提升和跨国界人口流动的增加，许多国家的人口多样性比以前更加明显。文化和社会的多样性强调了国家信息的一致性在品牌化策略中的重要作用。此外，参与国家品牌活动的组织的多元性，给协调工作的有效性和避免重复劳动带来了相当大的挑战。最后，国家品牌受众的多元化也给管理带来了进一步的挑战。

所有国家都必须面对内部利益相关者群体的多样性和外部受众的多样性的挑战。对于拥有多元种族的大国来说，应对多样性管理的挑战是一项重要任务。例如，有观点认为，"尽管存在各种信仰的融合，印度的信仰对立冲突甚至比中东地区的一些国家更加明显，但印度还是成功地建立了一个统一战线；印度总理甚至可以与国内受众讨论国家品牌化问题"（Yan，2008）。

不可控性（uncontrollability）的概念与多样性管理有关。国家的多样性越强，其构成要素的可控性就越弱，建立一个一致的、被广泛接受的国家品牌也就面临着越大的挑战。虽然任何经济领域的品牌都会受到意料之外的环境因素的影响，但是，影响国家的因素要比影响产品品牌或企业品牌的因素广泛得多，尤其是考虑到每一个国民的行为和举动都对国家品牌认知具有潜在的影响。此外，突发事件也有可能在一夜之间对国家形象造成严重损害。还有许多影响国家品牌化活动的不可控因素，例如，埃及的商业形象部指出了以下不受自身控制的因素：腐败、海关通关程序、产品质量、政治和基础设施的僵化（ZAD Group，2008）。

城乡二元结构（urban/rural dichotomy）是指城市和乡村之间可能存在的鸿沟。要通过对城乡二元结构的管理，使城市和乡村的吸引力与国家形象之间相互补充而非相互矛盾，这无疑是一项艰难的任务。例如，国家品牌协调机构的存在将有助于防止国家形象被传统的乡村形象主导——而国家旅游组织经常宣传这种乡村形象——这不利于将国家定位为理想的外商投资场所（对这些地方来说，更合适的形象应该侧重于现代基础设施、尖端技术等，而不是田园乡村形象）。

为了解决上述的多样性管理和不可控性方面的困境，可以从制定国家品牌战略以及采用和实施细分市场的基本营销策略中寻找解决办法。一个粗糙的、单一的国家品牌化路径很可能会走向失败，因为它对特定行业的具体需求和想法缺乏敏感度。国家品牌可能采用的市场细分依据是多种多样的,超出了参与国家品牌管理的营销人员的想象。在来源国文献中已经涉及的可能的细分变量包括:消费者的民族中心主义(Lantz & Loeb, 1996)、性别(Heslop & Wall, 1985)以及按照文化界限而非地缘政治界限的细分(Duany, 2000)。无论选择哪种细分变量,国家品牌都必须针对选定的市场形成适当的吸引力。忽视这一重要考量因素可能会导致资源的无效利用。

文化表达:遗产、景观和艺术

遗产、景观和艺术是文化表达的组成概念。

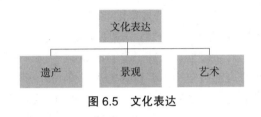

图 6.5 文化表达

遗产的概念涵盖了一个国家的历史、传统习俗和建筑。在这方面的挑战是,在不摒弃国家遗产的情况下,如何发展一个现代化的国家品牌,并引发当代观众的共鸣。"酷不列颠"推广活动历经的波折表明,过多地关注新事物而忽视旧事物,可能会存在引发社会各阶层争议的风险。

在目前的分析中,景观被看作是一个概念,而不仅仅是一个物理存在。这是因为许多人赋予了景观极其强大的情感和象征价值。这一点支持了格雷(Gray, 1997)的论点,即景观和地质在国家身份的建构中发挥着决定性的作用。但是,对传统乡村景象的过度关注并不能否认这样一个事实:一个国家既可以拥有吸引游客的风景,也可以拥有吸引外商投资的充满活力的现代经济。

文化表达中的第三个也是最后一个概念是艺术。艺术的多种要素在国家身份的创建中都发挥着重要作用,例如文学、音乐和其他文化产品。文学和音乐是文化表达的重要要素。但是,艺术通常与活跃的创意人才有关,他们个性的、富有创造力的特质,很难融入结构化的品牌营销活动中。如果作家和音乐家们认为自己被迫成为国家的文化代表,他们可能会产生很大的敌意。因此,如何不以一种粗暴的、操纵性的方式将文学、音乐等文化表达形式整合到国家品牌战略中,对于战略制定者们来说是一个挑战。日本的国家品牌化努力说明了如何利用一个国家的文化资产——对于日本而言主要是音乐、电影和饮食文化——作为改善国家形象和声誉的总体战略的一部分(Akutsu, 2008)。

借助英国文化教育协会、法国法兰西学院和德国歌德学院等文化组织,这些国家将文化表达纳入其国家品牌。表 6.1 总结了部分文化组织的活动。

表 6.1 提供文化表达的组织

国家	文化组织	活动
法国	法兰西学院	法国语言课程、法国电影项目、多媒体图书馆、法国文化名人讲座活动
德国	歌德学院	推广海外德语学习,并鼓励国际文化交流;通过提供关于德国文化、社会和政治的信息增加外界对德国的了解
英国	英国文化教育协会	向人们提供来自英国的学习机会和创意想法,以便在世界范围内建立长期联系;重点关注英国的英语语言教学

每个国家都有自己独特的文化表达。在国家品牌管理方面,文化表达是决策者需要纳入国家品牌战略发展的重要区分要素。相较于简单粗暴地将艺术人物塑造成国家品牌大使,国家对艺术的补贴和为创意艺术营造的健康环境可能是提升国家品牌文化表达的更加有效的方式。法兰西学院、歌德学院和英国文化教育协会等组织在推广本国文化方面发挥着至关重要的作用。

提炼:再定义、品牌化和时代精神

提炼是国家品牌结构中的关键要素。考虑到国家的多样性和多面性本质,有必要提炼出一套合适的品牌特征,并且以清晰、一致的方式传递给目标受众。如果没有提炼的过程,国家品牌就会存在传递不一致且相互矛盾的信息的内在风险。

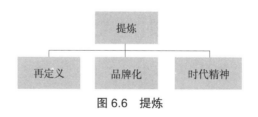

图 6.6 提炼

国家的再定义、品牌化与整合以及时代精神意识,是构成提炼的重要概念。提炼聚焦于国家品牌,它能够压缩并捕捉多元的品牌价值,同时符合主流的时代精神的要求。时代精神也是文化表达的基本概念之一。我们将国家品牌定义为**独特的、多维度的要素融合,为国家提供针对所有目标市场受众的文化差异性和相关性**。该定义承认了国家品牌的多面性本质,并认识到随之而来的对决策者的挑战。决策者希望以一致的、显著差异化的方式对国家品牌的本质进行概括提炼。

再定义(redefinition)是提炼的基本概念之一,它是指按照国家期望的方式向国内和国外受众重新定义本国的正面形象。它强调,各国根据自身的需要对本国价值观进行重新定义,并确定其在内部和外部希望展现的价值观,这是国家品牌化的核心原则。它认为,如果一个国家不主动地进行自我定义,那么其他国家将会通过刻板印象和错误认知对其进行定义,而这样的定义通常是负面的、贬义的(Papadopoulos & Heslop, 2002)。

再定义过程需要通过品牌化来体现,品牌化是提炼的第二个概念。有人可能会争辩说,品牌化的任务始终涉及价值的提炼,但是将价值提炼应用到国家这样一个丰富且多样的实体中时,这一任务变得尤为困难。确定一系列正面特征,并在此基础上建立一个带有光环的品牌,是价值提炼过程中的重要的第一步。

提炼中的第三个概念是时代精神,它与再定义概念紧密相关。与许多产品品牌和企业品牌一样,国家品牌的发展是一个持续的过程,它必须适应全球经济和政治的发展、不断演进的社会趋势和不断变化的市场条件。《简明牛津词典》(1999)将"时代精神"定义为"特定历史时期的决定性精神或情绪"。时代精神代表了国家品牌结构中的一个重要概念,因为国家品牌并不是在真空中运作的。如果国家品牌希望引发整个社会的共鸣和关切,就应该对造就时代精神的社会趋势和现象进行关注和思考。

某些国家可能比其他国家更适合利用主流的时代精神。例如,对天然和有机食品的消费倾向与在这些方面具有竞争优势的国家所拥有的来源国内涵不谋而合。在这种情况下,发展国家品牌意味着将"自然"这一品牌价值纳入到整体的国家品牌中。这将促使国家品牌最大限度地利用当前时代精神中推崇天然、纯正的产品的倾向。

参与:包容性和范例

参与(engagement)包括包容性概念、范例概念和透明度概念。参与是国家品牌的重要基础。没有参与,就没有国家品牌存在的基础,也就无法超越政府决策者和特邀国家品牌营销专家的约束;有了参与,国家品牌才能在整个社会中引发更广泛的共鸣。

图 6.7 参与

包容性(inclusiveness)概念是指,在一定程度上,所有的利益相关者群体为国家品牌寻求共同承诺。如果某些利益相关者群体感到被排除在国家品牌之外,他们就不会履行承诺。然而,要做到这一点非常困难。试图把每个利益相关者群体都纳入国家品牌中是很难实现的,那些认为国家品牌无法反映自身价值的利益相关者群体可能会由此产生很强的敌意。

包容性概念中的一个更加深入的层次与国家的海外侨民相关。许多国家都拥有大量的海外侨民。例如,希腊和意大利作为两个欧洲国家,在美国和澳大利亚等地理上相距遥远的国家中存在大量海外侨民。散居海外的侨民们尽管距离遥远,但往往非常爱国,并且非常愿意帮助祖国发展经济。因此,现有的海外侨民网络具有相当强大的声誉建设能力,可以用来强化国家品牌。相较于随处可见的电视广告宣传,海外侨民网络的战略发展可能是一种建立强势国家品牌的更有效的方式。

包容性概念同样也需要继续完善,以便区分完全包容的理想状态和对具体项目的特定包容的实际状态。这一重要区别将在第八章中进行讨论。

参与中的第二个概念是范例。在冷漠、犬儒主义或敌对情绪面前,以最佳实践或其他类型的成功故事为形式的范例,对确保国家品牌的参与度至关重要。任何由公共资金资助的国家品牌活动都会发现自己处在媒体的严格审查之下,因此,提供实例说明这些品牌化活动带来的切实利益是必不可少的。此外,为了提高可信度,各国需要提供成功的案例和相关来源的证明,以增强国家品牌的信誉。例如,"新法国"(New France)运动就利用了来自联邦国际快递公司、丰田汽车公司、施乐公司、通用电气公司和索尼公司等顶级国际公司高管的推荐,以提高人们对法国作为具有吸引力的外商投资目的地的认知(Favre,2008)。

透明度(transparency)问题与包容性概念密切相关。在国家品牌化过程中,对于透明度的期望程度可能存在明显分歧。因此,透明度是国家品牌发展中的一个关键挑战。如果参与国家品牌发展的政府或其他机构以透明的方式运作,公开传达国家品牌战略的目标与宗旨,这是否能够获得民众对国家品牌的认同?或者是否会导致相反的效果,并引发争议?一方面,缺乏透明度可能会导致国家品牌战略无法得到利益相关者群体的认同。另一方面,采取一种不透明的路径来建构国家品牌,能够避免国家品牌战略在产生最初效益之前因为狂风暴雨般的反对声音而偏离其正确方向。

学术观点
公共外交和国家品牌/品牌化

- 尼古拉斯·杰·卡尔(Nicholas J. Cull),博士,洛杉矶南加利福尼亚大学公共外交学教授

公共外交概念是指通过外国公众的参与来实施外交政策的方式,与国家品牌密切相关。这一点从《区域品牌期刊》(Journal of Place Branding)扩展至包含公共外交领域内容的做法中可以得到证明。这两个概念以两种方式相互关联。正如伊坦·吉尔

博阿（Eytan Gilboa, 2008）指出的,国家品牌近年来已经成为公共外交的15种标准工具之一。一个希望在世界范围内管理其国家形象的国家可能会投资国际广播、文化外交或慷慨的援助项目,或是发起品牌化推广活动,并聘用传播专家为本国确立正面的形象和内涵,或是使用其他众多的品牌化工具。这方面不乏鲜明的案例,有人可能会以瑞士创建的国家形象委员会（Presence Switzerland）为例。正如基利波和沙伊（Gilboa & Shai, 2011）提到的那样,以色列也曾在这方面做出尝试。

理解公共外交中的国家品牌内容的第二种路径是将国家品牌视为一种分析框架。这一路径将国家品牌理念和品牌化实践进行了区分。其中,国家品牌理念是与地区、民众和产品相关的一系列观念;而品牌化实践是通过运用不同的政策,试图在公众的脑海中对某一地区的意义进行重新定位。这一路径的优势在于,它使学者们在相关政府机构没有明确提出公共外交和国家品牌概念的情况下,也可以毫无困难地应用这两个概念。政府之所以没有明确提出公共外交与国家品牌概念,可能是因为还没有开始实施品牌战略,也有可能是因为在概念产生之前已经存在相关案例。一些在公共外交史上使用品牌化路径的优秀范例属于第二类。例如,在16世纪80年代,"沉默的威廉"（William the Silent）[①]投射了新荷兰共和国的形象（这在很大程度上得益于威廉时期荷兰王室对"橙色"的使用,"橙色"这一双关语既指奥伦治王室家族的名称,又是一种情感色彩）;或者是在20世纪初德意志联邦银行（Deutsche Werkbund）为德国工业创造的正面含义（Kunczik, 1997）。

英国温斯顿·丘吉尔（Winston Churchill）政府在美国参与第二次世界大战之前对美国公众舆论的影响,看起来像是一次熟练的国家品牌化活动。英国使用了各种形式的媒介,包括电影、演讲嘉宾、广播和培养记者,来推广一个连贯的故事:作为帝国存在的、阶级分化严重的旧英国已经没落了,取而代之的是一个致力于平等原则和支持人民战争的崭新的英国。美国爱上了这个形象,转而采取行动帮助英国进行斗争。这个案例包含了一个重要信息,英国公众实际上没有辜负政府讲述的这个故事:即使是在战争中,他们也在齐心协力地建设一个更好的英国（Cull, 1995）。正如许多品牌从业者和公共外交官所学到的那样,品牌的成功要求国家兑现承诺并"活化品牌"。改善国内现状通常是使国际受众相信情况已经发生改变的必要前提。

[①] 威廉·范·奥伦治（William van Orenge, 1533年4月25日—1584年7月10日）,尼德兰著名爱国贵族,尼德兰革命中的政治活动家,荷兰共和国首任执政,荷兰"国父"。因一次听西班牙国王菲利普二世讲述把新教徒赶出尼德兰的计划时,大感震惊,闭口不言,被称为"沉默者"。——译者注

参考文献

Cull, N.J. (1995) *Selling War: The British Campaign Against American Neutrality in the Second World War*, New York: Oxford University Press.

Gilboa, E. (2008) 'Searching for a theory of public diplomacy', *The Annals of the American Academy of Political and Social Science*, 616 (1), 55–77.

Gilboa, E. and Shai, N. (2011) 'Rebuilding Public Diplomacy: The Case of Israel', in Fisher, A. and Lucas, S. (eds), *Trials of Engagement: The Future of US Public Diplomacy*, Leiden: Martinus Nijhoff, 33–54.

Kunczik, M. (1997) *Images of Nations and International Public Relations*, Mahwah, NJ: Lawrence Erlbaum Associates.

实践洞察
公共外交与艺术
- 欧金尼奥·格·马托斯（Eugenio G. Matos），博士，前多米尼加驻海牙大使馆公使衔参赞

在21世纪，公共外交是外交官工作内容的重要组成部分。例如，我曾在海牙的多米尼加共和国大使馆任职，目前在阿根廷布宜诺斯艾利斯担任公使衔参赞，在我的工作中，有75%的时间都致力于开展公共外交。在荷兰，多米尼加驻海牙大使馆策划了一个非常好的公共外交项目，作为展示外交政策的一部分。这个公共外交项目包括六个顶级艺术展览、四场音乐会、四份出版物、一个全新的用户友好的双语网站以及第一个双边商会和贸易代表团的启动。

来自不同外交使馆的同事有时会在公共外交项目上开展合作，例如，2012年6月，玻利维亚、古巴、多米尼加、厄瓜多尔、秘鲁和委内瑞拉使馆一起参与了在阿姆斯特丹宏伟的热带博物馆举办的太阳节活动，筹办太阳节活动的相关事务占据了使馆大部分的工作日程。这项非凡的文化项目得以实现，离不开米格尔·爱德华多·卡拉霍拉诺大使阁下（H.E. Miguel Eduardo Calahorrano）的倡议，他是前厄瓜多尔驻荷兰大使。

公共外交是大众文化的武器。它有助于在海外更好地树立国家品牌，也有助于向目标国的受众介绍本国的价值观。在寻找共同点的过程中，各种形式的艺术都是一种共通的语言，也是我们在不断变化的全球化世界中共同人性的杰出表现。

（本文的第一版首载于荷兰的《外交官》(Diplomat Magazine)杂志，经杂志许可后进行了改编。本文的观点和意见仅代表作者本人，并不一定反映作者所在组织或其他贡献者和出版者的观点。）

案例："走向边缘"

· 布莱恩·斯威尼（Brian Sweeney），斯威尼公司董事长

传统上，国家品牌属于政府贸易、旅游和外交机构的职责范畴。当个人开始使用一个词——而不是一首歌、一部电影、一本小说、一份建筑设计或是一份商业计划——来进行国家叙事时会发生什么？以下是我的故事，它是这样发生的。

我的祖国是新西兰。20世纪60年代，我在新西兰的一个乡村小镇里长大，那时英国还被称为我们的"家"。通过早期的黑白电视，我了解到了美国梦，并受到美国的抗议运动和反文化运动的启发。澳大利亚那时被称为"幸运的国度"（The Lucky Country），而那时定义新西兰文化的是"橄榄球、赛车和啤酒"。新西兰是一个岛屿农场，它仿佛披着一层与世隔绝的斗篷。聪明的新西兰年轻人常常去"国外"获得海外经验。20世纪70年代中期，随着长发、本土音乐以及反对法国在南太平洋进行核试验的政治抗议的出现，情况开始发生变化。通过在高中和大学阶段参与学校报纸的编辑工作，我突破了自己在社区原有的生活。到毕业时，我已经是一家创业型的全国性学生艺术机构的领导者。之后，我凭借自己的能力成为一名制作人。那时的新西兰文化正借助着本土声音蓬勃发展，南非的反种族隔离运动和土著争取土地权利的运动冲击着政府的保守主义，社会公正成为新西兰的标识。1984年，一个进步主义的新政府解开了经济的桎梏，此时的新西兰开始放声高歌。我们向美洲杯帆船赛发起挑战，并赢得了最终的胜利；全黑橄榄球队（All Blacks）的成绩使我们认识到，新西兰人乐于走向世界，并赢得世界。

通过在艺术和娱乐行业的工作经验和参与政治运动的经历，我开始认识到，表达思想最好的方式是使用隐喻，并赋予其兴奋感。由此，我开始对表达新西兰身份的语言产生兴趣，它并不是一种民族主义的语言，而是一种非现实的虚拟表达：讲述的是目标和命运，是一种组织思想，也是一种"世界大同的概念"。到20世纪90年代，我以一家公关公司联合创始人的身份从事商业活动，为新西兰的电信、电力、银行和零售等基础行业进行变革转型的工作。我们大多数客户的公司名称中都带有"新西兰"字样，并希望将自己的身份与"新西兰特质"联系起来。我又一次发现自己在寻找一种意义——与其说它是一

个明确的表述，不如说是一个品牌口号和企业叙事。通过这项工作，我了解到了"一词资产"（one word equity），这是品牌减免主义（brand reductionism）的终极目标。如果必须用一个词来概括产品的本质，那它将是什么？于是我开始了一场新的探索。新西兰的"一词资产"是什么？这一问题的独特之处在于，它淘汰了曾经试图定义新西兰国家特征的各种各样的短语：公平、洁净与绿色、世界一流。这种修辞性的"国家建设"，或者说是"愿景"，通常是政治领导人不愿意使用的，因为他们不愿意让自己正在做的工作受到影响。当有人真的愿意冒险时，常常会遭到批评、嫉妒甚至愤恨（这种情况如今已经基本好转）。新西兰帆船队"使船行驶得更快"（Make the boat go faster）的号召，最接近新西兰希望表达的广受欢迎的胜利目标。

我是在20世纪90年代末一次前往卡拉卡尔（Karakare）的途中找到了适合表达新西兰特质的那个词。当时，我正和《连线》（*Wired*）杂志的编辑凯文·凯利（Kevin Kelly）开车穿越奥克兰。当时凯文正在访问奥克兰，我在某个星期天的下午接待了他。凯文是席卷全球的数字化思潮的主要倡导者，他用进化生物学的视角看待整个世界。物理学解释了数字的0和1，生物学则发挥其社会效应，包括快速的适应性、连通性、变异性和扩散性。在我们前往崎岖的西海岸的途中，他问了一些关于新西兰的宏大的宇宙性问题：新西兰是谁？是什么？为什么？我告诉他，虽然新西兰人口不多，但却有许多新西兰人曾改变世界，他们分裂原子、攀登珠穆朗玛峰、为妇女和社会福利投票争取权益、帮助赢得战争、进行意义重大的发明、在体育界留下传奇。但我也补充道，我不知道应该如何描述这一现象发生的原因或产生的结果。此时，凯文说："这很容易解释。"他引用了斯蒂芬·杰伊·古尔德（Stephen Jay Gould）的间歇性平衡理论（punctuated equilibrium），该理论指出，物种的变化首先发生在边缘的、远离正统中心的地方，那里人口最为稀少，且有出现新形式生命的自由。因此，他指出，新西兰作为世界的边缘，作为最遥远的大陆和最年轻的国家，具有改变世界的意义。

这一刻，语意的灵感乍现。我放慢了车速来琢磨这个突然的启发。新西兰的"一词资产"是"边缘"（edge）。它给新西兰的地理位置赋予了意义，这个位置不再是遥远的孤岛，而是具有全球性意义的存在；它也不仅仅是一个传播的概念，而是一个由科学驱动并充满隐喻的真实观念。对于讲故事的人来说，"边缘"兼具光明与阴影，可以从各种角度切入，具有语言的张力；虽然不会令人感到美好或开心，但却充满挑战性和前沿性。"边缘"一词也有创新的含义，如前沿（cutting edge）、顶端（leading edge）、尖端（bleeding edge）。同时它又具有风险性，处于边缘的个人和国家的潜能不容易实现，效率低下和缺少战略会影响其发展。就像凯瑟琳·曼斯菲尔德（Katherine Mansfield）在1922年所写的那样："不顾一切风险！不在意别人的意见……为你做世界上最难的事。为自己行事，面对现实。"

如果说凯文·凯利是这个创意的促成者，那么另一位凯文——萨奇广告公司全球首席执行官凯文·罗伯茨（Kevin Roberts）则是把这个创意传播出去的商人和故事合作者。凯文是一个希望寻求重大变革思想的人，"边缘"一词用来作为国家宗旨的创意打动了他，我们将这一宗旨转化为"从边缘赢得世界"（Winning the World from the Edge）的说法，这是我们行动的动力。除此之外，还有许多其他的措辞转换，比如之前追求的纯粹竞争式的"世界一流"（world-class）变为"改变世界"（world-changing）。这一措辞不是衍生的或比较的，而是一个独特国家的自信表达，它正在拥抱自己的新风格、新品味和新方式。通过将海外数量庞大的新西兰人口看作是侨民群体网络，对新西兰人才外流的负面看法得以扭转。根据我的粗略估算，在海外大约有 100 万新西兰侨民，约占全国总人口的四分之一。与世界上的任何国家相比，这都是一个相当高的比例。因此，如果按照本国的智力生产总值（IQ GDP）来进行简单的经济计算，新西兰的人口应该是 500 万，而非 400 万。

图 6.8　灵感之路

我们被这个想法打动，策划并实施了一系列活动，包括在商务会议和大学举办演讲，创办 nzedge.com 网站，并在杂志和机场投放主题广告——"每个世界都需要边缘"（Every World Needs an Edge）。这吸引了《时代》杂志的关注，并进行了一项名为"走向边缘"的大型国家调研。我们接受了媒体采访，撰写了学术文章和官方报告，还得到了国际国家品牌塑造机构的咨询，并经营了一家在线商店。我们以编辑的身份制作了一系列深度传记，介绍了改变世界的 50 位新西兰人，我们称他们为"传奇"。

为什么要做这些呢？作为个体，我们有什么权力来开展国家品牌推广活动？就专业而言，我们从事的是创意和传播工作，因此，国家品牌推广的紧迫性和发展进程本就存在于我们的基因中。这项工作很有趣，具有很强的目的性，也引发了受众的共鸣。我们的网络受众推动了这个故事的发展，他们发来了数百条消息，表达对我们的肯定，并分享自己的经历；上千人订阅了我们的新闻简报，最终绘制出了世界范围内新西兰人定居的上千个城市和城镇分布图（新西兰侨民不是全部生活在悉尼）。在我们看来，与我们的活动同时进行的国家级旅游推广活动"百分百纯净"（100% Pure）虽然一直被视为国际营销的成功案例，但它与新西兰人对自己和对国家的感受几乎没有任何联系。并且，当我们的高碳排放数值、污染的河流和湖泊以及社会功能失调成为头条新闻时,"百分百纯净"的表述还需要接受真实性的检验。

"新西兰边缘"项目(New Zealand Edge)和慢食(slow food)相似。在时间和资源有限的情况下,我的首要任务是让故事继续酝酿,并在高潮来临时,抓住时机。这一过程的重点是在故事中注入信念,并相信它将会得到广泛的关注。这个项目中的一项关键活动是记录国际媒体对居住在国内外的新西兰人的成就的报道。我们对全球媒体的调研已经持续了14年,记录了超过1万个关于电影制作者、政策制定者、歌手和科学家的故事。在成千上万名为改变世界而做出贡献的新西兰人中,电影导演简·坎皮恩(Jane Campion)、彼得·杰克逊爵士(Sir Peter Jackson)、最近获得格莱美奖的音乐神童洛德(Lorde)和高尔夫运动现象级人物高迪亚·柯(Lydia Ko)是其中最引人关注的人物。

对于这个"边缘"倡议,我并没有提出任何具体的预期目标。大多数新西兰人都没有听说过该项目,因为获得大量的关注并不是我们的目标。一直以来,我最感兴趣的是活动的扩散效应,也就是一个想法或一个文化基因是如何进入生物的发展过程并产生影响的。作家马尔科姆·格拉德威尔(Malcolm Gladwell)将其理论化,认为少数人的集中行动可以影响整个国家。为了使互动关系、对话和交流更加国际化,已经有一些杰出的新西兰人在诸多方面做出了努力。如今,我们的海外侨民群体已经被包含在了国家品牌化活动中,侨民与母国之间的创意和资本流动也逐渐被认识到是必要且有益的,并得到了支持。一个名为Kea的模范组织(其命名借用了一种新西兰特有的鸟类的名称,也是新西兰侨民协会Kiwi Expatriates Association的首字母缩写)已经运营了十几年,该组织积极地与世界范围内取得卓越成就的新西兰人建立联系,并制定了杰出奖励计划,以表彰新西兰的全球贡献者。

在宏观层面,新西兰经济的强劲势头正吸引着活跃的移民潮以及显著的人口回流,这使得新西兰最大的城市奥克兰成为世界上种族最多元和最宜居的社区之一。新西兰的商务前景也更加国际化,每一个严肃的企业和每一位严谨的创新者都拥有一份国际营销方案。新西兰成了理想的孵化基地,虽然出口业务需要一定的勇气,但成功的故事比比皆是,这体现在农业和食品、工程和高质量制造、软件、内容以及设计等多个方面。

对于那些正在认真考虑进行品牌化的国家,有三点来自"边缘"的建议:

相信国家品牌化实践。这是一项竞争激烈、回报丰厚的事业,每个国家和城市都需要将其作为公民治理的一部分。

在选择国家品牌主张时,要让它真实,并将所有受众与明确的行动号召联系在一起。正如《至爱品牌》(Lovemarks)中提到的,品牌归人民所有。在语言和叙事上费尽心力,很容易会沦为无用功。因此,国家品牌主张最多使用五个字,例如,四个字的"The Ultimate Driving Machine"(终极驱动器)主张已经持续存在了34年。

推广。大多数国家的品牌化都是通过"软媒体"完成的,例如有关创新、活动、展会、协议、外交、体育和文化表演的新闻和专题报道。推广能够以可控的方式提供清晰而具体的信息,从而刺激直接的行动。它的投资回报率将呈指数增长。

20世纪50年代,人类学家玛格丽特·米德(Margaret Mead)曾表示,新西兰有责任派出聪慧的青年男女去帮助管理世界。如今,我们对这句话的当代阐释就是"从边缘赢得世界"。如果说我的"海盗"项目做出了什么贡献的话,只能说它展示了我是一位快乐的讲故事的人。

总 结

尽管来源国和国家身份这两个概念在过去常常被分开讨论,但实际上两者之间存在着许多共通之处,这些共通之处融入到国家品牌化的概念和实践之中。来源国研究主要聚焦于"制造国"标签的影响,国家身份则主要探讨国家的本质、文化和特征,这些构成国家现实的要素是国家品牌的基础。国家品牌化的分类流程模型基于一系列环环相扣的概念,包括预期、复杂性、提炼、文化表达和参与,为理解国家品牌提供了概念框架。

讨论要点

1. 有观点认为,由于国家包含许多复杂而不可控的因素,很难将其作为品牌看待。你是否同意这一观点?

2. 请找出一个你认为成功地对本国进行再定义的国家。这个国家是如何实现自身的再定义的?其他国家能否复制其成功经验?

3. 一些国家正在大力投入文化推广(如中国的孔子学院),而另一些国家正在关闭其国际文化中心以减少国家支出。从国家品牌化的视角来看,投资文化推广是否合理?

4. 一些观察者可能认为"走向边缘"项目(参见本章案例)比政府资助的国家品牌化项目更具创新性和影响力。请举出一些由公民驱动的国家品牌化项目的例子,并将其与官方的国家品牌化战略进行对比。你是否认为国家品牌化应该留给公民进行,而不是由政治家和政府官员主导?

本章参考文献

Aaker, D.A. and Joachimsthaler, E. (2000) *Brand Leadership*, US: Free Press.

Aguirre, X.A. and Renjel, X.S. (2008) 'Using Nation Branding to Move Beyond "Trickle-down Tourism": The Case of Bolivia', in Dinnie, K., *Nation Branding-Concepts, Issues, Practice*, 1st edn, 165–168, London: Butterworth–Heinemann.

Akutsu, S. (2008) 'The Directions and the Key Elements of Branding Japan', in Dinnie, K.,

Nation Branding-Concepts, *Issues*, *Practice*, 1st edn, 211–219, London: Butterworth-Heinemann.

Barney, J.B. and Stewart, A.C. (2000) 'Organizational Identity as Moral Philosophy: Competitive Implications for Diversified Corporations', in Schultz, M., Hatch, M.J. and Larsen, M.H. (eds), *The Expressive Organization: Linking Identity, Reputation, and the Corporate Brand*, England: Oxford University Press.

Child, J. and Kieser, A. (1977) 'A Contrast in British and West German Management Practices: Are Recipes of Success Culture Bound?', paper presented at the Conference on Cross-Cultural Studies on Organizational Functioning, Hawaii.

Concise Oxford Dictionary (1999) 10th edn, UK: Oxford University Press.

Danesi, M. and Perron, P. (1999) *Analyzing Cultures: An Introduction & Handbook*, US: Indiana University Press.

Duany, J. (2000) 'Nation on the move: The construction of cultural identities in Puerto Rico and the diaspora', *American Ethnologist*, 27 (1), 5–26.

Favre, P. (2008) 'The New France-Breaking Through the Perception Barrier', in Dinnie, K., *Nation Branding-Concepts, Issues, Practice*, 1st edn, 239–242, London: Butterworth-Heinemann.

Goodenough, W.H. (1971) *Culture, Language and Society*, Addison-Wesley Modular Publications, 7, US: Reading, MA.

Gray, A. (1997) *Why Scots Should Rule Scotland*, Edinburgh: Canongate Books.

Handy, C. (1999) *Understanding Organizations*, UK: Penguin Books.

Heslop, L.A. and Wall, M. (1985) 'Differences Between Men and Women in the Country of Origin Product Images', Administrative Sciences of Canada Proceedings, Montreal, Canada, 148–158.

Kapferer, J.-N. (2004) *The New Strategic Brand Management: Creating and Sustaining Brand Equity Long Term*, UK: Kogan Page.

Keller, K.L. (2003) *Strategic Brand Management: Building, Measuring, and Managing Brand Equity*, 2nd edn, US: Prentice Hall.

Kotler, P. and Gertner, D. (2002) 'Country as brand, product, and beyond: A place marketing and brand management perspective', *Journal of Brand Management*, 9 (4–5), 249–261.

Kotler, P. and Keller, K.L. (2006) *Marketing Management*, 12th edn, US: Pearson Prentice Hall.

Lantz, G. and Loeb, S. (1996) 'Country-of-origin and ethnocentrism: An analysis of Canadian and American preferences using social identity theory', *Advances in Consumer Research*, 23, 374–378.

Papadopoulos, N. and Heslop, L. (2002) 'Country equity and country branding: *Problems and prospects*', *Journal of Brand Management*, 9 (4–5), 294–314.

Pasquier, M. (2008) 'The Image of Switzerland: Between Clichés and Realities', in Dinnie, K.,

Nation Branding-Concepts, Issues, Practice, 1st edn, 79-84, London: Butterworth-Heinemann.

Yan, J. (2008) 'Smaller Nations Enter the Global Dialogue Through Nation Branding', in Dinnie, K., *Nation Branding-Concepts, Issues, Practice*, 1st edn, 170-172, London: Butterworth-Heinemann.

ZAD Group (2008) 'Egypt-An Aspiring Modern State', in Dinnie, K., *Nation Branding-Concepts, Issues, Practice*, 1st edn, 37-41, London: Butterworth-Heinemann.

第三部分
PART Three

国家品牌化中的伦理道德与现实问题

第七章

国家品牌化中的伦理问题

> **关键要点**
>
> - 国家品牌化的合法性受到质疑。
> - 对国家品牌价值的甄别和筛选既有伦理层面的问题,又有功能层面的问题。
> - 在环境管理方面表现良好是国家通过保持较高的道德标准来提升声誉的一种手段。

引 言

国家品牌化需要考虑许多伦理问题。每一位公民都是国家品牌的利益相关者,因此,他们都会受到国家品牌相关活动的影响。可以肯定的是,公共资金将会被用于国家品牌化战略,因此,国家品牌化战略将会受到十分严格的审查。有关国家品牌化的伦理问题包括:将通常应用于单一产品品牌的品牌管理方法应用于整个国家的合法性;确定拥有甄别和筛选国家品牌价值权利的主体；确保国家品牌战略有利于国家的可持续发展。本章的学术观点将探讨被污名化国家的品牌化，实践洞察部分将分析独立区域的品牌化。本章的第一个案例将考察克罗地亚在日本的推广活动，第二个案例将讨论荷兰为塑造国家品牌所付出的努力。

国家品牌管理的合法性

如果国家品牌想要被政府和公民所接受，那么它就必须将自己塑造成一项能够获得社会认同和政治认可的活动。在这个过程中必须回答的一个关键的伦理问题是：如果一个国家被视为一个品牌，那么谁有权力成为国家品牌的管理者？一方面，唯一一个能够名正言顺地声称获得了民主授权来管理国家品牌的人，是通过民主选举当选的国家元首。然而，很少有政治家具备履行品牌管理职责所必需的商业和营销技能。另一方面，专业营销人员和品牌管理者拥有（至少是某种程度上的）一系列所需技能，却没有得到民主授权。

合法性困境的解决之道在于公共部门和私营部门之间的合作结构和合作项目，在这种合作中，民主选举的政治家代表着公民利益，行业协会和企业代表着商业利益。这种合作模式反映出的现实是，任何人都不能被认定为真正意义上的"国家品牌管理者"。相反，只有将所有利益相关者群体都纳入其中，才能充分开展无限广泛的国家品牌化活动。

在讨论国家品牌管理的合法性时，还需要考虑另一个涉及每一位公民的伦理问题：即为什么国家要容忍不准确的、过时的和令人反感的刻板印象与夸张的渲染刻画的长期并存？如果国家不采取任何措施来对抗这种负面的刻板印象，那么没有任何办法能够阻止这种刻板印象可能产生的持续的负面影响。国家无法选择是否被品牌化，但它可以选择是由外界的负面刻板印象来塑造本国品牌，还是主动迎接挑战，向世界展现一个更加真实、更加准确和更加积极向上的国家形象。

国家品牌价值的甄别与筛选

国家品牌战略需要以一套被甄别和筛选出的合适的品牌价值为导向。那么，谁有权甄别并决定那些能够作为国家品牌战略基础的价值观呢？就价值观而言，国家并不是一张空空如也的白纸。因此，广告公司或品牌顾问不能随意幻想出一套无法反映本国大众践行的文化习惯和期望的价值体系。国家品牌价值的识别需要基于广泛的定性和定量研究，这些研究能够将所有的利益相关群体都考虑在内。

如果没有对国家品牌应该遵循的价值观展开广泛磋商，那么从这些价值观中衍生出的定位和形象也很难获得认同。许多国家已经拥有体现本国某些价值观的口号，这可以为识别并筛选国家品牌价值提供有用的出发点。表7.1列举了一些国家及其口号。

表 7.1　国家口号

国家 / 苏格兰	口号
哥伦比亚（Colombia）	"自由和秩序"（Liberty and Order）
法国（France）	"自由,平等,博爱"（Liberty, Equality, Fraternity）
阿根廷（Argentina）	"处在团结和自由之中"（In Union and Freedom）
博兹瓦纳（Botswana）	"降雨"（Rain）
苏格兰（Scotland）	"犯我者必受罚"（No one provokes me with impunity）
巴基斯坦（Pakistan）	"团结,纪律,信仰"（Unity, Discipline, and Faith）
突尼斯（Tunisia）	"秩序,自由,正义"（Order, Liberty, Justice）
澳大利亚（Australia）	"前进,公正的澳大利亚"（Advance Australia Fair）
古巴（Cuba）	"无祖国毋宁死"（Homeland or Death）
希腊（Greece）	"无自由毋宁死"（Freedom or Death）
挪威（Norway）	"一切为了挪威"（All for Norway）
亚美尼亚（Armenia）	"一个民族,一种文化"（One Nation, One Culture）
塞内加尔（Senegal）	"一个民族,一个目标,一个信仰"（One People, One Goal, One Faith）

通过邀请核心利益相关者群体来表达他们对国家品牌的愿景,并使用神谕式品牌愿景技巧（Delphic brand visioning technique）,可以推动国家品牌价值的甄别和筛选,以期达成一个共同愿景（de Chernatony, 2008）。

"品牌"是可被接受的吗?

在某些领域,存在着对将国家视为品牌这一观点根深蒂固的敌意。在某种程度上,这种对国家品牌概念的敌意可能来自于对"品牌"一词的成见。如果使用其他术语,例如,塑造国家"声誉"而不是塑造国家"品牌",也许国家品牌概念就不会受到如此多的质疑。近年来,将伦理方面纳入品牌管理的考量已经成为一种趋势。随着消费者道德意识的提高,许多企业开始通过道德品牌化来获得差异化优势(Fan, 2005)。品牌化的进步意义也得到了强调(Ind, 2003)。特别是在国家品牌化的背景下,有观点认为,"品牌化不同于对本地文化的商业化,它是对多样性的保护与推广"(Freire, 2005)。

可持续性与国家品牌化

近年来,全球范围内对于污染、温室气体和工业化所带来的环境威胁日益担忧。环境保护意识已经从保护行动主义领域扩展到了主流的经济和政治领域。正如企业社会责任将公众的注意力集中在商业组织的道德行为上一样,人们对于良好的环境管理的高度关注,为各国提供了展现其在环境资源管理方面的责任水平的机会。世界上有哪些国家正在采取对环境负责的行为?又有哪些没有尽到推动可持续发展的义务?

经过各种组织的不懈努力,现在已经有多种可持续性发展指数能够对不同国家的环境管理质量进行排名。本章将详细研究其中一种指数——环境可持续性指数(Environmental Sustainability Index, ESI),并将该指数与其他可持续性指数进行简要对比。国家在这些指数中表现的好坏可能会影响该国的国家品牌形象。表现优异的国家有望从中收获较好的品牌形象,而表现不佳的国家则可能会发现本国的形象受损。如果这些可持续性指数的结果被有效地传递给公众,并通过媒体广泛传播,那么可能会鼓励政策制定者们提高本国在可持续发展方面的表现。

近年来,世界银行为可持续发展议程作出了重要贡献,特别是2005年发布的《国别财富报告》(Where is the Wealth of Nations?)。该报告认为,目前用于指导发展决策的传统参考指标——国民统计数据,如国内生产总值——忽视了资源的损耗和环境的破坏。世界银行提出了其他衡量包括自然资源和人口技能与能力价值在内的国家总财富的方法,结果表明,世界上许多贫穷的国家并没有走上可持续发展道路。尽管报告结论显示,许多国家的发展道路都普遍缺乏可持续性,但世界银行还是给出了一些成功应用可持续发展原则的国家案例。例如,毛里塔尼亚因为通过优化渔业管理推动可持续发展而受到称赞。同样,博茨瓦纳在众多国家中脱颖而出,因为它通过预算中的具体条款来确保将矿产收入用于投资,而不是被政府开支消耗;这项政策既能为未来投资提供资金,又能保护政府预算,使其免受钻石价格波动的影响。毛里塔尼亚和博茨瓦纳应该向全世界宣传它们所取得的成就,从而使本国践行可持续发展的国家品牌得到应有的认可。

与世界银行的做法类似,联合国的环境规划署(United Nations Environment Programme)也通过呼吁各国对环境进行有针对性的投资来鼓励可持续发展,比如利用梯田农业来缓解土地侵蚀。在这一过程中,每投资1美元,将获得3美元以上的回报

（*Economist*，2005）。对于国家政策制定者而言，对良好的环境管理进行经济论证可能比纯粹的道德呼吁显得更有分量。如果一个国家拥有良好的国家环境管理，那么国家品牌化可以充分利用自身的可持续发展议程，使本国——无论是新兴国家、老牌经济大国还是介于两者之间之间的任何国家——展现并受益于更加积极的国家形象。

环境可持续性指数

环境可持续性指数（Environmental Sustainability Index，2005），由耶鲁大学和哥伦比亚大学的环境专家组成的团队，于 2005 年 1 月 27 日在瑞士达沃斯举办的世界经济论坛上发布，是一种基于指数研究的调研报告。报告的内容摘要解释了环境可持续性指数如何对各国在未来数十年内的环境保护能力进行指标测量。具体的测量方式是比较各个国家在可持续发展的五个基础构成方面的表现：

- 环境系统——空气质量、生物多样性、土地、水质、水的储存量；
- 缓解环境压力——减少空气污染、缓解生态系统压力、减缓人口增长、减少浪费和减轻消费压力、缓解水资源压力、自然资源管理；
- 降低人类脆弱性——环境健康、人类基本生存、降低与环境有关的自然灾害的可能性；
- 社会和制度能力——环境治理、生态效率、私营部门的响应、科学技术；
- 全球管理——参与国际合作的努力、减少温室气体排放，减轻跨界环境压力。

表 7.2 对比了环境可持续性指数与其他两个应用广泛的可持续性指数，即生态足迹指数（Environmental Footprint Index，EFI）和环境脆弱性系数（Environment Vulnerability Index，EVI）。

通过环境可持续性指数的分析，可以得出一些与国家环境管理指标有关的结论。例如，报告指出，虽然无论处在哪个发展阶段，没有一个国家是完全走在可持续发展轨道上的，但仍然有一些国家在管理本国面临的环境挑战方面优于其他国家。此外，监管的严格程度和国际政策的合作程度等治理措施也与整体环境治理是否成功密切相关。另一个对环境可持续发展的未来具有重大政治影响的关键结论是，环境保护不必以牺牲竞争力为代价。耶鲁大学的丹尼尔·塞·艾斯缇（Daniel C. Esty）教授——同时也是环境可持续性指数的创始人——指出：

> 环境可持续性指数提供了一个有价值的政策工具，可以对环境表现进行基于国家和具体问题的基准测量。对领先国和落后国进行排名的方式促使各国政府不甘成为落后国。因此，环境可持续性指数给各国带来了必须改善的压力。（Esty，2005）

表 7.2 可持续性发展指数

可持续性指数	来源	范围
环境可持续性指数（Environmental endowments, sustainability Index, ESI）	耶鲁大学环境法律与政策中心、哥伦比亚大学国际地球科学信息网中心，与瑞士日内瓦世界经济论坛、意大利伊斯普拉欧盟委员会联合研究中心合作	环境可持续性指数将 76 个数据组融入 21 个环境可持续性指标中。这些数据组追踪记录了一个国家过去和现在的自然资源污染程度、环境管理方面的努力以及国内提高自身环境表现的能力。这一指数的目标是使各国政府在制定政策时采取更加注重数据驱动和实践的路径。
生态足迹指数（Environmental Footprint Index, EFI）	与环境可持续性指数的来源相同	生态足迹指数可以将一个国家的资源消耗总量转化成等量的具有生物生产力的土地公顷数，然后再除以人口总量，以获得人均公顷数的最终值。从长期来看，大量的资源消耗不具备可持续性；然而，如果因为缺少经济活动和贫困而导致生态足迹较小，那么这个国家也不一定是可持续发展的。
环境脆弱性指数（Environment Vulnerability Index, EVI）	南太平洋应用地理科学委员会和联合国环境署等合作方	环境脆弱性指数旨在提升对环境条件的危机意识，这些环境条件可能会将国家实体（人、建筑、生态系统）、经济和人民幸福度置于内部和外部威胁的负面影响之下。测量的内容包括自然灾害、海平面上升、资源枯竭、脆弱的生态系统和地域隔离。高度的环境脆弱性给可持续性发展带来了各种障碍。

来源：改编自环境可持续性指数（2005）

这种改进结果的压力能够在全球层面上帮助推进可持续发展议程。艾斯缇教授提到的领先国应该最大限度地利用良好的环境管理赋予国家品牌正面的强势品牌效应。同时，落后国应该通过提升自身的表现，避免国家形象因全球声誉的降低而产生的相关负面效应而走向恶化。在这方面，将环境可持续性指数排名前 20 位的国家和 Anholt-GMI 国家品牌指数（Anholt-GMI Nation Brands Index，NBI）排名前 20 位的国家（表 7.3）进行对比是十分有趣的（GMI Poll Press Release，2005）。这个对比也许能够在未来帮助将环境可持续性整合到国家品牌化的战略中。

在环境可持续性指数排名前 20 位的国家和在 Anholt-GMI 国家品牌指数排名前 20 位的国家之间存在显著差异。在从两者的比较中得出任何结论之前，我们需要注意的是，环境可持续性指数排名包含了 146 个国家，而 Anholt-GMI 国家品牌指数只包含了 25 个国家，这使两者之间的对比分析非常有局限性。然而，基于两种指数各自评出的前 20 位国家，仍然可以得出一些有启发性的结论。

表 7.3　环境可持续性指数与 Anholt-GMI 国家品牌指数的前 20 名国家

前 20 名国家	环境可持续性指数（ESI）	国家品牌指数（NBI）
1	芬兰	澳大利亚
2	挪威	加拿大
3	乌拉圭	瑞士
4	瑞典	英国
5	冰岛	瑞典
6	加拿大	意大利
7	瑞士	德国
8	圭亚那	荷兰
9	阿根廷	法国
10	奥地利	新西兰
11	巴西	美国
12	加蓬	西班牙
13	澳大利亚	爱尔兰
14	新西兰	日本
15	拉脱维亚	巴西
16	秘鲁	墨西哥
17	巴拉圭	埃及
18	哥斯达黎加	印度
19	克罗地亚	波兰
20	玻利维亚	韩国

来源：改编自环境可持续性指数（2005）和 GMI 调查（2005）

可以看出，对于较小的、欠发达的或新兴的国家而言，相较于 Anholt-GMI 国家品牌指数，它们更容易在环境可持续性指数上获得较高排名。由于像玻利维亚这样的国家目前并不具备入选 Anholt-GMI 国家品牌指数排名的必要的认可度，它们可能比大多数国家更能在强调优异环境的可持续性指数的排名中获益。在消费者的环境保护要求和道德水准不断提升的时代，像玻利维亚这样的国家可以努力通过环境可持续性指数排名来提升国家形象认知，更好地吸引具有环保意识的消费者，从而推动旅游业的发展，同时增强环保意识强的消费者购买玻利维亚产品的意愿。在环境可持续发展方面的良好表现可以为本国的国家品牌带来普遍的正面光环效应。对于欠发达国家和新兴国家而言，它们缺乏财政资源,无法投资费用高昂的形象塑造与推广活动,因此,致力于可持续发展议程,并将这种承诺传递至世界其他地方,可能是塑造强势国家品牌的特别机遇。

对于偏远国家而言,由于它们长期致力于环境可持续发展,因此,高质量的环境将会成为它们进入更广阔市场的方式。有些国家已经开始倡导类似的政策,例如,对于亚美尼亚来说,如果该国的产品"以杰出的环境质量为特征,并作为生态合格和生态认证产品进行大力推销",那么它们将会拥有更多赢得国际市场的机会(Pant,2005)。

治理和人类发展方面的道德水准

在治理和人类发展方面的良好表现也有助于塑造一个受人尊敬的国家品牌。评估治理质量的一套可用标准是非洲国家治理指数(Ibrahim Index of African Governance,IIAG)。这一指数致力于改善治理质量,并从以下维度评估非洲国家的表现:安全和法治、参与和人权、可持续的经济机会和人类发展。据2014年非洲国家治理指数显示,排名前5位的国家分别是毛里求斯、佛得角、博茨瓦纳、南非和塞舌尔。

评价一个国家的道德表现的另一个标准是联合国开发计划署(United Nations Development Programme,UNDP)的人类发展指数(Human Development Index)。这一指数由人类出生时的预期寿命、平均受教育年限、预期受教育年限和人均国民总收入组成。在该指数2013年的排名中,排名前5位的国家分别是挪威、澳大利亚、瑞士、荷兰和美国(联合国开发计划署,2014)。

🔍 学术观点

被污名化国家的品牌化?

- 伯纳德·李·西蒙宁(Bernard L. Simonin),市场营销与国际商务教授,塔夫茨大学(Tufts University)弗莱彻法律与外交学院

国家品牌化并非没有批评者。大部分的指责都是出于对国家品牌化会成为民族主义、对有缺陷的"产品"的"硬性推销"和刺激大肆挥霍的工具的担心。被污名化的国家品牌同样引发了争议。当一个国家以高压政权、独裁统治、裙带关系、腐败和糟糕的人权状况而闻名时,会发生什么呢?那些失败的、正走向失败的和衰退的国家会有怎样的国家品牌?从广义上来说,在什么程度上或是在什么基础上,被污名化的国家可以(也许有人会认为是应该)成功地进行品牌重塑?

污名化是一种随着文化和时代的变化而产生的有强烈影响力的社会现象。它通常偏离对个人、社会组织或品牌的正常认知,而对它们的某种价值进行负面评价。污名的承担者通常是有缺陷的、易攻击的、常妥协的和低价值的。国家品牌不仅容易受到刻板印象的影响,而且也容易被污名化。被污名化几乎等同于成为偏见和负面态度的受害者。腐败、暴力、敌对、病态、恐怖分子、破坏、贫穷、独裁等词汇常常与被污名化的国家联系在一起。由于媒体对负面事件的过度报道、确认偏差和频率错觉,被污名化的国家常常受困于对其负面特征的过度评价,这一点也因为人们对该国正面特征的无知而得到了强化。污名会导致受害者回避问题和拒绝应对。

为了更有效地进行品牌重塑,国家品牌必须具有一定的现实基础,并设立可靠的目标。定位策略必须建立在深入了解社会环境的基础上,传播必须以有效和可实现的目标为动力。在广告真实性原则缺位的情况下,最重要的是将目标放在遵守国家品牌的承诺上。基于这一原则,有一系列的战略和战术可供选择。

对抗与逃避污名化

没有意识到污名化、不了解污名化或不相信污名,可能会导致国家在应对污名化时没有采取任何行动,或是只采取简单的拒绝战术。不为污名所动或过分忧虑则可能导致国家采取忽视污名化的品牌战略。污名的类型和来源是多种多样的,它们都会损害国家品牌,但严重程度各不相同。因此,如果需要的话,许多方式都能够对抗污名,并从根本上解决污名。这些方法涉及的范围很广,从致力于国家的发展,到解决基础设施问题,再到修订政策。其中一个值得注意的基本策略是重命名。

回顾历史,曾有国家(例如,Terra de Santa Cruz于1520年改名为巴西,Ceylon于1972年改名为斯里兰卡,Zaire于1997年改名为刚果民主共和国)为了摆脱与被殖民历史相关的污名,并维护本国新获得的独立(例如,荷属东印度群岛于1945年改名为印度尼西亚,英属洪都拉斯于1973年改名为伯利兹)而更改了国名。你是喜欢在缅甸(Burma),还是在缅甸(Myanmar)做生意?国家的命名及使用具有重要的政治影响和浓厚的外交色彩。在1989年,缅甸还拒绝了军政府对国家的重新命名,这一行为也体现着对该国民主运动的支持。

你是更愿意去哈萨克斯坦(Kazakhstan)还是哈萨克国(Kazak Eli)旅行?哈萨克斯坦总统纳扎尔巴耶夫(Nazarbayev)认为,应该更改该国的名称。他指出,国名结尾处的"stan"是一种污名,会使游客望而却步,并挫伤投资者的积极性。一些人不喜欢"stan"这一后缀是因为它与乌兹别克斯坦(Uzbekistan)、吉尔吉斯斯坦(Kyrgyzstan)、土库曼斯坦(Turkmenistan)和塔吉克斯坦(Tajikistan)等国家具有的脆弱性和动荡性相关联。一些人支持哈萨克斯坦努力远离这些被认为不太富裕的邻居们，并避免与巴基斯坦（Pakistan）和阿富汗（Afganistan）等动荡的"stan"国混为一谈；其他人则认为，这一做法只是为了分散人们对该国所面临的实际问题的注意力。

重构策略

品牌所产生的全部意义和联想大多来自传播、直接品牌体验和品牌联想。在传播方面，针对强势而广泛传播的污名来重新建构品牌的地位和叙事是一种行之有效的方法。例如，哥伦比亚（污名：国内的毒品、暴力和游击队运动）和南非（污名：种族隔离历史和艾滋病的流行）选择了一种直接的重构策略，并分别提炼和体现在两国的标语中："哥伦比亚，唯一的风险是想留下来"（Colombia, the only risk is wanting to stay）和"南非，生机勃勃，充满可能"（South Africa, Alive with Possibility）。此举的卓越之处在于战略愿景的现实性和巧妙的执行力。显然，其他因素也需要一同发挥作用。国家需要展示出积极的发展、短期阶段性的胜利成果和在解决潜在问题方面取得的重大进展，以表明该国已经到达了某个转折点。重塑被污名化的国家品牌需要类似的前提条件，品牌本身也需要具有一定的可延展性。

重构策略也可以通过合理的品牌联盟得以表达。在这方面，有一系列可供选择的品牌类型，它们都能够带来适当的契合度和可信度：与机构品牌联合（来自私营、公共和非营利部门），或与知名公众人物和品牌大使联合（如南非的纳尔逊·曼德拉）；赞助世界级赛事活动（如奥运会和世博会）或有大量观众的专业体育运动（如西班牙马德里竞技足球俱乐部与阿塞拜疆——"火焰之国"的合作）；还有地理品牌联盟（如加勒比共同体和共同市场、欧盟或北约的正式成员；国家、省份和城市品牌联盟）。

国家品牌联盟可能带来正面的效果，也可能会造成负面的影响。例如，非洲联盟在庆祝其成立50周年之际，提出了"品牌非洲"倡议，其愿景是"激励和释放非洲的可持续发展、声誉和竞争地位"，而非统一和团结。个别非洲国家宁愿不利用非洲这个元品牌，以避免相关联想对该国污名化认知的强化。像2014年埃博拉病毒暴发这样的巨大危机，使整个国家、人民、移民社区以及像西非或非洲这样的元品牌都受到污名化。有时，一个元品牌可能对品牌重建毫无帮助，但子品牌却能够发挥作用。在世界上的某些地方，美国品牌被高度污名化，但是在这种情况下，美国50个州的独立品牌却没有被污名化。这些子品牌提供了另一个品牌重构的平台。这种方法可能同样适用于那些既不受污名影响、又缺乏令人信服的价值主张的省市，这些省市可以成为重构品牌战略的理想基础。

预防策略

对你所期望的东西需要谨慎,不要纵容污名化的发展。有时,一个错误的或狭隘的定位策略可能会导致污名化的发生。2007年,原本将苏格兰描述为"世界上最好的小国"(The best small country in the world)的口号被弃用,代之以"欢迎来到苏格兰"(Welcome to Scotland)。"小"这一特征可能不是苏格兰所期望的,它可能会在苏格兰追求卓越的过程中被视为一个错误的限制苏格兰发展的定位策略。正如在2005年,智利推出了自己的口号"智利,一切都令人惊喜"(Chile, All Ways Surprising)。这一口号的本意是玩文字游戏,但对许多人来说,它却并不讨喜,反而像是一处拼写错误。

国家也必须谨慎对待被过分强调的内容:它会不会是污名化的来源?它是否可控?例如,海地长期遭受到媒体的破坏性描述:"西半球最贫穷的国家"或"非政府组织共和国"。要纠正这种对国家品牌的系统性偏见,需要整个国家的共同努力。对于一个在某一领域取得巨大成功,以致可能损害其在其他领域的表现的国家来说,其国家品牌可能面临一个截然不同的问题,陈词滥调和刻板印象或许能使成功的专业领域遭受污名化。国家品牌是平衡的吗?定位语是否适应了各个部门的需求?

污名(stigma)和成为污名的国名(STIGMA)有各种不同的来源和归因,这使得重塑被污名化国家的品牌成为一个既复杂又敏感的话题。当涉及被污名化的国家品牌时,品牌重塑不能代替对国家政治、安全、司法和经济部门的修复。当期望建立在清晰表达的国家品牌承诺的基础上时,任何低于期望的现实都是无法令人满意的。被污名化的国家需要很长的一段时间来选择和讲述成功的故事;但重塑品牌并不具有扭转乾坤的力量。

实践洞察
追求独立的区域的品牌化
·罗伯特·戈弗斯(Robert Govers),独立顾问、研究员、作家和演讲者

本书提出,作为全球化的产物,区域品牌化已经在公共政策议程中占据了一席之地。而相同的过程也正在改变权力结构。当前,民族国家正逐渐失去其相关性,随着权力转移到多边组织、城市和支配性的私营部门参与者手中,地区、区域和国家的许多领导人和公民都在强化其要求独立的主张。例如,组织有序的加泰罗尼亚(Catalonia)、苏格兰(Scotland)和法兰德斯(Flanders)地方当局都提出了这样的问题:是什么

阻碍了它们在欧盟体系下成为独立国家？自20世纪末以来，用于说服公民的内部公共关系进程和为民族自决而展开的政治斗争获得了发展动力。随着2014年全民公投和欧洲范围内关键选举的到来，它们又发展到了新的阶段。

许多胸怀独立抱负的区域都有历史、政治、社会文化和经济的正当原因来追求独立，这一想法看似已被普遍接受。不过，将区域视为品牌这一观点还可以为这一争论话题提供一些额外的有趣论据。例如，从表面上看，加泰罗尼亚、苏格兰和法兰德斯似乎拥有着相似的政治主张和相同成功的概率，但与苏格兰或加泰罗尼亚相比，品牌观点似乎不利于法兰德斯成为独立国家的可能性。正如它们的主要城市一样，基本可以假设前两者的全球知名度和声誉相对较高（Anholt, 2009），而法兰德斯则较为低调。同时，自相矛盾的是，布鲁塞尔（法兰德斯地区的首府）虽然有着强大的影响力，但它的影响力似乎成了问题的一部分，而不是问题的解决办法。布鲁塞尔既不属于法兰德斯，也不属于瓦隆，它是"欧洲之都"，是一个大熔炉，是法兰德斯的首府，是比利时法语社区的首府，也是比利时王国的首都。因此，当巴塞罗那和爱丁堡构成加泰罗尼亚和苏格兰身份与形象的基础时，法兰德斯却因布鲁塞尔而模糊。

区域是否能够独立发挥品牌作用主要取决于它自身是否有影响力。在大多数情况下，期望成为独立国家的区域的政治影响力和资源都被用于内部公共外交以及与其他地区和国家的政治较量中。偶尔，这些区域也会与其他国家和超国家组织开展外交关系。它们与外部的公共外交是一个经常被忽视的重要因素。例如，2014年的欧洲大选显示，整个欧洲的欧洲怀疑主义情绪已经达到前所未有的高度。人们担心欧元的成本问题以及布鲁塞尔和其他地方的官僚主义问题。随着欧盟的不断扩大，这些问题也越来越严重。人们会这样问："我们真的需要更多成员吗？它们对我们有什么帮助？"加泰罗尼亚和苏格兰作为光环区域品牌有更大的可能性取得成功，它们在很长一段时间内成功地吸引了游客、外国投资者、国际学生和移民工作者。但是，当这些区域成为独立的国家之后，它们对这些人会产生更大的吸引力吗？可能并不会，许多问题将随之浮出水面：我的投资仍然安全吗？我只有欧元能够旅行吗？我的学分可以转换吗？我需要工作许可证吗？

因此，从品牌视角来看，期望成为独立国家的区域需要尽快表明它们将如何为超国家联盟做出贡献，以及它们将贡献什么，以确保建立和（或）维持未来独立国家的品牌资产。这个观点不仅适用于老朋友和邻居，即那些他们过去曾分享国家利益的同胞，也适用于新朋友。一个有趣的观点是，独立主义者能够解释为什么他们与他国公民不同，以及为什么民族自决是合理的；但同时，为了将来能够成为独立国家，他们还必须解释清楚如何合作，并在未来如何与他国民众团结在一起。在这个方面，他们还有很多需要研究和学习的地方。

参考文献

Anholt, S. (2009) *City Brands Index*, accessed on 24 March 2013 via www.simonanholt.com/Research/cities-index.aspx.

案例：向日本展示克罗地亚

· 德拉戈·施塔布克（Drago Štambuk），博士，克罗地亚驻巴西大使，前克罗地亚驻日本大使

我更喜欢用"了解国家"这一表达来替代"推广国家"。只有了解这个国家，我们才能开始热爱它。通过我们对这种热爱的表达，其他人才能开始分享这种热爱。只有自己的热爱，才能为他人的热爱打开大门。

问题是，人们在热爱自己国家时，怎么能够不向他人推销它呢？一个人应该如何推广自己的国家，如何展示它呢？——像外交官一样，由于不愿意在旁观者的眼中贬低自己的国家，而只能自相矛盾地炫耀它。作为前克罗地亚驻日本大使，我积极地参与了这项艰巨的任务。

克罗地亚被大自然慷慨地赐予了众多美景与奇观。人们并不需要费力地美化她，只需强调已有的存在，并以最轻松和最真实的方式来塑造她的特征和身份，而不是画蛇添足。

如果想要道德地、真诚地推广国家，就必须用这个国家自己的语言来表达。让我们来感受一下克罗地亚的语言，我们母亲的语言；让我们成为她忠诚的主人、她的服务者，将她视为神或神灵（*Kami*，精神实体），我们可以从中获益却不会损耗她，珍惜她最为珍贵的东西。

在我的工作中，我将克罗地亚描述为净土宗（*jodo*，佛教教义中的"净土"），她那半透明的亚得里亚海、她的河流和湖泊是地球上现存的最清洁的水域之一，是一片令人向往的生态之地。我也尽我所能地理解外界的渴望、愿望和迷恋——因此，我强调了那些对来自其他宗教和背景的人们而言最具吸引力的克罗地亚的特征。

我可以利用克罗地亚具有的全球共同价值吸引力来吸引他人的目光，希望这样可以激发他们对我的国家的喜爱。我可能会瞄准西方世界对传统文明的敏感性、阿拉伯世界对水和绿色牧场的迷恋与向往；或者是日本这样的特定国家——这个我曾在2005—2010年担任大使的国家。对于日本，我侧重于它对克罗地亚强大而丰富的神明的欣赏；以及上述的净土宗，即纯净度和有益健康的清洁度；我利用了日本人对动物的情感，正如

我在名为"忠犬八公遇见斑点狗"（Hachiko meets Dalmatian）的项目中所做的那样：克罗地亚驻日本大使馆位于涩谷地区的一个地铁站旁，附近竖立了一尊忠犬八公的雕像，该雕像是东京市民的重要会面地点。我试图通过该项目与儿童和老年人等潜在的社会弱势群体建立联系：斑点狗来自克罗地亚，生性活泼，对儿童有益；而忠犬八公则是秋田犬，是一种对老年人有益的犬种。

我还充分利用了克罗地亚与日本在2002年日本世界杯期间形成的相互了解和友谊。十日町是世界杯期间克罗地亚足球队的招待城市和训练基地，也是克罗地亚球场的所在地，这里还有达沃·苏克①（Davor Šuker）的餐厅，而克罗地亚角也设立在该市的贝尔纳提奥酒店。当我在2006年记录下所有这些带有克罗地亚色彩的情绪时，我建议十日町的市长在克罗地亚球场附近建立一座"日本—克罗地亚友谊之家"。其建造理念是基于弗洛伊德的人格三要素，即本我（id）、自我（ego）和超我（superego）。"本我"表现为足球比赛中流下的汗水与脚下的泥土，它们紧挨着地面；"自我"表现为文化和社会活动的互动空间；而"超我"表现为一个闪烁着永恒友谊之光的符号化的最新故事，通过日本灯笼和克罗地亚灯塔的结合来表达。在该项目于2011年竣工之时，对于克罗地亚人来说，十日町成了两国的友谊之都。

人们可以运用许多策略来进行国家推广，或是了解一个国家，其中之一是历史和人脉关系。例如，在美国，可以选择出生于克罗地亚的发明家尼古拉·特斯拉（Nikola Tesla）作为推广克罗地亚的方式，他的职业生涯在美国达到了荣耀的巅峰。

有许多表述都可以用来在各种场合表达克罗地亚所代表的意义。如克罗地亚总督伊凡·爱迪（Ivan Erdödy）曾表示："王国不受法律约束"（Regnum regno non precricribit leges），这暗示了克罗地亚的政治主权，即使在奥匈帝国时期也是如此；或者是杜布罗夫尼克共和国的座右铭"Ovliti privatorum publica curate"，它是骄傲的自由宣言，以及另一句备受珍惜的座右铭"自由胜过黄金"（Non bene pro toto libertas venditur auro）。还有一些可以在各种场合提及的与克罗地亚相关的事实，如委内瑞拉革命领导人弗朗西斯科·德·米兰达（Francisco de Miranda）在第一次独立演讲中建议将杜布罗夫尼克政府治理作为拉丁美洲新国家的榜样，我的故乡布拉奇岛（Brač）的石头也被用在华盛顿特区的白宫和纽约的联合国大楼的建造之中。

不过首要的是，一个人必须了解自己的国家：她的特征、历史、人民的性格、遗产（自然遗产、传统遗产和文化遗产）、历史的重叠（与奥匈帝国中的其他国家共同生活了数百年：对克罗地亚人的历史认知是基督教的好士兵和捍卫者，基督教的堡垒……）。

用于展示国家的场合是多种多样的，能够做出的选择也是多种多样的——这也正是需要外交人才的原因。有时候好事和坏事会同时出现，而有时候做出选择也并非易事，例

---

① 达沃·苏克：克罗地亚前足球运动员，曾任克罗地亚足球协会主席。——译者注

如,很难在普遍持久的价值观和克罗地亚对人类的贡献之间做出选择。

同样重要的是,要将品牌化视为一项没有固定目标的工程——它是不断变化和可变化的。人们必须设法预见到那些即将被命名、被辨别并被赋予重要性的品牌化趋势,因为它们目前还很不明显。

对一个国家或其特征而言,命名是极其重要的,因为只有通过命名,新事物和新现象才能成为一种现实存在,否则它们仍然是不可见的。当日本议会议长第一次告诉我有关樱花(*Sakura*)的活动,即樱花盛开节庆时,我意识到,在我的故乡布拉克岛上,扁桃花的盛开也能成为节庆:美丽的扁桃花,沁人的花香,吸引了飞舞的蜜蜂,花瓣像地毯一样铺满地面,那是一派迷人的景象。但是,由于没有对它进行恰当的命名,我们并没有将它视为克罗地亚品牌化过程中的重要价值和事实。我在日本学到了日本人的敏感性,他们将一切特殊的存在都看作是一种现象,并将其描述和标记为重要的事物,包括插花、盆景、樱花和俳句等。

小国没有无限的人力资源和时间来展示自身。因此,它们的外交官必须承担这项任务,并发挥他们的语言才能。外交官要有这方面的修养,也要足够敏感,以便在合适的情况和环境下以最好的且最协调的方式展示自己的国家。

(本文的观点和意见仅代表作者本人,并不一定反映作者所在组织或其他贡献者和出版者的观点。)

📚 案例:尼德兰对国家品牌的探寻[①]

· 格特·简·霍斯佩斯(Gert-Jan Hospers),博士,尼德兰特文特大学(University of Twente),荷兰

根据2011年的国家品牌指数报告,"荷兰(Holland)拥有一个成功且均衡的形象"(Politiek, 2012)。这是一个有意思的观察。首先,它表明尼德兰王国(Kingdom of the

---

① 2019年10月4日,尼德兰政府经与各界讨论后宣布不再使用"荷兰"(Holland)这一称谓,自2020年1月1日起,"荷兰"这一名称将被停用,只使用其官方名称"尼德兰"(Netherlands),同时推出全新的国家品牌标识,以 NL 加郁金香的设计取代 Holland 加郁金香的设计。其目的是更全面地推广除旅游业之外的荷兰,在2020年奥运会及第65届欧歌赛举行之前,通过"改名"进一步提升国家形象。本译文依据原文内容,并参考语境交替使用"尼德兰"和"荷兰"。"荷兰"主要是用于国家品牌语境,"尼德兰"主要是用于官方话语等国家品牌之外的语境。——译者注

Netherlands）在国际上进行推广时使用的是"荷兰"（Holland）一词,而不是尼德兰（Netherlands）。按照官方划分,"荷兰"（Holland）仅仅指代北荷兰省和南荷兰省,它们均位于荷兰西部。尽管如此,国家品牌塑造者们还是决定使用"荷兰"（Holland）一词,因为它不仅是一个简单易懂的术语,而且还能指代17世纪时荷兰辉煌的经济和海上历史。但是,应该指出的是,首先,许多荷兰人（Dutch）——另一个令人困惑的术语——严格来说并不居住在荷兰,而是居住在尼德兰（Netherlands）的其他地区。其次,有趣的是,荷兰表面上似乎拥有均衡的国家形象；而实际上,荷兰的声誉具有两面性。长久以来,尼德兰一直被一些众所周知的刻板印象所代表,包括郁金香、木屐和风车。但这些经典的标识在代表着荷兰这个国土面积狭小、地势平坦的西欧国家的同时,也得到了更为现代的联想的补充,如"文化""迷人"和"宽容"。毫无疑问,这与荷兰在国际媒体中的呈现有关。同时,国家品牌化也可能助力了这一均衡形象的形成。

一种拼凑的国家形象

乍一看,荷兰的国家品牌似乎非常清晰。在所有的品牌推广信息中一致使用的"荷兰"一词,以及风格化的橙色郁金香这一颇具吸引力的标识——橙色是荷兰王室的颜色——都表明了一种统一性。但是,经过进一步审视就会发现,在这个国家的母品牌之下,存在着不同的子品牌和品牌化组织。参与荷兰品牌化的主要机构是尼德兰旅游及会展委员会（Netherlands Board of Tourism and Conventions, NBTC）。它负责在国内和国外推广尼德兰,但仅限于旅游、商务旅行和会议领域。而尼德兰企业局（Netherlands Enterprise Agency）和尼德兰外商投资局（Netherlands Foreign Investment Agency, NFIA）则负责在国际商务领域对荷兰进行品牌化塑造和推广。此外,尼德兰高等教育国际化组织（Netherlands Organization for Internationalization of Higher Education, NUFFIC）则负责在国际留学生群体中强调荷兰是适宜的学习之所。最后,外交部、教育、文化和科学部和尼德兰大使馆都在国际文化政策领域内对本国进行推广。例如,它们设立了用于支持有出国意愿的荷兰艺术家、位于其他国家的荷兰文化中心和公共外交活动的资助项目。由于尼德兰国家品牌化工作的多样性,德贝斯特（de Best, 2010）的评价是正确的,她认为,"尼德兰的国家品牌化最多是一种拼凑"。

荷兰：思想开放的国度

作为荷兰品牌及橙色郁金香标识的拥有者,尼德兰旅游及会展委员会是主要的国家品牌塑造者。这是一个非营利组织,由尼德兰经济事务部提供部分资金。尼德兰旅游及会展委员会还与酒店业的企业合作,通过进行委托研究、组织活动和在度假市场中设立联合项目来赚取收入。自2013年以来,尼德兰旅游及会展委员会致力于将尼德兰打造成"思想开放的国度"（NBTC, 2013）。这个选择基于大量的形象研究和对国内外利益相关者

群体的访谈。在旅游和会议领域,"思想开放的国度"被具象化为以下四种品牌价值:
1. 欢迎:荷兰是一个随和而热情好客的国家,在这里,任何人都会感到宾至如归。
2. 多彩:荷兰是一个兼具景观多样性与人文多样性的国家。
3. 创造:荷兰是一个必然会带来创新(例如水管理)的国家。
4. 进取:荷兰是经济的引领者,无论是在17世纪还是现在。

尼德兰旅游及会展委员会在所谓的"品牌体验"中将这些笼统的品牌价值具体化,使这四种品牌价值与特定的外国目标群体的利益相匹配。以中国旅游市场为例,委员会选择营销"荷兰特色"(即荷兰经典,如郁金香、奶酪和自行车)。或者,针对更加熟悉荷兰传统特色的英国游客,委员会选择聚焦于"创意城市"的体验(阿姆斯特丹和其他荷兰时尚都市的氛围)来向他们推广。尼德兰旅游及会展委员会希望通过这种方式使荷兰的国家品牌在全球旅游市场上脱颖而出。

荷兰:国际商务的先驱

尼德兰企业局是尼德兰经济事务部的一个运营机构,它利用荷兰的橙色标识,促进了荷兰企业与外国合作伙伴之间的贸易与合作。它通过组织贸易代表团和贸易展览会来激励本国企业开展国际活动。该机构的一项特殊服务是"牵线搭桥",也就是促成本国企业与国外企业之间的联系,这些企业大多来自特定的经济部门,如园艺、治水技术或创意产业。因此,企业局希望将荷兰打造为可靠的贸易和商业伙伴,而没有提及"思想开放的国度"这一概念。与此同时,尼德兰外商投资局同样作为尼德兰经济事务部的一部分,试图吸引外国企业进入尼德兰,并在这些企业决定来到荷兰时为它们提供所需的帮助。在"荷兰:国际商务先驱"的口号下,荷兰的外国直接投资机构宣传推广了本国具有吸引力的商业环境。在投资者的推荐下,特别是在尼德兰的战略位置以及有竞争力的财政环境的支持下,尼德兰的基础设施和生活质量都得到了宣传,但"思想开放"这一特征却没有。尼德兰企业局和尼德兰外商投资局彼此独立工作,但在实践过程中,贸易、合作和投资通常是联系在一起的。为了避免全球商业受众的混淆,尼德兰经济事务部建立了一个品牌门户网站。访客可以通过点击网站的"贸易""投资""规章制度"和"荷兰"按钮,进入负责该部分工作的组织的网站页面(www.hollandtradeandinvest.com)。

荷兰的设计、时尚和建筑

除了上述讨论的结构性的国家品牌化活动之外,尼德兰政府还推广了本国其他方面的特色。例如,2009年,经济事务部、外交部和教育文化和科学部花费了1200万欧元开展了一项为期四年的"荷兰设计、时尚和建筑"项目(2009—2012)。该项目的目标是对尼德兰的设计、时尚和建筑(design, fashion and architecture, DFA)领域进行品牌化打造,并发展国际合作伙伴关系。为此,项目发起了展览、交流、设计项目和贸易代表团等活动，主要针对中国、印度、土耳其和德国（www.dutchdfa.com）。

同样是在设计、时尚和建筑领域，尼德兰旅游及会展委员会于2011年启动了"荷兰DNA"（Dutch DNA）主题年活动，强调了"荷兰人在荷兰创造的独特事物"。2013年，外交部利用尼德兰国王威廉姆·亚历山大的登基仪式，对尼德兰以及该国具有竞争优势的行业进行品牌化打造（www.hollandtrade.com）。首先，该国被宣传为在贸易方面领先的国家（"贸易是尼德兰DNA中的一部分"），在这个过程中，尼德兰在农业、化学、电子和创意产业等方面的强劲的出口价值得到了强调。接下来，尼德兰又被塑造为可以为应对全球挑战提供创新性解决方案的国家，如应对食品供应、气候变化和防洪控制等挑战。在这方面，尼德兰国王威廉·亚历山大在水管理领域的参与（"全球水资源管理的守护者"），以及尼德兰于同年早些时候主办了联合国世界水日的事实都得到了强调。有趣的是，这些内容并未与当时的新的国家品牌（"思想开放的国度"）建立联系。

塑造个性鲜明的国家品牌？

在荷兰那些橙色郁金香等外表的背后，我们可以找到不同的品牌化信息。从长远来看，以这种方式进行尼德兰的品牌化是否能够得到回报仍需进一步的讨论。此外，尼德兰旅游及会展委员会也担心，各种不同的信息可能会使公众感到混乱。因此，考虑到日趋激烈的国际竞争，该组织呼吁尼德兰塑造鲜明的国家品牌。在推出"荷兰：思想开放的国度"这一品牌口号仅一年之后，委员会制定了一项新愿景，并将于2020年推出（NBTC，2014）。该愿景认为，未来的荷兰国家品牌化应该基于"宜居的""带来利益的"和"可爱的"这三项品牌价值。由此，可以衍生出四个子品牌。将尼德兰作为一个大的都市区，或是作为"荷兰城"进行品牌塑造。这是一个创新的想法，按照这种观点，国内各区域及其景点都将被定位为兰斯塔德（Randstad）的郊区①，甚至是阿姆斯特丹的郊区。的确，将一个小的国家作为一个大的都市区进行品牌化是一个全新的思路。与此同时，这个想法也体现了荷兰人对一个鲜明的国家品牌的追求，虽然这样的国家品牌很难被塑造。正如2011年的国家品牌指数报告指出的那样，如果尼德兰希望保持"成功且均衡的形象"，就应该将其视为一个长期的选择，并坚定地执行下去。

参考文献

de Best，M.（2010）'*Who Shapes the Image of the Netherlands?*'（master thesis），Erasmus University Rotterdam，Rotterdam，51.

NBTC（2013）Holland Brand Guide，NBTC，The Hague.

NBTC（2014）Holland Branding and Marketing Strategic 2020（in Dutch），NBTC，The Hague.

---

① 兰斯塔德是位于尼德兰西部的一个城市集聚区。——译者注

Politiek, M. (2012) The Anholt-GfK Roper Nation Brands Index 2011: Key Results for Holland, Netherlands Board of Tourism and Conventions, The Hague, 14.

总　结

本章讨论了与国家品牌相关的主要伦理问题。国家品牌化概念尚未被普遍接受，许多利益相关者群体仍然对一个国家是否能够或者是否应该被视为一个品牌持有怀疑态度。因此，如果国家品牌化的概念和实践要在广泛的利益相关者中得到普遍接受和认同，就必须确立国家品牌化的合法性。

讨论要点

1. 请举出将公民纳入国家品牌化倡议的国家案例。你认为这种包容性是否增加了国家品牌管理的合法性？或者仅仅是一种表面工作？

2. 请思考本章学术观点中关于被污名化国家的品牌化问题，并说明你在多大程度上相信国家品牌化能够改善对被污名化国家的认知？

3. 本章的"向日本展示克罗地亚"案例中提到，"对一个国家或其特征而言，命名是极其重要的，因为只有通过命名，新事物和新现象才能成为一种现实存在，否则它们仍然是不可见的"。请举出一些与国家品牌化相关的"命名新事物和新现象"的例子，并进行分析。

4. 请讨论尼德兰的国家品牌化战略（参见本章的"尼德兰对国家品牌的探寻"案例）的优势与不足。

本章参考文献

de Chernatony, L.（2008）'Adapting Brand Theory to the Context of Nation Branding', 16–17, in Dinnie, K., *Nation Branding-Concepts, Issues, Practice*, UK: Butterworth-Heinemann.

The Economist（2005）'Greening the Books', 17 September, 96. Environmental Sustainability Index（2005）www.yale.edu/esi.

Esty, D.C.（2005）'Finland Tops Environmental Scorecard at World Economic Forum in Davos', Yale News Release, www.yale.edu/opa/news, 26 January.

Fan, Y.（2005）'Ethical branding and corporate reputation', *Corporate Communications*, 10（4），341–350.

Freire, J.R.（2005）'Geo-branding, are we talking nonsense? A theoretical reflection on brands applied to places', *Place Branding*, 1（4），347–362.

GMI Poll Press Release (2005) 'Australia Is the World's Favorite Nation Brand', www.gmi-mr.com/gmipoll/release, 1 August.

Ibrahim Index of African Governance (2014) www.moibrahimfoundation.org/interact (accessed 27 December 2014).

Ind, N. (2003) 'A Brand of Enlightenment', in Ind, N., Macrae, C., Gad, T. and Caswell, J. (eds), *Beyond Branding*, UK: Kogan Page.

Pant, D. (2005) 'A place brand strategy for the Republic of Armenia: "Quality of context" and "sustainability" as competitive advantage', *Place Branding*, 1 (3), 273-282.

United Nations Development Programme (2014) Human Development Index and its components, http://hdr.undp.org/en/content/table-1-human-development-index (accessed 27 December 2014).

World Bank (2005) 'Where is the Wealth of Nations?', www.web.worldbank.org, 15 September.

第八章

国家品牌概念的现实挑战

> 🔑 **关键要点**
> - 确定利益相关者群体适当的参与程度是国家品牌战略在制定与实施过程中的主要挑战之一。
> - 鉴于国家品牌接触点的数量巨大、类型多元,对其进行协调是一项艰巨的任务。
> - 需要开发和实施最优的国家品牌架构。
> - 国家品牌化是一项高度政治化的活动。

引 言

本章将要介绍国家品牌概念在管理方面存在的诸多现实挑战。其中一个挑战是利益相关者群体在这一过程中的参与程度;另一个挑战则涉及国家品牌接触点之间的互相协调、塑造一致的品牌架构的需求,以及国家品牌高度政治化的本质。本章的学术观点将从旅游的角度探讨消费者行为和区域品牌。实践洞察将会强调合作是区域品牌成功的关键。本章的案例将会提供关于英国政府实施的"GREAT"国家品牌推广计划的意见。

需要谁的参与？

国家品牌的广泛性本质要求多方参与国家品牌战略的制定和实施过程。包容性原则表明，所有涉及的利益相关者群体都必须参与国家品牌战略的发展。然而，包容性概念又受到各个国家普遍存在的一系列特殊情况的制约。所以，有必要区分两种形式的包容：一是理想状态下的全面包容；二是现实状态下具体项目的特定包容。

利益相关者群体理论

区域品牌语境中的利益相关者群体理论表明，在任何项目的规划和实施中，都必须有多个利益相关者群体的参与（Currie et al.，2009；Murphy & Murphy，2004；Sautter & Leisen，1999；Simpson，2001）。公众参与应该采取协作和建立伙伴关系的形式，而不仅仅是象征性的表面参与（Lane，2005）。在一项针对塞浦路斯国家品牌化的研究中，丹尼和福拉（Dinnie & Fola，2009）提出了一个概念框架，用于将国家作为旅游目的地进行品牌化时识别和凸显利益相关者群体。奈保尔等人（Naipaul et al.，2009）也论证了协作的利益相关者群体路径的优势，他倡导，为了进行区域目的地营销，有必要在邻近的目的地之间建立伙伴关系。

理想状态：全面包容路径

包容路径的优势包括激励员工、激发认同感和忠诚度、刺激创造力以及在企业愿景下协调利益相关者群体。这些问题已经在企业内部或雇主品牌化文献中得到充分体现（Ind，2003；Barrow & Mosley，2005）。国家品牌的一些关键利益相关者群体包括来自政府、企业、非营利组织、媒体和公民社会的代表。

将包容性原则应用到国家品牌化中，图8.1所示的全面包容的利益相关者群体路径提供的框架，展示了国家品牌的潜在利益相关者群体的范畴。但这个框架并非详尽无遗，因为每个国家都有自己特定的利益相关者群体。然而，这个框架还是为分析国家品牌发展中应该咨询的利益相关者群体的多元性提供了基础。

就国家品牌化战略发展中对利益相关者群体的包容水平而言，全面包容的利益相关者群体路径代表了一种理想状态，而非现实状态。真实情况是，国家只有在面临外部威胁时，例如迫在眉睫的入侵或攻击等，才会在防御需求的刺激下团结起来。而危机一旦解除，

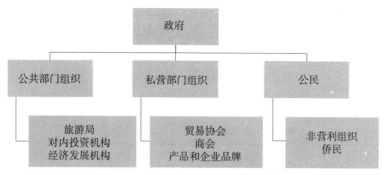

图 8.1　全面包容的利益相关者路径

国家又会回到原本的政治和社会分歧之中。因此,期待每个利益相关者群体都对国家品牌战略给予同等的承诺和投入是不现实的。

从全面包容的利益相关者群体路径框架可以看出,政府是可以切实协调国家品牌战略的关键主体:政府的力量能够使国家品牌战略涵盖所有的利益相关者群体。为了避免不同利益相关者群体的分散和重复工作,协调机构的建立十分重要。这一协调机构需要具有一定的政治独立性,只有如此,作为一项长期工程的国家品牌战略才不会在每次领导人换届时偏离路线或是停滞不前。国家品牌化是一项高度政治化的活动,因此,需要尽可能地减少因政治家个人的仕途起伏而对国家品牌化战略产生的干扰。

在全面包容的利益相关者群体路径中,公共部门组织的地位尤为关键。旅游局、对内投资机构、经济开发机构都有自己的议程和目标。越来越多的证据表明,许多国家正在有效地协调这些组织的活动,以实现重要的经济目标。

公共部门组织经常与私营部门组织保持密切的合作。例如,出口推广机构就与本国的一些主要的出口公司之间有着紧密联系。但是,很少有证据表明,公民社会的代表也被吸纳进了国家品牌化战略的发展中。鉴于国家品牌化活动的大部分经费都来源于纳税人,政府需要更多地思考如何将本国公民纳入到国家品牌战略的制定中。

现实状态:具体项目的特定包容

相较于寻求一种难以达到的全面包容路径,一个更加现实的目标是在国家品牌化战略中实现较好的具体项目的特定包容。许多国家已经做到了这一点,因此,我们将这种具体项目的特定包容视为现实状态,而非理想状态。但这并不意味着所有国家都已经实现了具体项目的特定包容的现实状态。相反,许多国家可能会发现,它们的国家品牌化努力受到了政治腐败、权力斗争或缺乏战略眼光的统治精英的阻碍。然而,即使是在这种不理想的情况下,这些国家仍有可能实施体现具体项目的特定包容的国家品牌化战略。

在这一部分,我们将目光转向三个体现具体项目的特定包容的国家品牌化项目:"巴西IT"(Brazil IT)项目、"自然冰岛"(Iceland Naturally)项目和"新法国"(The New France)项目。表8.1对参与这三个项目的利益相关者群体进行了总结。

表 8.1 国家品牌化中的利益相关参与者

项目	巴西 IT (Brazil IT)	自然冰岛 (Iceland Naturally)	新法国 (The New France)
关键目标	·使巴西IT行业作为有能力提供IT产品与服务的生产商获得全球认可,特别是在全球最大的IT产品消费国——美国	·提高北美市场对冰岛产品的需求 ·宣传冰岛产品的纯净度 ·鼓励前往冰岛旅游	·提升法国在五个主要目标投资国中的经济形象,包括美国、英国、德国、日本和中国改善外国投资者对法国的看法,以吸引新业务,并增加外商投资 ·与外国投资者建立长期稳定的合作关系
利益相关参与者	·巴西政府,依托出口推广机构和巴西出口投资促进局(APEX Brasil) ·多个遍布巴西的IT产业集群个体IT公司 ·巴西信息中心,一家位于美国的非营利贸易组织,旨在向美国舆论引导者和消费者推广巴西	·冰岛政府,依托外交部和通讯部 ·冰岛外事服务中心(海外商务服务中心) ·冰岛旅游局 ·八家行业领军的冰岛企业及组织:冰岛集团股份有限公司、冰岛航空、冰岛农业、冰岛泉水、雷夫·瑞克森航站楼、66°北、冰芝兰公司、格里特里尔银行	·项目由投资法国机构这一政府组织发起和实施 ·法国企业国际发展局,国际商业发展机构 ·法国国家旅游局 ·信息服务部 ·外交部 ·法国经济代表团 ·法国食品协会,是全国农业市场营销与传播顾问 ·法国教育国际协作总局,是教育推广机构 ·财政部 ·内阁 ·皮埃尔·杜泽尔(Pierre Dauzier),传播专家,哈瓦斯广告公司前总裁

来源:桑切斯和瑟克勒斯(Sanches & Sekles, 2008);帕斯多蒂尔(Palsdottir, 2008);法夫尔(Favre, 2008)

尽管巴西、冰岛和法国的国情各不相同,并且各国面临着不同的国家品牌化挑战,但表8.1中对三个项目的情况总结表明:无论国家处在哪个经济发展阶段、在全球经济中的地位如何,在国家品牌战略中实现对具体项目的特定包容都十分重要。就国家品牌的目标而言,"巴西IT"项目和"新法国"项目都证明了通过明确战略来弥补国家形象缺陷的可能性。在"巴西IT"项目发起之前,人们对巴西作为IT服务和产品提供商的认知和认可十分有限。巴西受益于有关足球、音乐和其他娱乐方面非常正面的联想,但这些联想并未对巴西作为IT提供商的形象赋予任何产品来源国优势。而"新法国"项目则展现了另一种类型的国家形象缺陷,这一项目的关键目标是改善海外投资者对法国的印象,以吸引新的产业,并增加对内投资。在该项目实施之前,人们对法国国家形象的看法非常正面,人们将法国视为受欢迎的旅游目的地和美酒佳肴之地。然而,人们对法国作为商业目的地的认知却很薄弱。为了修补这一国家形象缺陷,"新法国"推广项目应运而生。而"自然冰岛"项目与"巴西IT"项目和"新法国"项目有所不同,因为对冰岛来说,它面对的挑战不是要克服先前存在的主导联想,而是要制定有效方案,向目标市场宣传冰岛产品与冰岛自然纯净的整体形象之间的契合度,以增强目标群体对冰岛的认知。

这三个国家品牌化推广项目都遵循了细化分类、明确目标和精准定位的营销原则。"巴西IT"项目首先瞄准了美国市场,"自然冰岛"项目也将北美市场设定为目标区域,而后扩展至欧洲;"新法国"项目则将五个关键投资大国作为目标:美国、英国、德国、日本和中国。对每个推广项目而言,明确的战略重点是实现广泛的利益相关者群体参与的重要条件。

虽然根据每个国家品牌化项目的本质和所处阶段的差异,政府的参与程度也各不相同,但政府的参与和政府对达成项目目标的承诺,仍然是确保必要的利益相关者群体参与的重要条件。政府的参与在开始阶段是最为活跃的,以便为推广活动拉开序幕,并激励利益相关者群体的参与。之后,当私营企业开始更加积极主动地参与到项目中时,政府便减少了对项目的干涉。"巴西IT"项目、"自然冰岛"项目和"新法国"项目展示了不同类型的公共部门机构可以参与的特定活动。这些项目还表明,国家品牌化推广项目具有多样性,没有固定的模板,因此,难以简单地对其进行归类。参与其中的利益相关者群体的范围也会根据各个项目的具体战略目标而有所不同。

在利益相关者群体参与具体项目方面,国家是其累积效应的受益者。对项目的参与推动了社会网络的形成,而社会网络能够在当前进行的项目结束后继续存在,并支持未来项目的发展。企业语境中的社会网络理论也给参与国家品牌化推广的利益相关者群体提供了启发性的视角。例如,有观点认为,企业可以利用自己独特的社会关系网络来影响企业战略,而不是仅仅将这些战略作为市场的或是内部驱动力的一种功能。而且,管理者们需要识别并发展"资源丰富、稀有且不可复制的"网络结构(Hung, 2002)。对国家品牌化战略而言,这样的网络结构存在于积极参与上文提到的三个项目的利益相关参与者群体中。各国可以利用的另一个社会网络是侨民网络,当下,各国政府开始逐渐意识到侨民网络具有的发展强势国家品牌关键参与者的潜在优势。

管理国家品牌接触点

无论何时何地,只要任何利益相关者群体或受众体验品牌,品牌接触点(touchpoint)就会存在。虽然在品牌消费前和品牌消费后,品牌接触点会通过不同的渠道在不同的情况下出现,但品牌接触点在消费过程中体现得最为明显。接触点包括计划的和可控的品牌建设活动,如广告、促销、公关关系和客户服务;也包括品牌管理者无法控制的非计划性接触点,如博客、网络讨论区、与品牌相关的个体行为。任何一个产品品牌或服务品牌都存在多个品牌接触点。对于复杂而多面的国家品牌来说，由于其内部和外部利益相关者群体和受众的广泛性，品牌接触点的数量几乎是无限的。品牌接触点之所以具有重要意义，是因为它们能够通过正面或负面的感知增加或削减品牌资产，这些感知是基于受众对品牌接触点体验的满意度的评估而存在于受众心智中的。正在进行的关于可视品牌接触点的识别与评估研究发现，品牌虽然无法控制全部的品牌接触点，但可以对它们进行管理。品牌专家伊恩·赖德（Ian Ryder）发现，在区域品牌中，"你需要知道哪些接触点会对品牌的接受或管理产生影响"（Brand Strategy，2007）。从冰岛恢复捕鲸活动可能对冰岛的国家形象造成有害影响，到改善商业礼仪可能提升埃及作为商业目的地的正面声誉……国家品牌接触点种类之多，令人眼花缭乱。在品牌爱沙尼亚（Brand Estonia）案例中，因特品牌（Interbrand）咨询公司指出，"除了新品牌涉及的更加明显的传播接触点之外，对于旅游者和来到爱沙尼亚工作的人来说，公共基础设施和公共服务是最显著且最令人印象深刻的国家符号"（Interbrand，2008）。

在很多方面，企业品牌化和国家品牌化之间存在着共通之处——这两类品牌化都比产品品牌化更加复杂。它们的复杂之处在于，二者拥有的利益相关者群体更加广泛，受众接触的信息渠道更多，很难将众多的层面提炼为品牌本质；以及都拥有无数的影响品牌认知的不可控因素。

在借鉴企业品牌理论的基础上，汉金森（Hankinson，2007）为目的地品牌管理提出了五项指导原则。目的地品牌可以是小镇、城市、度假胜地或其他有边界的实体，也可以是一个国家，许多目的地品牌塑造工作都是在国家层面上展开的。因此，汉金森的五项指导原则在国家品牌化层面可能也具有潜在的应用价值。这五项原则分别是：第一，强有力的、有远见的领导才能；第二，以品牌为导向的组织文化；第三，部门协调与流程对接；第四，在广泛的利益相关者群体中保持一致性沟通；第五，牢固、和谐的伙伴关系。汉金森提及的在广泛的利益相关者群体中保持一致性沟通的必要性，在南非的案例中得以体现。人们已经认识到，外部世界对于南非的认知亟待改变，但是国内所发出的信息零散而不一致，这对传播南非国家品牌形象没有任何帮助。约翰斯顿（Johnston，2008）描述了"有许多信息进入了国际舞台，这些信息和来源一样千差万别，它们对改变他人的认知作用甚微，反而增添了困惑"这一现象。

为了充分满足国家品牌拥有的多元受众群体，需要运用整合营销传播（Integrated Marketing Communications，IMC）的原则。整合营销传播原则的出现一方面是由于数字时代新媒体渠道的激增，另一方面是由于以往同质化的受众"集群"细分成为规模更小、数量更多的具体群体。整合营销传播被定义为"整合从广告到包装的所有营销传播工具的实践，旨在向目标受众传递能够推动企业目标达成的具有一致性和说服力的信息"（Burnett & Moriarty，1998）。能够应用于品牌的营销传播手段包括传统媒体广告，如电视、广播、报纸和杂志；线上广告；事件营销；宣传；行业杂志广告、会议和博览会。国家品牌也可以像产品品牌或企业品牌一样，利用这些营销传播手段来实现自己的目标。例如，"新法国"项目展示了整合营销原则在国家品牌化中的应用，该项目使用了以下的传播方式：在《金融时报》《华尔街日报》《德国商报》《日经新闻》等顶级经济新闻出版物上刊登平面广告；在美国、英国、日本、中国和法国等地的大型机场设置广告牌；投放行业视频；以五种语言出版书籍《法国意味着商机》（*France Means Business*），在 60 个国家共计发行一万册；建立专题网站 www.thenewfrance.com，以提供在法国进行商业活动的相关推荐和信息；以及在达沃斯世界经济论坛（World Economic Forum）、福布斯 CEO 大会（Forbes CEO Conference）、《商业周刊》领导力论坛（BusinessWeek Leadership Forum）和财富创新论坛（Fortune Innovation Forum）等知名活动中，与经济领袖和潜在投资者开展面对面的交流（Favre，2008）。

为了向目标受众传递具有一致性和说服力的信息，冰岛与巴西也在各自的国家品牌化进程中应用了整合营销原则。比如"自然冰岛"项目设计了项目品牌标识，并运用了多种营销工具，如开展活动、在主流的旅游和生活方式出版物上刊登广告、开设网站、发布月度时事通讯、进行彩票抽奖等推广方式（Palsdottir，2008）。"巴西 IT"项目也在美国设计了新的标识和商标，并运用了一系列的传播手段进行宣传，如视频、www.brazil-it.com 网站、传统印刷媒体以及长期参与贸易展会（Sanches & Sekles，2008）。

与管理国家品牌拥有的许多不可控的品牌接触点相比，对国家品牌接触点进行视觉统筹相对而言更加直接。例如，新西兰多年来一直使用银蕨标识，将本国的体育、教育、贸易和旅游推广在视觉层面上统一起来。可以看出，"像蕨类植物这样具有历史渊源的事物与（新西兰）人民、文化、传统、自豪感和国家遗产之间有着深刻的联系"（Dooley & Bowie，2005）。

国家品牌接触点之间的相互协调是一项复杂的、具有挑战性的重要工作。例如，牛津大学赛德商学院的一份关于拉脱维亚的国家品牌发展报告指出，国家品牌中协调者的角色应由一位品牌管家（brand steward）来担任，这位品牌管家开展的一切活动都应该是授权性的，而非指令性的。他（她）的职责是为参与国家品牌塑造的不同群体提供"确保他们与其他领域的群体步调一致、共同实现国家愿景的工具"（Frasher et al.，2003）。

国家品牌架构

国家品牌化中的另一个现实挑战是如何确定一个合适的国家品牌架构（nation brand architecture，NBAR）。品牌架构是品牌理论中的一个关键概念，它被定义为"品牌组合的组织结构，明确了品牌角色、品牌间关系以及不同产品—市场的品牌背景"（Aaker & Joachimsthaler，2000）。唐波拉尔（Temporal，2002）认为"品牌架构可能是品牌管理中最难的部分，因为它没有规则可循，有多种组合的可能。有些组合能够起作用，但与之类似的组合却可能不行"。南非国际营销委员会（International Marketing Council of South Africa）首席执行官伊冯·约翰斯顿（Yvonne Johnston）介绍了南非是如何建构国家品牌架构的,该架构定义了品牌南非（Brand South Africa）母品牌与旗下众多的子品牌之间的关系（Johnston, 2008）。在区域而非国家层面上,达齐拉－马西普和波卢齐（Datzira-Masip & Poluzzi, 2014）描述了品牌架构的概念在西班牙加泰罗尼亚地区的四个旅游目的地中的应用。

奥林斯（Olins, 1989）给出了一种关于品牌架构的最清晰也最实用的描述,他区分了三种基本的品牌组合结构：单一结构（monolithic structure）、背书结构（endorsed structure）和多品牌结构（branded structure）。在单一结构中,存在着一个独立的、起主导作用的伞形品牌（unmbrella brand）。在背书结构中,每个品牌都拥有自己独立的名称和身份,但它们都依附于同一个母品牌（patent brand）之下。在多品牌架构中,每个品牌都以不同身份独立存在,且与母品牌没有明显关联。单一品牌结构的例子有佳能（Canon）（伞形品牌之下包括打印机、传真机、照相机等）和三菱（Mitsubishi）（旗下包括金融服务、汽车、家用电器）。通用汽车（General Motors）（雪佛兰、别克等）采用的是背书品牌结构。而尊尼获加红方威士忌（Johnnie Walker Red Label）采用的是多品牌结构,其母品牌迪阿吉奥（Diageo）不为消费者所知,母品牌旗下的个体品牌独立存在。在这三个基本结构中,可以有许多排列和变化。但无论如何变化,奥林斯提出的单一—背书—多品牌三种视角都是分析与发展品牌架构的重要框架。

企业为什么会使用不同的品牌架构？它们又是如何为自己独特的品牌组合和市场选择最佳的品牌架构的？单一品牌结构的原理来自于一个单一品牌能够在不同市场中形成统一、强大、一致形象的能力。例如,雅马哈（Yamaha）就是一个非常强大的企业品牌,以至于它能够进入摩托车、吉他这样分散的业务领域,并涉及其他介于两者之间的产品类别。然而,单一结构的风险在于,如果某一个子品牌的名声或表现不佳,则可能会影响组合中的其他品牌。

背书结构的基本原理在于,附属品牌可以从两方面受益,既能够受益于母品牌或伞形品牌的力量,同时又能够建立起独立的品牌身份。然而,背书结构的缺点在于,子品牌在目标市场中的定位自由会受到母品牌定位要求的限制。

多品牌结构的基本原理在于它能够在最大限度上发展出具有鲜明特色的品牌,这些品牌独立存在并且蓬勃发展,不与母品牌相关联。这种多品牌结构通常被应用在烈酒行业,在这一行业中,那些特立独行、专注于传统或是在其他方面极具个性色彩的品牌,如果与其所属的不知名的跨国公司相关联,对于这些品牌来说没有任何好处,反而会失去原有的品牌资产。然而,多品牌结构的缺点在于,子品牌可能无法从其强势的母品牌的正面联想中获益。

道格拉斯等人（Douglas et al., 2001）认为,建立一个连贯的国际品牌架构是企业国际营销战略的重要组成部分,因为它为企业推动强势品牌进入其他市场、并整合不同市场的营销战略提供了架构。将品牌架构的概念落实到南非国家品牌建设的具体案例中,杜利和鲍伊(Dooley & Bowie, 2005)展示了南非如何建立并完善本国的"国家伞形品牌",正如其他企业伞形品牌一样,其目标是将独立的子品牌联系起来。这里的"子品牌"是指南非的区域品牌、城市品牌以及诸如旅游、出口、外商直接投资等行业品牌。

尽管在品牌架构决策方面没有固定的规则可循,但作为一个基本步骤,品牌管理者们必须根据品牌当前所在的市场情况和希望进入的市场情况,对品牌组合中现有的企业品牌资产和子品牌资产进行分析。这些资产必须从伞形品牌和子品牌目前的贡献价值,以及未来它们可能带来的潜在价值两方面进行评估。在国家品牌中,国家相当于企业品牌或伞形品牌。而国家的子品牌则包括城市、区域、地标;各个行业的产品品牌和企业品牌;旅游、外商直接投资、出口推广机构;国家级或俱乐部体育代表队、文化和政治人物等。品牌架构概念的目的是给原本杂乱而分散的子品牌集群增添某种秩序和结构,以实现协同效应,并提升总体的国家品牌。图 8.2 中的国家品牌架构模型展示了一个国家品牌架构框架,将战略协同和方向指引纳入了国家品牌及其子品牌中。

图 8.2 国家品牌架构(NBAR)模型

在 NBAR 模型中,国家品牌是"伞形品牌"。"伞形品牌"之下的第二层,也就是"背书品牌"(endorsed brands),包括旅游、出口、对内投资、人才引进和体育。第三层则是背书品牌和独立品牌(standalone brands)的集合。

国家品牌架构的战略目标是充分利用整体的国家品牌伞形品牌以及所有子品牌的功能,以形成长期的最大化的协同效应。这需要付出富有创造性和协同性的巨大努力,并克服限制许多大企业发展的孤岛思维。正如企业需要促进市场、研发、运营、金融等各部门之间的跨功能协作,国家也需要应对类似的挑战,即推动国家旅游机构、对内投资机构、高等教育提供者、出口促进机构等不同部门之间的有力合作。

国家品牌架构模型展现了一个包括伞形品牌、附属品牌以及多品牌三种结构的品牌架构。该模型旨在刺激不同子品牌之间的相互协同创造性发展,如旅游与人才引进之间,或出口与体育之间。同时,这一模型也试图避免品牌视觉系统不一致的扩散,因为这会造成目标受众的困惑,也会降低潜在的协同效应。在国家品牌伞形品牌下,建议主要机构、行业以及国家品牌的不同维度,如旅游、出口、对内投资、人才吸引、体育、文化和政治人物等建立附属结构。值得重视的是,国家伞形品牌中对附属品牌的视觉表达限制应仅限于品牌名称和品牌标识,如新西兰的银蕨。试图将一个国家的品牌本质提炼为一句话的标语是很有挑战性的,因为这样的标语必须包罗万象,但这又有可能导致其空洞无意义。但在附属的子品牌层次,每一个子品牌都应该制定出适用于具体目标市场的口号标语。

特定行业的品牌化也需要采用不同的定位策略。例如,2011年6月,澳大利亚政府推出了"未来无限"(Future Unlimited)——一个全新的澳大利亚教育国际推广品牌。未来无限品牌没有关注澳大利亚国家品牌中为人熟知的生活方式和旅游形象,也淡化了国家品牌中的享乐方面,而是强调了本国优质的教育机构和教育项目。这一路径说明,有必要采用一种在国家伞形品牌和行业品牌(例如教育)之间取得适当平衡的国家品牌架构。

一项高度政治化的活动

国家品牌化是一项高度政治化的活动。政府被视为国民的代表,因此,政府必须在国家品牌化战略中发挥关键作用,私营部门组织本身并不具备独立领导国家品牌战略的合法性。然而,正如严(Yan,2008)提到的,"政府是由选民投票选出的短期存在,远远短于国家品牌化推广活动所需的时间……而且,政府也并不总是国家品牌推广的最佳展示者"。

> **🔍 学术观点**
> **旅游业语境下的消费者行为和区域品牌**
>   · 若昂·瑞·弗莱雷(João R. Freire),博士,葡萄牙里斯本营销管理学院(IPAM-The Marketing School)研究主任
>
> 一直以来,品牌研究主要集中在产品和服务领域。此类研究的发现和结论都深植于消费者行为研究中。然而,在研究目的地品牌概念时,应该采取一种不同的研究路径。这一结论基于这样的假设:旅游行为具有特殊性,有时会不同于一般的消费者行为(Moutinho,1987;van Raaij & Francken,1984;Mansfeld,1992)。例如,旅游

的目的更多的是满足情感需求,而不是实用需求(Caldwell & Freire, 2004),对它的消费通常是为了唤醒和激发情感(Hyde, 2000)。此外,旅游已成为一种生活方式,并被认为是一种重要的需求(Gnoth et al., 2000)。

关于何时、何地以及如何旅游的决定通常是由一群人做出的,其中家庭是影响旅游者行为的最小群体(Mansfeld, 1992)。关于旅游消费的最终决定并不取决于某一个要素,而是涉及群体的所有要素,在经过民主的协商过程之后,人们才形成最终的群体决定(van Raaij & Francken, 1984)。尽管做出这些决定需要时间和达成共识的努力,但它们通常被认为是令人愉快的活动(Munro & Richards, 2011)。使旅游和目的地品牌区别于其他产品品牌或服务品牌的另一方面是,消费者在多大程度上愿意接收来自各个旅游实体的信息、宣传和其他营销材料。已经有研究发现,潜在的消费者实际上希望与目的地进行对话(Munro & Richards, 2011)。

当消费者购买旅游产品时,他或她将获得不同于一般产品的一系列体验。穆蒂尼奥(Moutinho, 1987)认为,总体旅游体验包括预期阶段(旅游开始之前)、消费阶段(旅游期间)和记忆阶段(旅游结束之后)。此外,目的地品牌可能具有基于消费动机的多种用途(Kim & Prideaux, 2005),与之相反,产品品牌或服务品牌则通常与某一特定用途相关联。在目的地品牌语境中,同一地点可能会被多次消费,以满足旅游者不同的需求,这不同于旨在满足某些特定需求的产品。例如,某人可能决定在6月与一些朋友去葡萄牙的阿尔加维打高尔夫球,但又会在7月故地重游,而这次可能是在家人的陪伴下享受拥有阳光和海滩的假期。因此,在旅游业中,消费者可能会具有不同的特质,并根据其旅游动机被分为不同的类型。

对旅游的需求可能是来自一种精神状态,体现在身体和(或)心理上的疲惫。社会需求,例如认可或融入,也有可能成为激发旅游行为的刺激因素(Gnoth et al., 2000)。这些心理需求也可以因对某些体验的单纯的好奇心而被触发(Krippendorf, 1987)。此外,来自不同组织的营销活动也可能引发一系列事件,从而影响并触发受众对假期的需求。因此,影响旅游行为的动机受到外界刺激的强烈影响。这些刺激来自于自然环境或社会环境(Iso-Ahola, 1982)。例如,晴天(来自自然环境的刺激)可以唤起人们对伊维萨岛的美好记忆。对个人而言,这种刺激使人们意识到旅游活动可以满足自身某些潜在的需求,从而触发了一系列的动机性行为。

有研究者通过推拉力因素概念对旅游动机进行研究和分析(Crompton, 1979; Dann, 1977)。一方面,推力(push)因素是那些使个人形成旅游倾向的社会心理动机:推力因素通常与人际消费有关。另一方面,拉力(pull)因素是那些将个人吸引到特定目的地的因素。人们身处的自然环境、背景,人们可能参与的活动,以及人们关于某地的构想或认知(目的地的表征意义),都是可能有助于增加目的地吸引力的维度（Pearce et al., 1996）。基于丹恩（Dann, 1977）的研究，克朗普顿（Crompton, 1979）确定了九种旅游动机，其中七种为推力，两种为拉力。推力因素包括：逃离日常环境、对自我的探索和估量、放松、声望、回归、强化亲情以及增加社会互动；拉力因素包括：新鲜感和教育。这种分类与曼内尔和埃索－阿荷拉（Mannell & Iso-Ahola, 1987）提出的旅游动机框架相似。他们认为，人们为了逃离身处的环境并获得个人或人际交往的收获而去旅游。这种个人回报可以是自决权、胜任感、挑战、学习、探索和放松。人际交往则来自于社会互动。

以上关于旅游语境中的消费者行为的讨论表明，目的地品牌包含一些能够刺激消费的特定维度。因此，目的地品牌管理者的一项重要工作是了解这些维度是什么，以及它们如何满足消费者的需求。

参考文献

Caldwell, N. and Freire, J.R. (2004) 'The differences between branding a country, a region and a city: Applying the Brand Box Model', *Journal of Brand Management*, 12 (1), 50–61.

Crompton, J. (1979) 'Motivations for pleasure vacation', *Annals of Tourism Research*, 6 (4), 408–424.

Dann, G.M.S. (1977) 'Anomie, ego-enhancement and tourism', *Annals of Tourism Research*, 4 (4), 184–194.

Gnoth, J., Zins, A., Lengmueller, R. and Boshoff, C. (2000) 'The Relationship Between Emotions, Mood and Motivation to Travel: Towards a Cross Cultural Measurement of Flow', in Woodside, A., Grouch, G., Mazanec, J., Oppermann, M. and Sakai, M. (eds), *Consumer Psychology of Tourism, Hospitality and Leisure*, UK: CABI Publishing.

Hyde, K. (2000) 'A Hedonic Perspective on Independent Vacation Planning, Decision–Making and Behaviour', in Woodside, A., Grouch, G., Mazanec, J., Oppermann, M. and Sakai, M. (eds), *Consumer Psychology of Tourism*, Hospitality and Leisure, UK: CABI Publishing.

Iso-Ahola, S.E. (1982) 'Toward a social psychological theory of tourism motivation: A rejoinder', *Annals of Tourism Research*, 9 (2), 256–262.

Kim, S.S., and Prideaux, B. (2005) 'Marketing implications arising from a comparative study of international pleasure tourist motivations and other travel–related characteristics of visitors to Korea', *Tourism Management*, 26 (3), 347–357.

Krippendorf, J. (1987) *The Holiday Makers: Understanding the Impact of Leisure and Travel*, London: Heinemann.

Mannell, R.C. and Iso-Ahola, S.E. (1987) 'Psychological nature of leisure and tourism experience', *Annals of Tourism Research*, 14（3）, 314–331.

Mansfeld, Y.（1992）'From motivation to actual travel', *Annals of Tourism Research*, 19（3）, 399–419.

Moutinho, L.（1987）'Consumer behaviour in tourism', *European Journal of Marketing*, 21（10）, 5–44.

Munro, J. and Richards, B.（2011）'The Digital Challenge', in Morgan, N., Pritchard, A. and Pride, R.（eds）, *Destination Brands*: *Managing Place Reputation*, 3rd edn, 141–154, Oxford: Butterworth-Heinemann.

Pearce, P.L., Moscardo, G. and Ross, G.F.（1996）*Tourism Community Relationships*, Oxford: Pergamon.

van Raaij, W.F. and Francken, D.A.（1984）'Vacation decisions, activities, and satisfactions', *Annals of Tourism Research*, 11（1）, 101–112.

实践洞察

有效合作是区域品牌成功的关键

· 爱德华·伯格哈德（Edward Burghard），伯格哈德集团首席执行官兼经理

品牌是一种承诺。它为目标受众设定了一种关于体验的期望。品牌化是确保品牌承诺随着时间的推移仍然保持其说服力、竞争力和真实性的过程。除了向目标受众正确传达品牌承诺（即销售和市场营销）外，品牌化还包括制订和部署战略计划，以便品牌从当前的形象转变为理想的身份（即产品开发）。这是通过用品牌承诺来指导资产创建、基础设施投资和确定公共政策来实现的。

对于区域品牌来说，组织好与品牌承诺传播相关的活动是具有一定的挑战性的。这些活动围绕着与谁交谈（战略目标定义）、说什么（品牌承诺定义）、何时说（接触点优先排序）以及在何处说（传播组合选择）而达成一致。在区域品牌化的过程中，需要利用战略规划以助力区域品牌承诺的传达，这是对领导力的真正考验。

从企业的情景来看，品牌承诺要获得跨部门的一致支持很不容易。要在公共部门之间实现这种一致性，则更是一项挑战。在私营部门，企业可以利用管理层级来使各职能部门协同工作。在公共部门，有效的区域品牌化需要更多地依赖拥有共同愿景的团队的协作和有效的社会网络沟通。

区域品牌化要获得成功,需要公共部门和私营部门之间达成一致。在这一过程中,以下五个领域至关重要。

领导力

在区域品牌化中,领导力意味着确保(1)当地公共和私营部门的领导清楚地理解并认同品牌承诺;(2)指导区域发展和公共政策改革的战略规划是支持性的。

专注于改善居民生活

通常,区域品牌化活动是从旅游业或其他经济发展目标开始的,其重点是改善游客或商务人士的体验。然而,这两者都只是推动地方经济繁荣发展的手段。区域品牌化的最终受益者是本地的居民,因此,居民应该成为区域品牌化中优先考虑的对象。区域品牌化中的战略决策应该支持改善当地居民居住和工作质量的目标。采用"居民即老板"(Resident is boss)的模式,更有利于将私营和公共部门组织联合起来,以形成共同愿景。

行动与结果的一致性

大多数战略方案在部署阶段就会失败。因此,制定行动方案并明确评估进度的措施至关重要。另外,需要建立一套流程以确保对结果的问责。

明确界定角色和职责

通常情况下,与确定谁来负责相比,确定需要做什么更容易达成一致。在有效的合作中,谁负责完成工作或资源来自哪里,都需要进行明确分工,需要职责清晰,没有模糊不清的情况。

沟通工作进展

在有效合作中,每个参与人员都有自己的使命,这会推动优先事项的确定和资源的分配。在日常挑战的压力下,人们容易忘记合作的预期目标是什么,以及合作将如何实现他们个人或组织的使命。为了确保持续的参与和承诺,有效沟通工作的进展并重申参与工作的缘由是十分重要的。

要进行有效的区域品牌化,品牌协同团队、政府、社区发展和社会服务组织都是其中至关重要的参与者。在领导和维护团队方面都需要付出很多努力。如果区域品牌化工作进展顺利,地方将会更容易缩短其现状与理想之间的差距。更重要的是,在该地居住和工作的居民能够更快地过上他们向往的生活。

案例：英国政府"GREAT"国家品牌推广项目

· 安德鲁·史蒂文斯（Andrew Stevens），高级研究员，伦敦大学学院

背景

国家营销——无论在你看来是好还是坏——都给这个世界带来了大英帝国、英国王室、重要的发明和理论、最受关注的体育运动以及不胜枚举的文化偶像，除此之外还有许多难以简单概括的丰富内容。

2012年奥运会的举办为英国政府提供了一个"千载难逢的机会"，能够在世界的关注下更新其营销战略和英国的全球定位。"GREAT"项目最初是作为一个一次性的营销活动进行的，其目的是为了发挥2012年伦敦奥运会、英国女王登基60周年的钻石庆典和皇家婚礼这些巧合同时发生时产生的"光环效应"。其早期的尝试是为了在政府支出缩减的同时，最大限度地促进英国的经济发展（旅游推广机构"到访英国"，即Visit Britain，2012年的预算与2010年相比被削减了34%）。

正如长期观察者所证实的那样，英国早期大部分的政府品牌化活动中使用"酷文化"的尝试，都与20世纪90年代末时任首相托尼·布莱尔那个一直被嘲笑的"酷不列颠"（Cool Britannia）项目一起走向了失败，更不用提2000年发起的投入巨资的"新世纪体验"（New Millennium Experience）项目的瓦解（同样的情况还有英国时任首相哈罗·威尔逊在20世纪60年代末发起的"我支持英国"推广活动）。与这些项目不同，英国航空公司做出了截然相反的决定。1997年，英国航空公司决定将英国国旗从飞机尾翼上去除，代之以符合"世界形象"的设计。在遭到强烈反对后，英国航空公司又于2001年重新引入了英国国旗设计。同样，大卫·卡梅伦领导的新任联合政府（2010）做出的类似的不太恰当的国家品牌化尝试，都遭受到了极大的嘲笑。尤其是在英国这样一个将讽刺的幽默和玩世不恭的精神作为某种全球吸引力和自我个性的国家。受此影响，公众长期以来都对"沙文主义"和"俗气"的宣传表示厌恶。

"GREAT"这一名称单纯地来自英国的全名"大不列颠及北爱尔兰"（Great Britain and Northern Ireland）中的"Great"一词。这一国家品牌推广项目于2011年推出，旨在强调英国在艺术、体育、遗产、零售和科技等方面的资产和成就，如"乡村是非凡的"（*Countryside is GREAT*）。不幸的是，当时媒体对命名缘由的推测中却引用了英国文化大臣杰里米·亨特（Jeremy Hunt）在同年的骚乱后发表的"将'GREAT'带回英国"的评论。这损害了全球公众对英国社会的认知，特别是对即将在第二年举办的伦敦奥运会前景的认知，进而引发一些媒体部门在这个项目开始时便提出质疑，认为它是因恐慌而产生的，是被动的"再品牌化"，但英国政府否认了这一说法。

另一次意外发生在由时任首相大卫·卡梅伦在纽约主持的"GREAT"国家品牌推广项目启动仪式之后。人们发现，其中一幅地铁活动宣传海报将威尔士的布雷肯比肯斯山（Brecon Beacons）误写成"Breacon Beacons"。虽然该海报很快就被撤下，但是错误的海报照片却在几分钟内在社交媒体上疯狂传播。这次事件在一开始就对这一星光熠熠的启动仪式造成了负面影响（这一事件至今仍在该活动相关的搜索引擎排名中处于很高位置）。

由文化大臣担任主席的"GREAT"推广项目委员会（GREAT Campaign Programme Board）取代了英国政府的外交和联邦事务部下属的公共外交委员会这一单一部门，并作为一种跨部门的努力，旨在实现促进就业和促进英国经济增长的"繁荣议程"，同时也在公共外交领域下，与更广泛的"软实力"目标保持一致（尤其是在英国文化教育协会和英国广播公司等主要机构的资助被削减时）。

文化、媒体和体育部负责代表首相推动该推广计划，与之协同合作的还包括外交和联邦事务部、商务部、创新与技能部以及英国文化教育协会、英国贸易投资总署和"到访英国"机构（以及通过"伦敦与合作者"组织参与进来的伦敦市政府）。该计划延续了文化、媒体和体育部同年发起的以增长为导向的国家旅游战略，这也是自1999年以来的首次尝试。尽管这次的部门协同合作对于英国而言实属罕见，但是对于跨部门协同合作的重视并非首次。然而，随着2012年推出的跨部门网络平台GOV.UK开始用于所有的政府传播，大量混乱且相互竞争的在线平台都被取代。在这些经验和成果的基础上，2014年英国政府又引入了统一的政府传播服务（Government Communication Service），对该网络平台进行了补充。

虽然"GREAT"国家品牌推广计划曾被描述为是史蒂夫·希尔顿（Steve Hilton）这位转为政府顾问的广告人的"智力产物"，但该活动本身是由伦敦母亲广告公司（London Agency Mother）策划的。

世界之眼——伦敦2012

作为首都，伦敦得到了全球受众的普遍认可。尽管"GREAT"推广活动中依赖的一些标志性图像中包含了熟悉的红色伦敦巴士（作为推广活动的一部分，印有"GREAT"品牌标识的双层巴士会在全球城市中巡游）和塔桥等伦敦元素，但伦敦并不是英国的全部。的确，在奥运会之前，组织者和政府都积极强调，尽管伦敦是主办城市，但奥运是一次使整个英国受益并旨在推广英国的全国性活动。

"GREAT"标识的另一个优势在于，它能够从受众关于英国队（Team GB）的联想中获益。英国队是大不列颠和北爱尔兰奥林匹克队的品牌名称，而英国作为东道主则在本届奥运会中取得了自1908年以来在金牌榜上的最佳成绩（1908年的奥运会也在伦敦举办）。

根据"到访英国"机构2013年的数据，2012—2013年，也就是"GREAT"计划推

出的两年,据估计该计划共带来了:
- 192万人次的海外游客——高出预期目标25%。
- 至少9.6亿英镑的游客花费——高出预期目标25%。
- 2.4万个新就业机会——高出预期目标25%。
- 价值69亿英镑的公关覆盖率——达到四年目标的600%。
- 合作伙伴为活动提供了价值2600万英镑的现金和实物支持——达到四年目标的50%。
- 据"到访英国"机构的模型估计,"GREAT"形象推广计划带来了2.0025亿英镑的潜在回报。
- 目标城市中有72%的观众能回想起曾经看到"GREAT"推广活动。
- 对"GREAT"推广活动有印象的观众中有23%计划在第二年前往英国旅游,而在对推广活动无印象的观众中,有此打算的比例为11%。
- 对"GREAT"推广活动第一年的表现的分析表明,该活动有可能从目标城市吸引了42.2万次对英国的访问。
- 潜在的回访英国的参观者的统计数据表明,"GREAT"活动的旅游业部分已实现了8:1的投资回报率。
- 在所有的被调查城市中,人们都表达了因为此次推广活动而想要参观除了伦敦以外的英国其他地方的强烈意愿。

"GREAT"国家品牌推广项目

简而言之,该项目的推进主要依赖其宣传资料上展示的关键触发要素,包括文化、遗产、乡村、购物、美食、体育、冒险和音乐,这些要素构成了英国作为旅游目的地和投资与学习目的地的吸引力中不可或缺的部分。2011年的第一部分活动采取了谨慎的方式,将营销活动集中在少数几个最有可能产生较高投资回报率的市场,主要是美国、巴西、俄罗斯、印度和中国。如今,该项目活跃在全球60个国家和地区的250个城市中,旨在"宣传英国作为地球上最具创意国度的形象"。自2012年以来,该项目每年在140个国家和地区会举办超过500场"GREAT"推广活动,活动范围从马来西亚的零售周和中国的医疗保健研讨会,到印有"GREAT"品牌标识的巴士的哥伦比亚之旅。

"邦德就是非凡英国"

"到访英国"机构,文化、媒体和体育部以及"GREAT"推广项目的合作伙伴们发现,可以利用享誉全球的詹姆斯·邦德(James Bond)的特许经销权来推广英国旅游业和卓越的电影制作特长。"到访英国"与索尼影业和永世制片公司建立了合作伙伴关系,由此获得了最新的邦德电影《007:大破天幕杀机》(*Skyfall*)以及全系列电影素材的使用许可,并制作了一部30秒的广告来宣传英国,还附上标语"邦德就是非凡英国"(Bond is GREAT Britain)和"邀请您来"(You're Invited)。

有超过20个大使馆和特派使团举办了以邦德为主题的招待会和放映会,以便向当地有影响力的观众展示英国作为世界一流的旅游目的地的形象,并强调英国电影制作行业以及与邦德相关的英国产品(例如新款捷豹)的优势。"邦德就是非凡英国"全球推广是"到访英国"机构迄今为止举办的最大规模的电影旅游推广活动,它实现了21个市场的公关覆盖(价值3600万英镑),并对赴英旅游产生了积极影响。在对该活动有印象的观众中,有16%已经预订了前往英国的旅行,有35%的观众表示他们非常愿意在未来三年内前往英国旅行。在电影《007:大破天幕杀机》的帮助下,前往其拍摄地苏格兰格伦科的游客人数有所增加。2013年,据苏格兰自然遗产署的报告显示,苏格兰的游客人数较2012年增加了41.7%(来源:外交和联邦事务部)。

相较于简单地宣传"非凡英国",该推广项目选择依托文化、遗产、乡村、购物、美食、体育、冒险和音乐等核心主题,特别是依托英国自身强大的国家品牌。因此,该项目深入挖掘了国家品牌的核心资产,利用并强调了它们各自的非凡之处,而没有选择强调英国本身就是"非凡的"(GREAT),这使得该项目因展示了真实的英国而得以顺利推广(据报道,曾经对简单的贸易推广或是用国旗造作地摆造型的推广形式嗤之以鼻的英国外交官们,如今非常热衷于在大使馆活动中使用"GREAT"标识)。

监测、评估和关注投资回报率是"GREAT"项目开展的核心原则。对结果的关注程度,以及要求外交和联邦事务部、英国文化教育协会、英国贸易投资总署、"到访英国"机构和其他部门与单一的品牌实体和品牌目标合作,对英国政府而言是一种全新的体验。2013年,英国财政大臣宣布英国政府将长期投入该项目,并在2014—2015年和2015—2016年每年增加50%的资金投入(每年4500万英镑)。这一点值得引起注意,因为它要求英国财政部对该商业案例进行深入调查,并对其取得的成就进行外部评估。

从其他(通常是标志性的)英国品牌与"GREAT"这一母品牌之间搭建紧密联系的意愿中,可以进一步证明"GREAT"推广项目的有效性。这些英国品牌包括英国航空公司、维珍航空、汇丰银行、普华永道、英国广播公司、玛伯利、宝马迷你、迈凯伦和捷豹路虎。该活动在2013—2015年获得了大卫·贝克汉姆(David Beckham)的免费参与和代言,刘易斯·汉密尔顿(Lewis Hamilton)、詹森·巴顿(Jensen Button)、安迪·穆雷(Andy Murray)、理查德·布兰森(Richard Branson)、保罗·史密斯(Paul Smith)和薇薇安·韦斯特伍德(Vivienne Westwood)等知名人士也参与其中。

除了成为学术论文和外国政府研究的重点外,"GREAT"推广项目还赢得了国际和国内奖项,并被外界评价"对关于英国的全球认知产生了积极影响"。在品牌金融(Brand Finance)近期对最具价值的国家品牌进行的国际评估中,英国排名第四(超越日本,从2012年的第五位上升至第四位),而"GREAT"推广项目则被认为是其中一个重要的贡献因素,因为它"很快被认为是国家品牌化的黄金标准"(该项目价值1亿英镑,如果投资保持5~7年,可升值至17.6亿英镑)。

关键经验

"GREAT"国家品牌推广项目的负责人康拉德·伯德(Conrad Bird)总结了该活动的关键经验(*Civil Service Quaterly blog*,https://quarterly.blog.gov.uk/2014/01/30/britain-is-great):

- 注意细节——错误和不一致会引发声誉风险。
- 管理至关重要——公职人员与部长们的共同目标将会带来回报。
- 伙伴关系意味着一切——政府和企业都需要发挥各自的作用。
- 事半功倍——即使是一个小团队,也可以通过正确的思维方式产生巨大影响。
- 必须坚持进行定期评估。

总 结

本章我们关注了国家品牌概念面临的现实挑战。在包容性方面,国家品牌可能会追求一种全面包容的路径,即所有的国家品牌的利益相关者群体都参与到国家品牌化战略中。而一个更加切实的目标是采用具体项目的特定包容路径,例如在"巴西IT"项目、"自然冰岛"项目和"新法国"项目中所使用的路径。本章也讨论了品牌架构概念,并将其与国家品牌概念相联系。国家品牌化是一项高度政治化的活动,实现国家品牌的目标需要政府的积极承诺。

讨论要点

1. 国家品牌化的全面包容路径是否有实现的可能性?请指出那些在国家品牌战略中试图采用包容性路径的国家,并讨论这种路径的有效性。

2. 国家在多大程度上关注了品牌架构概念?请举例说明你的观点。

3. 当新的政党上台时,无论之前的国家品牌战略取得了多大的成效,往往都会被新的战略取代。为了使成功的国家品牌战略不受政治领导变更的影响,你认为可以采取哪些措施?

4. 请指出并讨论英国"GREAT"国家品牌推广项目(见本章案例)的关键成功要素。

本章参考文献

Aaker, D.A. and Joachimsthaler, E.(2000)*Brand Leadership*,New York:The Free Press.

Barrow, S. and Mosley, R. (2005) *The Employer Brand: Bringing the Best of Brand Management to People at Work*, UK: John Wiley & Sons.

Brand Strategy (2007) 'Roundtable: Russian reputation', February, 44-47.

Burnett, J. and Moriarty, S. (1998) *Introduction to Marketing Communications: An Integrated Approach*, US: Prentice Hall.

Currie, R.R., Seaton, S. and Wesley, F. (2009) 'Determining stakeholders for feasibility analysis', *Annals of Tourism Research*, 36 (1), 41-63.

Datzira-Masip, J. and Poluzzi, A. (2014) 'Brand architecture management: The case of four tourist destinations in Catalonia', *Journal of Destination Marketing & Management*, 3, 48-58.

Dinnie, K. and Fola, M. (2009) 'Branding Cyprus-A Stakeholder Identification Perspective', 7th International Conference on Marketing, Athens Institute for Education and Research (ATINER), Athens, Greece, 6-9 July 2009.

Dooley, G. and Bowie, D. (2005) 'Place brand architecture: Strategic management of the brand portfolio', *Place Branding*, 1 (4), 402-419.

Douglas, S.P., Craig, C.S. and Nijssen, E.J. (2001) 'Integrating branding strategy across markets: Building international brand architecture', *Journal of International Marketing*, 9 (2), 97-114.

Favre, P. (2008) 'The New France-Breaking Through the Perception Barrier', in Dinnie, K., *Nation Branding-Concepts, Issues, Practice*, 1st edn, 239-242, London: Butterworth-Heinemann.

Frasher, S., Hall, M., Hildreth, J. and Sorgi, M. (2003) 'A Brand for the Nation of Latvia', Oxford Said Business School, available at www.politika.lv.

Hankinson, G. (2007) 'The management of destination brands: Five guiding principles based on recent developments in corporate branding theory', *Journal of Brand Management*, 14 (3), 240-254.

Hung, S.-C. (2002) 'Mobilising networks to achieve strategic difference', *Long Range Planning*, 35 (6), 591-613.

Ind, N. (2003) *Living The Brand: How to Transform Every Member of Your Organization into a Brand Champion*, 2nd edn, UK: Kogan Page.

Interbrand (2008) 'Country Case Insight-Estonia', in Dinnie, K., *Nation Branding-Concepts, Issues, Practice*, 1st edn, 230-5, London: Butterworth-Heinemann.

Johnston, Y. (2008) 'Developing Brand South Africa', in Dinnie, K., *Nation Branding-Concepts, Issues, Practice*, 1st edn, 5-13, London: Butterworth-Heinemann.

Lane, M.L. (2005) 'Public participation in planning: An intellectual history', *Australian Geographer*, 36 (3), 283-299.

Murphy, P. and Murphy, A. (2004) *Strategic Management for Tourism Communities: Bridging the Gaps*, Clevedon, UK: Channel View Publications.

Naipaul, S., Wang, Y. and Okumus, F. (2009) 'Regional destination marketing: A collaborative approach', *Journal of Travel & Tourism Marketing*, 26 (5), 462–481.

Olins, W. (1989) *Corporate Identity*, UK: Thames and Hudson.

Palsdottir, I.H. (2008) 'The Case of "Iceland Naturally" – Establishing an Umbrella Brand to Increase Country Image Impact and Coherence', in Dinnie, K., *Nation Branding-Concepts, Issues, Practice*, 1st edn, 183–186, London: Butterworth-Heinemann.

Sanches, R. and Sekles, F. (2008) 'Brazil IT: Taking Brazil's Successful Domestic IT Industry Abroad', in Dinnie, K., *Nation Branding-Concepts, Issues, Practice*, 1st edn, 133–6, London: Butterworth-Heinemann.

Sautter, E. and Leisen, B. (1999) 'Managing stakeholders: A tourism planning model', *Annals of Tourism Research*, 26 (2), 312–328.

Simpson, K. (2001) 'Strategic planning and community involvement as contributors to sustainable tourism development', *Current Issues in Tourism*, 4 (1), 3–41.

Temporal, P. (2002) *Advanced Brand Management: From Vision to Valuation*, Asia: John Wiley & Sons.

Yan, J. (2008) 'Smaller Nations Enter the Global Dialogue Through Nation Branding', in Dinnie, K., *Nation Branding-Concepts, Issues, Practice*, 1st edn, 170–172, London: Butterworth-Heinemann.

第四部分
PART FOUR

国家品牌化的当前实践和未来视野

第九章 国家品牌化战略的要素

> 🔑 **关键要点**
> - 国家品牌化的战略规划需要基于内部和外部分析。
> - 国家品牌化战略的要素包括广告、公共关系、社交媒体、品牌大使、侨民动员和国庆日。
> - 国家品牌化战略的有效性需要持续评估。

引 言

国家品牌化战略没有统一的模板。本章将会讨论一些基本的战略原则,并将其与国家品牌语境相联系。例如,内部和外部分析是制定战略的重要基础,本章将概述这方面的手段和问题。此外,本章还将探讨国家品牌化战略的具体要素,包括广告、客户和公民关系管理和侨民动员等。本章的学术观点将描述斯洛文尼亚国家品牌的发展,实践洞察则将展示社交媒体在外交和小国国家品牌化方面的潜力。第一个案例会追溯近些年来韩国国家品牌化的发展进程,第二个案例则会提供一系列关于马来西亚品牌化的见解。

战 略 原 则

对企业,或是本书中的国家而言,战略的基本原则集中在三个关键问题上。第一,我们现在处在哪个位置?第二,我们想要达到什么位置?第三,我们如何到达那里?战略的制定和实施是一项复杂的任务,但这三个指导问题却能为制定战略提供框架。战略被定义为"一个组织的长期发展方向和发展范围。组织通过资源与能力的配置,在不断变化的环境中获取优势,其目的是满足利益相关者群体的期望"(Johnson et al., 2005)。国家品牌和企业品牌一样,必须决定自身的长期发展方向和发展范围。对于国家而言,这涉及有关资源和能力配置的战略决定,以实现其吸引外商直接投资、促进出口、发展旅游、吸引人才等方面的目标。很少有国家能够在所有的竞争领域中都表现得出类拔萃,因此,必须针对国家品牌的发展方向做出战略决策。

战略分析:我们现在处在什么位置?

为了评估国家品牌目前的所处的竞争位置,有必要进行内部和外部分析。一方面,内部分析的主要目的是通过一系列特定行业的指标评估国家品牌的能力。另一方面,外部分析关注的则是国家品牌的竞争对手以及影响国家品牌活动的诸多环境因素。

内部分析

对国家品牌的内部分析是为了评估一个国家在不同领域的竞争力。这一分析需要针对具体的行业,以便确定现有能力,并评估这些能力的强弱,从而根据国家品牌能力分析得出适当的行动点。国家品牌竞争的主要领域包括旅游业、外商直接投资、出口和人才引进等领域。下文概括了参与这些领域竞争的国家品牌所需的内部分析。

旅游业:许多国家严重依赖旅游业。特别是某些偏远的内陆国家,它们很难在国家品牌战略的其他领域参与竞争,因此只能寄希望于作为经济发展关键构成的旅游业。那些拥有得天独厚的宜人气候和迷人风景,但缺乏其他方面资源的国家,也高度依赖旅游业,将其作为可靠的国家收入来源。表9.1列出了一系列影响国家品牌在旅游业中能否成功的关键因素,并未详尽,仅供参考。

表 9.1 国家品牌内部分析：旅游业

关键成功因素	国家品牌能力									
客户服务水平	1	2	3	4	5	6	7	8	9	10
安全	1	2	3	4	5	6	7	8	9	10
性价比	1	2	3	4	5	6	7	8	9	10
易达性	1	2	3	4	5	6	7	8	9	10

尽管表 9.1 中列出的关键成功因素超出了国家旅游机构的控制范畴，但旅游局有能力并且也正在主动地采取行动以促进旅游业的发展，例如努力提高整体的客户服务水平。在其他的成功关键因素中，良好的安全和法制水平，以及稳定的社会秩序是吸引主流游客的先决条件。此外，性价比也是一个重要因素。而对于那些在其他方面都具有很大吸引力的旅游目的地而言，易达性可能是一个相当大的障碍。例如，尽管澳大利亚和新西兰作为旅游目的地在英国的旅游者中享有正面的认知，但遥远的路途在很大程度上令他们止步不前。对于其他国家而言，如冰岛和一些北欧国家，游客所感知到的距离可能比实际距离更远。在这种情况下，有效的国家品牌化可能能够纠正人们对于其遥远距离的错误认知。

外商直接投资：全球化激化了国家之间在吸引外商投资方面的竞争。为此，各国需要制定长期战略，以确保其吸引外商直接投资的水平能够为本国经济做出重大贡献。表 9.2 列出了一些吸引外商直接投资的关键成功因素。

表 9.2 国家品牌内部分析：外商直接投资

关键成功因素	国家品牌能力									
稳定的经济和政治环境	1	2	3	4	5	6	7	8	9	10
技术娴熟的劳动力	1	2	3	4	5	6	7	8	9	10
简化的行政程序	1	2	3	4	5	6	7	8	9	10
基础设施	1	2	3	4	5	6	7	8	9	10

一个国家如果没有稳定的经济和政治环境，那么它将很难吸引外商直接投资。国家的政局动荡或经济管理不善会阻碍那些希望在国外进行长期投资的企业。除此之外，技术娴熟的劳动力之所以具有吸引力，是因为它可以帮助企业减少在国外的培训费用；与其他国家的技术水平较低的劳动力相比，技术娴熟的劳动力的生产率更高。另外，国家行

政程序过于复杂和缓慢,官僚之风弥漫,也会阻碍外商直接投资,企业不会为了获得经商许可而在不确定中等待好几个月,也不会在一个营商环境被烦琐的行政程序所扼制的国家开展业务。最后,如果各国想要有效地争取备受追捧的外商直接投资,就必须投资建设高效的现代化基础设施。

促进出口:国家品牌化战略的一个关键目标是提升国家的出口表现。例如第四章的实践洞察中介绍的案例,为了帮助俄罗斯出口商在国际上取得成功,"俄罗斯制造"项目是如何启动的。

促进出口的一系列关键成功因素包括:塑造高质量品牌的需求、通过对国家形象认知的良好管理确立有效的来源国定位、目标市场的战略发展和高水平的创新。

表 9.3　国家品牌内部分析:促进出口

关键成功因素	国家品牌能力									
高质量品牌	1	2	3	4	5	6	7	8	9	10
有效的来源国定位	1	2	3	4	5	6	7	8	9	10
目标市场的战略发展	1	2	3	4	5	6	7	8	9	10
创新	1	2	3	4	5	6	7	8	9	10

人才吸引:人才吸引的两个主要目标是国家吸引技术娴熟的劳动力和本国的高等教育系统吸引外国留学生。

对技艺娴熟的劳动力的吸引力取决于多个标准,包括方便的签证程序和居留规定、职业发展机会和具有吸引力的生活方式。对于潜在的学生而言,该国高等教育的声誉非常重要,特别是在竞争激烈的硕士和工商管理硕士市场上,这点尤为重要。

表 9.4　国家品牌内部分析:人才吸引

关键成功因素	国家品牌能力									
方便的居留条件(签证、护照等)	1	2	3	4	5	6	7	8	9	10
具有吸引力的生活方式	1	2	3	4	5	6	7	8	9	10
职业发展机会	1	2	3	4	5	6	7	8	9	10
高等教育声誉	1	2	3	4	5	6	7	8	9	10

外部分析

外部分析主要包括两种形式：竞争对手分析和环境分析。

竞争对手分析关注多个关键问题，分别为：我们的竞争对手是谁？他们的优势和劣势是什么？他们的战略目标和重点是什么？他们的策略是什么？他们的反应模式是哪种？（Jobber，2004）。国家品牌需要对自身参与竞争的每个领域都进行类似的竞争对手分析，包括旅游业、外商直接投资、促进出口、人才吸引以及其他任何国家品牌领域。同一个国家在不同竞争领域的竞争对手也会有所不同。例如，在旅游业领域的主要竞争对手可能在外商直接投资领域毫无竞争力可言。国家品牌竞争者分析矩阵为分析国家品牌在旅游、外商直接投资、促进出口、人才吸引等关键领域的竞争力提供了分析工具。

国家品牌竞争者分析矩阵使得大量复杂的变量被简洁明了地展示出来。它不仅可以用来分析国家品牌的主要竞争对手，还可以作为制定国家战略的依据。

表9.5　国家品牌竞争者分析矩阵（内为假设样例项）

	强项	弱项	战略目标	当前战略
旅游业				
A国	客户服务	与关键市场的距离		
B国				
外商直接投资				
C国	高度发达的基础设施			
D国				
促进出口				
E国				推广"制造国"标签
F国				
人才吸引				
G国	高等教育的良好声誉	签证要求		
H国				

战略规划：我们想要达到什么位置？

战略规划包括设定具体的、可测量的目的和目标。已经有观点认为："很少有企业只追求一个目标；相反，大部分企业的目标通常是混合的，包括盈利、增加销售、提升市场份额、控制风险、创新……"（Wilson & Gilligan，2005）同样，国家也在同时追求多个目标，这些目标应该成为制定战略的基础。在战略规划中使用最为广泛的分析工具之一是安索夫矩阵（Ansoff's Matrix），它能够根据现有的或全新的产品与市场的排列来确定战略发展的潜在方向（Ansoff，1998）。在国家品牌化中，安索夫矩阵可以被用来确定国家品牌活动的整体战略方向。

战略实施：如何到达那里？

在前面的分析与战略规划阶段之后，最后的和最关键的一步是所选战略的实施。战略实施的主要挑战包括：确保控制、管理知识、应对变化、设计合理结构与流程以及管理内外部关系（Johnson et al.，2005）。考虑到国家品牌的各个利益相关者群体可能不像商业组织的各个部门那样容易组织和管理，因此战略实施可能是国家品牌化过程中面临的最大的挑战。瑞士选择建立一个协调机构——瑞士国家形象委员会（Presence Switzerland）的方式来应对战略实施中的挑战。这一机构在前面概述的多个战略实施环节中都发挥着作用，如管理知识、应对变化以及管理内外部关系（Pasquier，2008）。

在概述了战略分析、规划和实施中的基本问题之后，我们现在将重点讨论国家品牌战略中可能包含的一些具体要素。

国家品牌广告

国家品牌化并不仅仅是指开展广告宣传。显然，广告是一种强大的工具，但它只是国家品牌整体战略中的一个要素。事实上，如果一个国家的财政资源非常有限，与其寄希望于广告宣传，不如动员其海外侨民。但是，如果资金允许，广告应该作为整体战略的一部分，以实现具体的、明确的目标。

广告可以为品牌带来许多好处。它可以为品牌开辟新市场，振兴衰落的品牌，改变消费者行为，并且刺激销售额的快速增长（IPA Effectiveness Awards，1998）。然而，在将大量资源交给广告机构之前，国家品牌需要意识到广告中的一些常见误区。这些误区包括：对消费者知识的错误假设；未能突破密集混杂的广告群；广告中分散注意力的、压倒性的创意；无法推广品牌的广告；未利用支持性媒体；过于频繁地更换广告活动；重视广告播放数量而非广告质量（Keller，2003）。

如果要将广告服务作为国家品牌整体战略的一部分来购买，那么参与购买广告服务的人至少需要对广告业和广告公司的工作方式有基本了解。如果不具备基本的广告素养，便有可能由于未能与所选的广告公司建立互利关系而浪费了宝贵的广告资源。国家品牌团队中的成员需要了解客户简报、创意团队以及品牌定位的概念。虽然有市场营销背景或资质的个人对这些话题都比较熟悉，但不能假定没有市场营销背景的个人、政府官员或其他利益相关者群体也同样了解这些知识。本书已经介绍过品牌定位的概念（参见第二章），所以，接下来我们将集中讨论与广告相关的其他重要话题。

客户简报是客户提供给他们邀请的为其进行商业宣传的广告公司的书面简报，将会详细说明客户要求。在广告公司接受委托后，通常会对简报进行提炼，以便在客户和自身之间建立清晰的沟通和问责界限（Hackley，2005）。广告公司的创意团队通常由一名艺术总监和一名文案撰稿人组成，他们负责创作创意作品，旨在吸引目标受众的注意力并实现广告宣传的具体目标。艺术总监将负责广告的视觉元素，而文案撰稿人将提供广告中的所有文本。

然而，在日常工作中，客户通常不会直接与广告公司的创意团队联系。相反，广告公司会通过其客户经理与客户沟通，客户经理的职责是确保在广告的整个规划和实施的过程中，客户和广告公司之间的关系稳定而顺畅。因此，广告公司的工作质量不仅取决于其自身的创意能力，还取决于客户是否有能力将他们的需求清楚地传达给广告公司。客户可以通过以下几种方式影响广告公司的创意：在广告的策划阶段与广告公司沟通时，通过提交给广告公司的最初简报"设定方向"；或通过提供给广告公司的客户顶层管理的权限进行"资源配置"，使广告公司了解关于宣传推广的战略意义；此外，客户还可以为广告公司提供已有的消费者研究数据（Koslow et al.，2006）。

尽管客户简报会详细地说明广告宣传活动的战略目标，客户还需要提供一份精确的关于广告内容、广告受众和广告调性的"创意简报"。确保广告使用合适的调性非常重要，因为如果广告中使用了错误的调性，受众会感到被疏远，甚至是被冒犯。澳大利亚旅游业的广告宣传语"该死，你究竟在哪儿？"（Where the bloody hell are you?）显然有冒犯受众的风险，因为人们可能会认为这个口号粗鲁无礼、咄咄逼人。"新法国"项目采用了一种不同于澳大利亚的国家品牌广告类型，其目标是吸引外商直接投资，而非吸引游客。这项国家品牌活动于2004年启动，继第一波广告宣传后，第二波广告宣传出现在2005年，在此期间，有77个广告出现在了19种出版物上。这个系列宣传活动的效果评估是基于对四个目标国的目标受众——企业经理的调研。根据调研结果，该项活动在其中一个目标国家所选择的广告投放媒体是行业杂志，而不是金融出版物（Favre，2008）。这表明评估广告宣传有效性以及依据评估结果对广告宣传进行投放媒体调整的重要性。

一家提供全方位服务的广告公司不仅要为客户制作广告，还要为其购买广告投放的媒体版面。然而，有许多专门的媒体版面购买机构独立于广告创意公司而存在。在某些情况下，雇用专门的媒体版面购买机构的服务可能更为划算，因为对于任何一项广告宣传活动来说，评估适用于它的不同媒介渠道和载体是一项非常复杂的任务。媒介渠道包括电视、报纸杂志、网络、广播、户外广告等。媒介载体则包含了每种媒介之下的不同选择。例如，在选择报纸作为媒介渠道的情况下，可用的载体则以该领域的各个报纸品牌为代表，如《金融时报》和《华尔街日报》等。提供全方位服务的广告公司或专门的媒体版面购买机构,通常会使用媒体规划软件来决定投放广告的媒体的最佳组合,以达到推广活动的既定目标。媒体规划软件的运行方式是:第一步,用户制作涵盖可能会用到的所有广告载体的媒体数据库,明确它们的评级和使用成本;第二步,用户制定最优的媒体计划表的选择标准,如辐射范围、频率等;第三步,用户明确限制条件,如媒体策划期间的预算限制;第四步,软件算法根据特定的目标和限制条件筛选出最优的媒体计划表(Shimp, 2003)。

近年来,广告行业的结构不断发生变化,客户通常会在两个选项中作出选择:一是选择一家提供全方位服务的广告机构,二是选择一家专门的创意机构加上一家专门的媒体版面购买机构。例如,WPP集团[①]负责媒体网络运作的公司——传立媒体(Mindshare)认为,媒体机构最适合协调品牌的传播工作(Marquis, 2007)。

公 共 关 系

政府经常选择雇用公关公司来管理本国在海外普通大众中的认知,包括海外政策制定者和记者等其他目标受众对本国的认知。在公共外交(Rasmussen & Merkelsen, 2012; Yun & Toth, 2009)和国家品牌(Szondi, 2010)领域,公共关系问题已经成为研究对象。国家品牌化战略的公共关系要素应该与其他要素整合起来,而不应仅仅作为危机管理的工具。

线上品牌营销、社交媒体和移动应用

在数字时代,线上品牌营销已经成为大多数企业不可或缺的一部分。互联网被认为是伟大的平等化工具,它允许任何品牌,无论规模多小,都可以通过一个网站而走向全球。《连线》杂志前总编、《长尾理论》(*The Long Tail*)(Anderson, 2006)作者克里斯·安德森(Chris Anderson)描述,即使在小众品牌只能使用口碑营销这一营销手段的情况下,互联网也可能帮助它们建立起比大型畅销品牌更广阔的市场,"这是一个从未有过的好时期,(能够使用的)工具也从未如此强大过"(Mortimer, 2006)。对于那些较小的、新兴的或是欠发达的国家而言,这是令人备受鼓舞的。这些国家没有足够的资金实力来资助本国的国家品牌化,因此无法真正地与全球经济大国展开竞争;但线上品牌营销为这些国家提供了机会,让它们能够将本国打造成一个小众品牌,这是不可能通过传统的品牌营销手段(例如印刷广告)实现的,因为传统的品牌营销手段的成本超过了许多不富裕国家的预算。线上品牌营销可以通过诸如种子试验、病毒式营销、品牌宣传计划和意见领袖营

---

① WPP 是全球最大的传播集团,总部位于英国伦敦。——译者注

销等活动激发积极的口碑营销（Kirby & Marsden，2005）。

使用社交媒体来进行区域品牌营销的方式在每个国家大不相同，目前仍处于尝试阶段（Hays et al.，2012）。

此外，在一些像"第二人生"①这样的虚拟世界中，已有一些国家入驻。瑞典于2007年在"第二人生"开设了一家虚拟大使馆，由当时的瑞典外交部部长卡尔·比尔特（Carl Bildt）（Bengtsson，2011）的虚拟化身参加了揭牌仪式。社交媒体的开放性和参与性也为公民推动国家品牌发展提供了空间，如土耳其的社交网站Turkayfe.org就诞生于四位土耳其企业家对美国大众媒体上关于土耳其负面报道的反驳（Sevin & White，2011）。

在国家品牌战略中发挥作用的最引人注目的社交媒体包括Facebook、Twitter和YouTube。一些国家，如墨西哥和巴西，已经开始实施战略，通过Facebook传播清晰的品牌个性（de Moya & Jain，2013）。瑞典也已经率先发挥了推特在国家品牌塑造方面的潜力，它发起的@Sweden项目（也被称为瑞典监护人项目Curators of Sweden），将瑞典的官方推特账号每周交给不同的本国公民来运营（Christensen，2013）。许多国家的外交官如今也在使用推特。然而，对于外交官来说，不仅需要利用推特向外国受众传递信息，还应该聆听受众的声音，避免自己的推特账号没有任何关注对象（Cull，2012）。

移动应用程序也可以在国家品牌化中发挥重要作用，特别是在利用用户生成内容方面。例如，加拿大旅游局就推出了一个名为"像当地人一样探索加拿大"（Explore Canada like a local，ECLAL）的应用程序，这个程序收集了来自公众的旅游建议，并按照艺术与文化、城市休闲、美食、奢侈品与户外运动等类别进行归类，以便使用者检索。2012年，丹麦的贸易与投资部部长皮亚·奥尔森·迪赫尔（Pia Olsen Dyhr）出席了"丹麦敬请观看"（Denmark Stay Tuned）应用程序的发布会，这是世界上第一个专门以国际媒体为目标受众的国家品牌智能手机应用。这个应用聚焦在新北欧美食和绿色增长方面，以及丹麦的建筑、时尚和设计方面，并且为记者提供文本、图像和视频形式的随时可用的内容。

客户与公民关系管理

客户关系管理（customer relationship management，CRM）是商业界的一种成熟实践，但这一概念直到最近才被应用在国家品牌化中，并且使用了"公民关系管理"（citizen relationship management）的表述（Sheth，2006）。公民关系管理概念表明，政府需要像企

---

① "第二人生"（Second Life）是Linden实验室开发的一个可下载的客户端程序，用户在游戏中被称为"居民"，可以通过可运动的虚拟化身实现交互。这套程序还在一个通常的元宇宙的基础上提供了一个高层次的社交网络服务，全世界的玩家可以互相交流，参加个人或集体活动，制造或相互交易虚拟财产和服务。（转引自百度百科：https://baike.baidu.com/item/Second%20Life/10897795?fr=aladdin）——译者注

业对待客户那样与公民建立友好关系,了解公民的需求,并以适当的方式和频率与公民沟通,这些都是国家品牌化战略可以采用的有效的客户关系管理原则。客户关系管理是一个"使用应用技术来帮助管理与客户之间的互动和交易,使组织能够优化其客户组合,以获取更大回报"的过程(Buttle,2008)。客户关系管理也适用于国家品牌,这些国家品牌的"客户组合"可能分布在旅游、外商直接投资、促进出口和人才吸引等多个领域中。

公民关系管理在俄罗斯的"教堂外交"(Church's Diplomacy)项目以及其他社会项目中均有体现(Lebedenko,2008)。此外,公民关系管理也在爱沙尼亚的国家品牌化中有所体现,政府希望通过使国家品牌获得更广泛的国际认可,来激励爱沙尼亚公民的参与(Interbrand,2008)。

国家品牌大使

为了在企业活动中展现人性化的一面,许多不同领域的公司都会聘请品牌大使。例如,货币兑换公司通济隆(Travelex)与英国橄榄球明星强尼·威尔金森(Jonny Wilkinson)签约,邀请其担任为期两年的品牌大使。通济隆公司早在2003年就曾签下澳大利亚板球运动员亚当·吉尔克里斯特(Adam Gilchris)担任其品牌大使(Barrand,2005)。也有其他企业会在企业内部任命品牌大使。这些品牌大使往往对企业有着深入的了解,并且具有向目标受众有效地传达企业品牌价值的能力。

然而,国家在聘用品牌大使方面往往更加谨慎,以至于外交圈之外的人对国家品牌大使了解甚少。著名的体育界或文化界人士也可能承担品牌大使的角色,他们是营销计划之外的、没有脚本的品牌大使,他们没有接到任何来自国家的官方任命,也没有经过任何相关个人的同意,但他们事实上承担着国家大使的职责。同样,公民个人在国外的行为也可以被视为代表其国家。因此,当出现不好的公民行为时,如20世纪80年代英国的足球流氓,会损害整个国家的形象。期望数百万人口中的每一个公民都能担任国家品牌大使显然是不现实的,但确定某些有资格并愿意发挥这种作用的个体是有可能的。大使网络对区域品牌的影响力正越来越多地吸引着政策制定者和研究人员的关注(Andersson & Ekman,2009)。

内部品牌管理

与国家品牌化战略的其他方面相比,内部品牌化是政府迟迟没有重视的一个领域。当国家意识到个人是国家品牌承诺的重要实施者时,内部国家品牌化就会变得重要起来。对于国家品牌化来说,内部品牌化的受众分为两种:一是参与国家品牌化战略制定与实施的利益相关群体的组织和个人;二是国内人口,也就是全体公民。在企业品牌语境中,布尔曼和赞贝林（Burmann & Zeplin，2005）明确了激发品牌承诺的三个关键杠杆：以品牌为中心的人力资源管理、品牌传播和品牌领导力。在国家品牌化语境中，对这三个关键杠杆的责任需要分配到特定的个人或代理机构，这些个人或机构的身份取决于国家品牌发展所处的特定结构。包括雅虎在内的一些公司使用的公司内部品牌化的有效步骤，同样可以应用于国家内部品牌化。例如，不要孤军奋战，要像一个市场营销者一样思考，要使用能体现品牌承诺的有力关键词（Sartin，2005）。

侨 民 动 员

那些缺乏能够激活海外侨民网络战略的国家正在浪费这一独特而宝贵的资源。遍布全球的侨民网络，对国家来说是潜在的巨大资产，这不仅体现在侨民向国内汇款方面，也体现在那些在国际公司担任高管的侨民对外商直接投资的推动。此外，侨民网络的声誉建设能力也是提升国家品牌的一个关键机会。

尽管一些观察者承认侨民汇款在扶贫方面发挥着重要作用，但他们仍然不相信侨民汇款能够对国家的发展产生显著影响（Kuznetsov & Sabel，2006）。有人认为，侨民更重要的作用在于他们所拥有的知识和制度建设能力，而不是汇款时的资金流动（Kapur & McHale，2005）。库兹涅佐夫（Kuznetsov，2006）认为，成功的侨民网络是三个主要特征的结合：首先，这一网络将具有强大内在驱动力的人们聚集在一起；第二，成员既发挥直接作用（在母国参与项目），也发挥间接作用（为母国的发展项目充当桥梁并提供信息）；第三，成功的举措既包括讨论如何参与到母国的发展中，又包括产生实际成果的运作。不同国家的侨民产生的影响存在着巨大差异，例如，中国和印度的侨民对他们的祖国就产生了相当大的积极影响，而亚美尼亚却未能从其富有的侨民身上受益（Kuznetsov & Sabel，2006）。这就强调了将海外侨民网络纳入国家品牌整体战略的必要性。

侨民网络不一定是单一的和同质的。例如，有许多侨民网络采用了专业协会的形式，致力于帮助成员在其专业领域取得进步，这些网络包括美国亚美尼亚裔医生协会（Association of Doctors of Armenian Origin）、拉丁美洲工程师协会（Association of Engineers from Latin America）或印度企业家协会（Indus Entrepreneurs）（Kuznetsov & Sabel，2006）。南非有两个侨民网络，分别是南非海外技术人员网络（South African Network of Skills Abroad）和南非侨民网络（South African Diaspora Network）。南非海外技术人员网络将移居海外的和居住在国内的南非学者、研究人员与科学和技术行业从业者联系起来，而南非侨民网络则着眼于加强南非公司与在英国具有广泛人脉和重要社会地位的南非侨民之间在知识和创业方面的联系（Marks，2006）。政府对这类网络的支持应集中在实现不同侨民网络之间的协同合作方面，同时应避免互补型网络之间重复的工作和活动。

国 庆 日

庆祝国庆日是国家品牌战略的另一个潜在要素。国庆日在国内能激发国民的兴趣和自豪感，在国外则是推广国家品牌的重要活动。在国外举办国庆活动的地点自然是海外侨民聚居的地方。例如，爱尔兰和苏格兰分别在纽约开展的国庆日活动就表明了这一点，因为纽约是大量爱尔兰和苏格兰移民聚居的城市。爱尔兰的庆祝活动以圣帕特里克节（St. Patrick's Day）为基础，而苏格兰的庆祝活动则以"格子呢日"（Tartan Day）为基础，后来发展为"格子呢周"。有人认为，"虽然这两种现象都依赖于一定的文化遗产，但其中'格子呢日'活动是最近才出现的，而且是为了政治性目的创造出来的；而圣帕特里克节的历史已有几个世纪之久，可能会被视作是'真正'的'遗产'"（Nunan，2005）。本书在国家身份领域已经对"真正的"遗产如何与"传统的发明"概念相联系的问题进行了广泛的讨论（参见第五章）。

国家品牌的命名

冰岛的例子（Palsdottir，2008）阐明了国家的名称对国家形象认知的潜在影响。国家很少改变自己的国名，改名往往是一个具有强大象征意义的事件，比如脱离前殖民国家获得自由而诞生的新国家。这一点可以从许多非洲国家的例子中看出。例如，在脱离英国实现独立后，"加纳"（Ghana）这一国名取代了"黄金海岸"（Gold Coast）这个名字。有时，人们对一个国家的国名可能存在广泛的误解。例如，许多人认为苏联等同于"俄罗斯"（Lebedenko，2008），人们仍然普遍错误地认为英国（United Kindom）和英格兰（England）可以互换使用。有关国家品牌命名的另一个维度是，有一些国家拥有两个正在使用的不同的国名，例如希腊的 Greece 和 Hellas，荷兰的 Holland 和 Netherlands。为了避免可能存在的混淆，当建构国家品牌架构时（参见第八章），这些国家需要做出战略决策，决定作为"伞形品牌"的国家名称。

表 现 测 评

国家品牌化战略的有效性需要被持续评估。为确定国家品牌在不同方面的表现，需要进行多种不同类型的跟踪研究，并有大量的指标可供使用。在国家品牌化领域，一项广为人知的调查是 Anholt–GMI 国家品牌指数，这个指数是世界范围内国家品牌季度分析排名。还有其他的一些指数，虽然它们在设计时并没有考虑国家品牌领域，但也提出了一些可以用来增强国家形象认知的有用指标。当然，前提是国家能够在这些指标中表现良好。其中的一个指数是用于衡量各国环境治理质量的环境可持续性指数（参见第七章）。另一个指数是世界经济论坛的全球竞争力指数（Global Competitiveness Index），该指数从行政机构、基础设施、宏观经济、医疗与初等教育、高等教育和培训、市场效率、技术准备程度、商业成熟度和创新方面评估一个国家的竞争力。如果国家在这些指数中得分很高,那么政府应该强调和传播自身的优秀表现,以实现刺激外商直接投资和增强人才吸引力等战略目标。

参与国家品牌化的机构

近年来,随着人们对国家品牌化领域的兴趣日渐浓厚,各国纷纷建立了各种机构来管理自己的国家品牌战略。例如,阿曼苏丹国成立了品牌阿曼管理部门(Brand Oman Management Unit)来落实阿曼的品牌倡议。瑞典成立了瑞典对外交流委员会(Swedish Institute),其职责是在全球推广瑞典和瑞典事务。瑞典对外交流委员会在斯德哥尔摩、维斯比和巴黎设有办事处,拥有约140名员工。在南非,国际营销委员会(International Marketing Council)参与了该国的旅游业、出口、文化和遗产以及投资方面的品牌化建设。在冰岛,全面承担此类职责的是"推广冰岛"(Promote Iceland)机构,作为政府和民间资本间合作伙伴关系的载体,该组织的任务是通过拉动出口、推广冰岛旅游目的地身份、帮助在海外宣传冰岛文化并将冰岛定位为一个具有吸引力的外商直接投资地,以刺激冰岛的经济增长。

> **🔍 学术观点**
>
> **基于社区的国家品牌:"我感受斯洛文尼亚"**
> ·玛雅·科尼奇·鲁奇耶(Maja Konečnik Ruzzier),斯洛文尼亚卢布尔雅那大学(University of Ljubljana)经济系市场营销副教授
>
> 2007年开展的"我感受斯洛文尼亚"活动(I feel Slovenia)是斯洛文尼亚第一个系统的国家品牌化活动,覆盖了所有重要的国家领域(旅游、经济、体育、文化、科学等)。整个过程以先前提出的区域品牌身份模型(Kone cnik Ruzzier & de Chernatony, 2013)为指导,包括以下要素:愿景、使命、价值、个性、效益和独特优势。这些要素通过区域品牌的功能性和情感性价值进行互动,形成了一种体验性承诺。这一模型依据以社区为基础的品牌化,使有影响力的利益相关者群体之间建立长期的相互依存的关系。国家品牌的主要观点是从塑造国家品牌的不同利益相关者群体的观点中发展而来的。同时,这些利益相关者群体也是体验品牌并实现品牌承诺的主体。
>
> 该品牌的开发还涉及一种二维的区域品牌化路径(Kone cnik Ruzzier & Ruzzier, 2009),通过这种方法,来自外部品牌受众的观点能够被有效地整合到品牌身份的发展中。所有受访的利益相关者群体都强调了斯洛文尼亚自然环境的重要作用,它应该是国

家品牌身份的关键组成。正是这种与自然的持续接触构成了斯洛文尼亚国家品牌使命的基石,内化在"与自然一起前进"(Forward with nature)这一表述之中。斯洛文尼亚自然环境的重要性还包含在国家品牌的愿景中,该愿景是基于利基导向的经济和技术进步所推动的可持续发展形成的。品牌价值围绕着家庭和健康、对本地环境的依恋以及对环境和人类同胞的责任。在个性方面,斯洛文尼亚人渴望获得认可,他们坚韧、活跃、勤奋,喜欢因工作而受到赞誉。斯洛文尼亚区别于其他国家的突出特征包括:未受破坏的自然风光、在尤为狭小的国土空间内的各种自然和文化影响的交错以及安全性。这些特征为社会福利、突出的高质量生活、亲近性、鼓舞、活动以及贡献的愿望提供了基础。

品牌身份要素的确定是发展斯洛文尼亚国家品牌承诺的基础,在最高层面上,它体现为斯洛文尼亚的绿色体验承诺,它不仅与颜色相关,还与每个人享受斯洛文尼亚的全部体验相关。

斯洛文尼亚国家品牌的故事通过"我感受斯洛文尼亚"的口号和根据其口号设计的标识得以视觉化。国家品牌的视觉部分与品牌故事紧密相关。标识的绿色唤起了人们关于"我感受斯洛文尼亚"这一品牌的体验。同时,因为它强调了斯洛文尼亚的可持续发展方向,也具有了更深层次的含义。

"我感受斯洛文尼亚"国家品牌在斯洛文尼亚本国受众和外国受众中都深受好评。对这一国家品牌使用最为系统的是旅游业,超过三分之二的旅游行业利益相关者群体在该品牌推出的五年内系统地使用了它。2012—2016年,该品牌还在一份名为《斯洛文尼亚旅游业发展战略》(*Slovenian Tourism Development Strategy*)的重要旅游业文件中占据了重要位置。通过将斯洛文尼亚定位为"绿色、积极、健康"(Green, Active, Healthy)的国家,该文件介绍了斯洛文尼亚在可持续发展方面的主要要素,并将这些要素相互关联起来。

在斯洛文尼亚短暂的国家历史中,国家品牌第一次不仅被用作视觉元素、同时还作为指导当前和未来(旅游)发展和国家营销的战略工具。

参考文献

Konecnik. M. and Gartner, W.C.(2007)'Customer-based brand equity for a destination', *Annals of Tourism Research*, 34(2), 400–421.

Konecnik Ruzzier, M. and Ruzzier, M.(2009)'A Two-dimensional Approach to Branding: Integrating Identity and Equity', In Cai, L.A., Gartner, W.C. and Munar, A.M.(eds), *Tourism Branding: Communities in Action*, UK: Emerald Group Publishing Limited, 65–73.

Konecnik Ruzzier, M. and de Chernatoney, L.(2013)'Developing and applying a place brand identity model: The case of Slovenia', *Journal of Business Research*, 66(1), 45–52.

实践洞察

社交媒体对外交官和小国国家品牌塑造的潜力
·尼克斯·帕纳约托（Nikos Panayiotou），塞浦路斯外交官

在撰写本文时，我注册推特账号已经有一年半了。它改变了我对工作的理解和执行方式。重要的是，它为我提供了关于国家品牌塑造的价值和运作方式方面的启示，尤其是对小国而言。

对于国际受众来说，小国常常会因为某些突出的原因而浮现在人们的脑海中。以塞浦路斯为例，这些原因都是不可避免的"塞浦路斯问题"：晴朗蓝天下的假日，见证了悠久历史的古老景观，以及最近发生的金融和经济危机。所有这些都是真实的，但它们都只能呈现出塞浦路斯的部分形象，有时甚至是扭曲的形象。社交媒体——在本文中主要是推特——为增强传统"卖点"提供了令人兴奋的全新的可能性，同时避免了尼日利亚小说家奇玛曼达·苟兹·阿迪切（Chimamanda Ngozi Adichie）提到的"单一故事的危险性"。换言之，社交媒体为展示一个既独特又多样化的国家品牌提供了机会。

与大国相比，小国的可支配预算往往相对有限，在接触国际媒体和公共舆论方面也面临更多挑战。社交媒体可以通过微小但有意义的方式帮助减少这种不平等。像推特这样的免费社交媒介允许任何能够连接到互联网的个人在世界任何地方实时地将信息传递给潜在的海量受众。与传统媒体相比，在像推特这样的社交媒体上有效地实现传播目标能够较少地依赖财务手段，而更多地依靠人为努力、技能和创造力。它是扩展联系和接近以其他方式难以接近的政策制定者和舆论引导者的工具。它有助于获得关于国家如何被认知的宝贵反馈，帮助人们重新考虑国家品牌化的战略和路径。

然而，的确，社交媒体无法脱离其所处的更广泛的现实环境。因此，举例来说，与小国相比，大国可能会更容易找到自己的受众，这使得它们更有能力有效地推广自己的国家品牌。这样的情况也使得大国更容易呈现多面的国家形象，反过来又有助于消除刻板印象。然而，像塞浦路斯这样的小国要如何吸引足够多的受众，让他们听到关于该国的消息呢？在以危机事件为生的传统媒体中，一个小国该如何让自己的优势被别人知道呢？

尽管我仍在自己的社交媒体经验中学习很多东西，但我认为，有一些简单的方法至少可以帮助减轻这些困难，有时甚至可以将劣势转化为优势。首先需要记住的是，新媒体传播的内容需要重视受众互动的特点。因此，不仅"说"很重要，而且"听"也很重要。特别要注意的是在参与那些社会广泛关注的话题时要保持真诚。此外，由于人们对某个地方缺乏了解，因此，有很大的空间来向他们传播令人愉悦和惊喜的内容。

至于那些负面宣传的例子，奥斯卡·王尔德（Oscar Wilde）曾说过这样一个观点："世界上只有一件事比被谈论更糟糕，那就是没有被谈论。"即使是那些最初不是很正面的故事，也可以借助社交媒体的帮助，转化为一种品牌资产。以对塞浦路斯面临的经济困难的相关宣传为例，这种宣传尽管可信度存疑，但仍可以引起人们对该国的新兴趣。在危机最严重的时候，数百万人用谷歌搜索"塞浦路斯是一个国家吗？"，这样的关注至少是一个开始。这种新兴趣可能不仅会凸显塞浦路斯空前迅速的经济复苏的信号，也会凸显该国许多其他的积极方面。

毋庸置疑，重新塑造态度需要时间和持续的努力。尽管社交媒体大多与即时通信相联系，但事实是，它们对国家品牌塑造的贡献是一项长期投资；同时，这也是一项值得开展的投资。

（本文的观点和意见仅代表作者本人，并不一定反映作者所在组织或其他贡献者和出版者的观点。）

案例：韩国的国家品牌塑造

·金永庆（Yong-Kyung Kim），韩国首尔的韩国外国语大学（Hankuk University of Foreign Studies），传播与信息学院教授

在现代世界，韩国是难得的一个能够从战争和贫困的灰烬中崛起、并在实现民主的同时成功实现工业化的国家。但是，在短短的韩国现代化的历史中，几乎没有时间对本国的国家形象进行投资。其结果是，韩国的国家形象无法与快速提升的国家经济地位相匹配。

因此，韩国品牌的价值被大大低估，甚至低于其国内生产总值的30%；而美国和日本品牌的价值则分别为本国国内生产总值的143%和244%。这种低估影响了韩国制造的产品价格，导致了"韩国折扣"效应，这迫使韩国制造的产品价格只能达到美国制造的相同产品价格的66%~67%。为了解决"韩国折扣"问题，分散在各个部门的所有与韩国品牌相关的活动都需要被纳入一个统一的中央管理系统中。

政府发起的旨在通过各种活动来提升韩国国家形象的首次尝试，是"动感韩国"（Dynamic Korea）口号的提出。在2002年韩日世界杯开幕之前，为了重塑韩国充满激情和活力的国家形象，金大中政府以"动感韩国"为口号进行了大规模的国家形象推广活动。在2002年之前一直严重依赖公关机构和大众媒体的所有公共关系活动都将重点放到了新口号上。

在该活动获得的正面反响的鼓舞下，韩国政府于2002年7月在总理办公室下成立了一个名为国家形象促进委员会（National Image Promotion Committee）的咨询委员会。该委员会与民间伙伴合作，力求消除关于韩国的负面信息，例如，韩国是一个分裂的国家；并系统性地、持续性地提升韩国国家形象。但是，由于预算和权限不足，它无法系统地处理与韩国国家形象相关的问题。除此之外，国家品牌管理的概念当时还没有被完全理解，因此，国家形象促进委员会最终几乎没有取得任何可实施的成果。

即使效果不佳，韩国政府仍在努力提升国家形象。2003年，时任总统卢武铉（Roh Moo-hyun）表达了他将韩国发展为国际社会中五大"文化超级大国"之一的意愿。为了提升韩国的海外形象，他成立了一个特设委员会——国家形象委员会（National Image Committee），由总理负责。此外，在卢武铉执政期间，韩国还启用了新的旅游口号，以"韩国，炫动之旅"（Korea Sparkling）代替"动感韩国"。这个新口号由于可能误导读者将其解释为碳酸水或气泡水的品牌名称而受到激烈批评。

尽管政府做出了这些努力，韩国在全球国家品牌指数上的排名仍然处于令人沮丧的水平。根据Anholt-GMI国家品牌指数——这是一项由独立政策顾问西蒙·安霍尔特（Simon Anholt）开展的年度调查——的排名，韩国的国家品牌排名从2005年的第25位持续下降至2007年的第32位和2008年的第33位。受到对韩国品牌价值较低评价的刺激，韩国时任总统李明博（Lee Myung-bak）采取了积极的行动，将这一问题作为政策议程的关键要素优先处理。

在2008年8月15日的国家光复日演讲中，李明博对与韩国相关的负面国家形象表示遗憾，并立誓在任职期间将尽全力把韩国的国家品牌价值提高到与其他发达国家相同的水平。他表示，韩国计划建立一个政府指挥调度台，以协调所有的国家品牌建设工作，力求显著改善韩国在国际社会中的形象。

在总统宣布愿意提供有组织的支持后，韩国国家品牌总统委员会（Presidential Council on Nation Branding, PCNB）于2009年成立，这是一个直接对总统负责的机构。该委员会由47名成员组成，包括政府官员和民间专家，以加强政府与私营部门之间的合作。韩国国家品牌总统委员会将国家品牌定义为"代表喜爱度与可靠性的总体概念，涵盖了一个国家的政治、经济和文化能力，以及国家的愿景和价值观"。在新提出的"韩国的关爱和被爱"（Korea caring for and being loved）的国家品牌愿景下，他们还设定了一个雄心勃勃的目标，即于2013年将韩国的国家品牌指数排名提高到第15位，比2009年的第31位前进16个位次。

根据委员会制定的包含品牌战略的三条轴线，国家品牌总统委员会的功能被总结为：（1）改善国家品牌实质；（2）提升国家品牌形象；（3）系统地管理国家品牌体系。此外，韩国的国家品牌建设战略可以细分为以下六类：（1）加强对国际社会的贡献；（2）鼓励全球公民意识和文化包容性；（3）推广先进的技术和产品；（4）加强全球沟通；(5) 建立国家品牌塑造的管理和评估系统；(6) 增加文化资产的知名度。

第一，在全球参与方面，韩国在向发展中国家提供援助以及为气候变化和世界和平等全球问题作出贡献方面的作用较小。为了被视为国际社会中负责任的一员，韩国必须积极参与全球活动，并在发展领域扩大人文的交流与合作。

在这样的背景下，韩国政府将海外志愿者工作纳入了"世界之友——韩国"(World Friend Korea, WFK)的伞形品牌下，以便更好地代表国家。作为韩国版的美国和平队(United States Peace Corps)，"世界之友——韩国"每年向发展中国家派遣3000多名志愿者。这使得韩国每年派遣到国外的志愿者人数仅次于美国，位居世界第二。国家品牌总统委员会还推出了一个名为"韩流"(Korean Wave)的项目，与发展中国家分享其在经济政策方面的经验，并将"韩流"传播到经济领域。

第二，国家品牌总统委员会致力于通过培养"全球公民意识"来提升人们的全球化思想和思维。当韩国人与外国人互动时，他们会牢记自己是全球公民，他们可以通过提高韩国作为旅游目的地的吸引力为韩国国家形象做出巨大贡献。为了以一种前瞻性的方式凝聚社会，委员会建构了一个年轻一代可以通过改善他们的国际化礼节来培养全球公民意识的环境。

同时，韩国还开展了旨在鼓励韩国人对外国人表现得更加友好、更加热情好客的全国性活动。在海外旅游领域所做的努力中，诸如"微笑总动员"(Smile Campaign)之类的推广活动传播了礼貌、整洁和有序的韩国文化特色。由于这些活动需要企业和公民的参与和合作，因此全国参与是十分重要的。

国家品牌总统委员会还通过发起"彩虹韩国"(Rainbow Korea)等活动来增强人们对文化多样性的认识。该项目旨在从教育、医疗、住房和语言方面提高多元文化家庭的生活水平。此外，政府还为实现跨国移民家庭的社会融合提供了专门的项目，帮助已婚的女性移民在韩国定居，并全面适应韩国文化。

第三，国家品牌总统委员会试图将具有世界一流质量的韩国产品命名为"韩国——先进技术与设计"(Advanced Technology and Design Korea, AT & D Korea)，并在全球市场上推广这些产品，以创造一个"优质韩国"(Korea Premium)的概念。但是，政府希望将高质量产品与三星、LG和现代等成功的韩国企业品牌联系在一起的想法却遇到了一些挫折，由于"韩国折扣"现象的存在，这些公司不愿承认自己是韩国品牌。

第四，国家品牌总统委员会把重点放在国家级的文化交流活动上，并鼓励人们参与其中。委员会以"韩国周"(Korea Week)为主题，直接在国外组织文化交流项目，例如文化展览、表演和招待会。它还通过举办有关韩国文化、历史和时事新闻的展示，努力接触在韩国的外国居民，包括记者、商人和外交代表团。尽管这些活动得到了公众的积极响应，但其中大多数的活动都面临预算、时间、场所和参与人数的限制。

国家品牌总统委员会还提供了一个特别针对年轻群体的网站，涵盖外国学生群体、以加强全球交流。此外,委员会还组织了许多推广活动,例如"品牌支持者"(Brand Supporters)、"内容记者"(Content Reporters)、"韩国世界学生"(World Students in Korea, WSK)、"品牌传播者"(Brand Communicators)、"新思维新韩国"(New Thinking New Korea)和"有影响力的博主"(Power Bloggers)等,这些活动有助于参与者用韩语和他们自己的语言进行多元内容的创作。

第五,国家品牌总统委员会认为,现有的国家品牌指数无法充分衡量国家品牌的全部方面,因此,委员会与三星经济研究所(Samsung Economic Research Institute, SERI)联合,于2009年7月建立了自己的国家品牌指数。与其他指数相比,SERI-PCNB指数涵盖八个方面的内容,包括经济、科学技术、基础设施、公共机构、遗产、当今文化、公民和名人。此外,由于韩国的国家形象与其实质相比被大大低估了,因此,这个新模型通过开展国家调研,分析可信度高的各种统计数据,对韩国的实际情况进行深入的测评。

尽管新提出的SERI-PCNB模型客观性上不可避免地受到一些批评,但根据这个全新模型,韩国在国家品牌指数方面的变化是显著的。自该指数创建以来,韩国的国家品牌排名首次超过了经合组织的平均水平,这意味着韩国政府实现了其达到经合组织国家品牌实力平均水平的目标。

第六,国家品牌总统委员会为了向国际社会推广韩国的文化资产进行了一系列努力。传播文化资产的目的是通过分享基于文化和历史价值的具有吸引力的文化内容,增强韩国的软实力。委员会特别注重通过建立世宗学院(King Sejong Institute)来传播韩语。世宗学院整合并精简了多个部门和机构在海外的许多韩语课程和基础设施。目前,世宗学院仍在扩大其覆盖地点,优化教学设施,同时提高教学内容和教育服务的质量。

此外,由于外界对韩国传统文化知之甚少,国家品牌总统委员会在韩国书院(Seowons,朝鲜王朝建立的私立学院)和传统庙宇入选联合国教科文组织世界文化遗产的过程中发挥了核心指导作用。委员会成立了一个推广小组,负责申遗的所有必要程序,如选择目标庙宇并满足不同利益相关者群体的要求。此外,国家品牌总统委员会还举办会议,聚焦韩国文化的国家品牌,同时鼓励青年群体在能够提升韩国文化形象的国际活动中提供文化内容。

从上述所有的国家品牌管理活动中可以得出以下结论。首先,应该注意到韩国政府的作用。国家品牌总统委员会充当了全国性的指挥调度台,在扩大公共和私营机构之间合作的同时,为国家品牌的提升做出了努力。该委员会制定了国家品牌管理的总纲领,明确了具体任务,并将其反映在品牌指数体系中进行检查和衡量。所有这些系统的、连贯的管理国家品牌形象的努力避免了相互矛盾的目标以及重复的政策和工作。此外,一旦政府担当了领导角色,整个韩国社会就能够更好地理解国家品牌的重要性。

其次,国家品牌总统委员会尝试了各种方式,鼓励个人和企业参与到国家形象的提升过程中,以克服政府为主导的国家品牌管理的局限性。委员会设计了各种方式,通过促进个人、企业和政府之间的合作来集中国家力量。个人和企业都能够通过被鼓励参加国家品牌提升的相关活动而获得参与感。此外,基于反映本地需求的多种差异化的品牌战略,政府可以在发挥公众创造力的同时实施最优政策。

再次,在发现国家品牌本质的过程中,国家身份也受到了关注。为了在全国范围内就国家品牌身份达成共识,大量的工作和精力都侧重于对国家身份的理解和重新诠释,并将其作为国家差异化的独特本质。之后,在已经确定的韩国精神价值和不同语境的品牌身份的基础上,工作重点转移到了建立有尊严的国家品牌。

最后,韩国希望在对现有的韩国品牌透彻理解的基础上,以新的视野来管理其国家形象。韩国政府不希望将国家品牌管理的目标设定为国际竞争;相反,韩国通过强调分享、关怀、和谐与尊重等传统价值观,专注于以文化为导向的努力。

如今,在享有成熟的民主制度的同时,韩国的流行文化在全球范围内广受欢迎,韩国企业也凭借其先进的技术占据了全球市场。因此,人们非常希望韩国成为一个与世界分享其文化、技术、经济和成功的民主化和工业化经验的国家。当韩国继续努力建立基于国际合作与和谐关系的国家形象时,以"韩国折扣"为代表的负面形象终有一天将转化为"优质韩国"的正面形象。

案例:马来西亚的国家品牌塑造

·马库斯·奥斯本(Marcus Osborne),马来西亚吉隆坡融合品牌公司(Fusion Brand)总经理

马来西亚是一个不同寻常的国家,因为它跨越两个大陆。马来西亚半岛从泰国一直延伸到欧亚大陆的最南端,而马来西亚国土的另一部分在距离其1000公里的东北方向,位于婆罗洲岛的西海岸。

整个马来西亚拥有丰富的自然资源。晴朗碧蓝的天空之下,漫长的海岸线两旁棕榈树林立,海滩美如明信片上的图画,被中国南海温暖的海水轻柔地抚摸着(注:西海岸在马六甲海峡上)。马来西亚也拥有非凡的历史,见证过王国、战争、英雄、殖民主义和自由。马来西亚是文化和种族的大熔炉,这些不同的文化和种族是宽容和融合的,为马来西亚提供了讲述一个令人兴奋的旅游故事的潜力。

在商业方面,马来西亚提供了具有竞争力的激励措施来吸引外商直接投资,并占据了东南亚新兴中产阶级中心的战略位置。在该国落后于竞争对手的领域,例如劳动力技能的提升方面,政府正在采取行动解决这些问题。

自马来西亚于1957年脱离英国获得独立并于1963年建国以来,该国的国内生产总值平均每年增长6.5%。2010年,时任总理纳吉布意识到,本国过去对自然资源和外国劳工严重依赖,并且目前仍然保持着这样的势头,因此,他发起了一项经济转型计划,目标是在2020年之前使马来西亚成为高收入国家。他希望看到,马来西亚不仅因为高收入的经济而崛起,也因为高质量的经济而崛起。为实现这一目标,他打算发展石油、天然气和棕榈油以外的经济领域,以推动经济多样化,并且培养受过良好教育且拥有更高技能的劳动力。他的目标雄心勃勃,计划在2020年将马来西亚的投资总额增加到4440亿美元,并预期私营企业将为该目标贡献92%。初步结果显示,2010—2014年,对马来西亚投资额为该目标的15%,即700亿美元。

为了吸引全球大型跨国公司和国际人才来到马来西亚,政府成立了一些专门机构,例如利商特工队(Pemudah)、人才公司马来西亚(TalentCorp Malaysia)和投资吉隆坡(InvestKL)。《世界投资报告》(*World Investment Report*)的数据显示,马来西亚的外商直接投资在2013年增长了22%,使其成为东南亚第四大最受欢迎的外商直接投资目的地,仅次于新加坡、印度尼西亚和泰国。自2010年以来,共有40家跨国公司承诺在马来西亚设立地区总部,而马来西亚政府也采取了一种"生态系统路径",使其能够在发展制造业和服务业的同时,促使投资金额与可持续发展水平相匹配。

马来西亚还在全国范围内创设了五个经济特区和经济走廊。其中表现最好的是南部柔佛州的伊斯坎德尔和砂拉越州的再生能源走廊特区(Sarawak Corridor of Renewable Energy,SCORE)。自2006年以来,这两个经济走廊已经获得将近500亿美元的投资。

马来西亚还吸引了将近3000万游客,2014年上半年的入境游客人数已经比2013年全年高出10%。尽管2014年上半年的1610万入境游客中有1230万人次是来自邻国新加坡、泰国、文莱、印度尼西亚和中国的短期游客,但马来西亚的旅游业每年仍然可以产生超过180亿美元的收入。

从表面上看,马来西亚拥有一个成功的国家品牌。但是,一些评论家指出,在2014年的某段时间,马来西亚的国家品牌在神秘的马航MH370事件之后遭到了舆论围攻——当时,属于马来西亚国家航空公司的一架飞机消失得无影无踪。接下来,又发生了马航MH17航班在乌克兰被击落的惨痛事件。对于国家暴动原因的困惑、威胁马来西亚统一的右翼组织势力的不断增强、不受欢迎的税收、不断上升的生活成本和收入差距的扩大,这些因素正在建构一个心怀不满、民心低落的社会。公民的支持是任何国家品牌塑造计划成功的关键,而当时,由于上述问题,马来西亚国内的民心非常低落。

最近,马来西亚发展国家品牌的努力已经变得分散,政府以传统的方法为基础,在大众媒体上采用了老套的营销手段。但是,马来西亚国家品牌的发展并不总是采用现在这样的方法。早在2005年前后,马来西亚就建立了负责国家品牌建设的工作小组。这个工作小组采用秘书处的形式,由来自创意产业、旅游业、制造业和其他与消费者有直接联系的机构的代表组成。

2008年,目的地品牌咨询公司——融合品牌公司被委派按照一份政府工作简报塑造马来西亚的国家品牌,这份简报要求该公司由内而外地为马来西亚进行国家品牌建设。同年,时任总理和他的几位内阁大臣下台,其中包括负责监督国家品牌计划进展情况的秘书处的部长,该职位很快被搁置。2009年之后,政府宣布了"人民为先,绩效为重"(People First, Performance Now)的品牌口号。同样在2009年,又提出了"一个马来西亚"(1Malaysia)的口号,以鼓励公务员提高工作效率,发展种族和谐和民族团结的文化。批评者认为这个活动是对"一个以色列"(1 Israel)活动的模仿,但这个口号最终被采用了。

马来西亚成立了许多由政府推动的非政府组织,例如"一个马来西亚"基金会(1Malaysia Foundation)和"一个马来西亚"青年基金会(1Malaysia Youth Fund),其目的是推广"一个马来西亚"的概念,并鼓励马来西亚人认同和适应这一概念,以推进能够促进民族团结的创意项目。同时,政府还发起了全国范围内的宣传运动,要求国家公共事务局(National Civics Bureau)对公务员进行有关"一个马来西亚"概念的培训。同时,政府建立了50家医疗诊所来诊治轻微和严重的疾病,每次诊治仅收费0.3美元。此外,马来西亚政府还设立了主权财富基金——"一个马来西亚"发展有限公司(1Malaysia Development Berhad, 1MDB),以便在房地产、旅游和能源部门参与和开发项目。2011年,"一个马来西亚"人民杂货商店(1Malaysia People's Grocery Stores)开业,旨在提供物美价廉的家庭日用品。

同时,"一个马来西亚"标识也开始出现在各个地方,推广了诸如认同、诚实、精英管理和正直等价值观。然而,马来西亚人对于如何将"一个马来西亚"概念应用于他们自身、如何将"一个马来西亚"概念融入他们的生活中、什么是衡量"一个马来西亚"概念的标准,以及至关重要的——"一个马来西亚"概念对他们自身有什么意义,几乎没有什么了解。

之后,在2010年,马来西亚又发布了一个新的口号,即"驱动变革"(Generating Transformation),紧随其后的是2011年发布的"变革成功,人民繁荣"(Transformation Successful, People Prosperous),2012年发布的"实现承诺"(Promises Fulfilled)和2013年发布的"产品以人为本"(People first product)。

在此期间,政府通过一项野心勃勃的营销计划,分配了大量财政资源用于提高国际知名度,并提升马来西亚的国家形象,该计划由总理负责,并受到了旅游促进局的营销活动的支持。其中,旅游促进局的营销活动主要是在全球的传统媒体上推广马来西亚。

基于一项据说由国际公司开展的广泛的调研,又经过与马来西亚总理办公室的讨论,一个新的标语——"无限可能"(Endless Possibilities)于2013年1月上旬被推出。在2013年达沃斯世界经济论坛上,新标语以及支撑它的宣传活动都得到了展示。这些活动包括在达沃斯大街上设立五层楼高的广告牌、以总理为主角的大众媒体电视闪电战以及在全球商业出版物上攻势猛烈的辅助性广告宣传。马来西亚公众被告知，新标语是对前总理马哈蒂尔·穆罕默德在20世纪90年代中期提出的"马来西亚可以"（Malaysia Can）这一标语的延伸，并对早些时候推出的"一个马来西亚：人民为先，绩效为重"标语进行补充。从象征意义上来说，该标语于2014年9月17日正式推出，而前一天刚好是马来西亚日，即马来西亚建国周年纪念日。

然而，在达沃斯世界经济论坛后的几小时内，对新标语和新宣传运动的批评便开始了。批评者声称该标语早已经被以色列、菲律宾的萨加达、印度的英国家用品商店、英国的一家变更管理公司和美国的一家旧货店使用过。尽管政府很快指出，马来西亚在以色列之前就使用了这一主题，但由于舆论造成了巨大的负面影响，这一标语很快就被撤回了。

马来西亚从惨痛的经验中学到，创造一个口号之后，仅通过广告和其他政府驱动的企业传播活动围绕该口号来提升国家品牌，对于发展国家品牌来说是远远不够的。在20世纪60年代到90年代，也许政府可以使用这种创意驱动的品牌化路径来塑造国家品牌，因为那时消费者的信任感更强，国家及其广告代理机构控制信息的能力也更强，并且那时政府更加重视让信息"走出去"，而不重视反馈结果。

尽管现在的世界是一个流动性更强、更具协作性的环境，但各国采用以创意驱动的战术来启动国家品牌战略的做法仍然屡见不鲜。但这只不过是徒劳、昂贵又天真的实践。像马来西亚这样的发展中国家需要对知识更渊博、要求更高的公民负责。政府不能将宝贵的资源浪费在那些很快就会被人们遗忘的宣传活动上，这些宣传活动呈现的信息超出了该国的能力。相反，它们必须懂得国家品牌化所带来的新的现实，这些现实是围绕着所有利益相关者群体来提供他们所需的经济价值、体验价值、情感价值和日益增长的社会价值。

马来西亚正在进行的大部分活动都能很好地融入其国家品牌战略，但这些活动缺乏整体性、长期性、一致性和所有权认定。同时，国家品牌战略中似乎也缺乏由公民驱动的、经过有效整合和利用的持久项目。除此之外，还需要一个经过充分研究的、以地域合作为中心而规划的、针对特定部门的执行方案，这个方案的重点是有效使用社交媒体，而非大众媒体；是推动大众参与、扩大社交媒体意见领袖的影响力，并提供有吸引力的叙事角度。另外，现有的活动大多是孤立的、单独的战术项目，其目的更多是为了宣传，而不是传播那些通过利益相关者群体调研并在长期战略中明确的价值观。

什么将决定马来西亚国家品牌计划的成功，并确保本国公民的认同、推动积极的国际认知？这个问题的答案来自于一种认识，即在当前的经济环境中，政府不可能支配或控制关于国家的所有信息。马来西亚必须确定具有参与性的长期项目，从而在马来西亚人中，特别是在常常感到沮丧、愤怒、没有方向感的年轻的马来西亚人中，培育自豪感和成就感。

接下来的举措对马来西亚国家品牌的成功至关重要。马来西亚政府必须建立马来西亚国家品牌塑造小组或工作组。该小组不应由有创意工作背景的人领导，因为这不是一场创意实践。该小组必须是一支知识渊博的专业品牌团队,其任务应该是进行无党派的、透明的和无偏见的研究,主要针对内部和外部、国内和国际,以确定利益相关者群体对国家品牌价值的要求,并明晰马来西亚自身的价值是什么、国家能提供什么资源以及目标市场和部门是什么。一旦收集并分析完研究数据,工作组必须制定国家品牌蓝图,在未来三年、五年和十年内推动国家品牌的发展。

该蓝图的内部品牌化要素还必须将国家品牌与该国的核心产业、已建立的品牌,和中小型企业部门的品牌系统地联系起来,并通过大约五个长期的项目来鼓励社区对政策的支持,并且这些项目需要制定真实的、可衡量的和可实现的目标。这五个项目将会把国家品牌紧密地凝聚在一起。国家品牌的建立必须经过一个系统的、整体的过程,该过程必须满足国内和国际利益相关者群体的需求。同时,该过程不仅要有效地优化马来西亚的国家品牌,还要将有限的国家资源效益最大化。

一旦项目开始实施,它需要一个灵活的团队来适应当今动态的传播环境。一些事件的发生可能会影响国家品牌发展计划,因此团队必须做好准备,并能够根据事件和机会调整预先设定的内容。这种灵活性在很大程度上是由社交媒体强调的公开的论坛、讨论和体验来推动的。但是,不能忽视乡村社区的需求,而是需要以一种更加传统的方式来满足这些需求——不是通过传播的方式,而是通过实际参与的方式。

在当今这个扁平化的、狭小的、充满活力的世界中,那些灵活多变、并能够以最快的速度调整和适应的国家将会脱颖而出。马来西亚犯了一些常见的错误,但总体而言,它拥有一个备受尊重的国家品牌。未来的五年对于马来西亚来说将是一个挑战,但这个独特的国家有能力应对这一挑战。

总　结

国家品牌化战略是一项复杂的工作。尽管国家品牌化战略的具体要素与商业组织的相关要素有所不同,但战略分析、规划和执行的原则同样适用于国家,正如它们适用于公司一样。国家品牌需要开展内部和外部分析,以评估国家当前所处的竞争地位,从而找到合适的发展方向,制定并实施战略。

 讨论要点

1. 请选择一个国家进行内部和外部分析,并在此基础上提出一个合适的国家品牌战略。

2. 如何动员国家的海外侨民帮助实现国家品牌化目标?请举例说明一些成功吸引本国侨民参与国家品牌化的案例。

3. 设计国家品牌战略表现衡量系统。

4. 请说明你在多大程度上同意本章第二个案例关于马来西亚国家品牌塑造路径的建议,并给出理由。

本章参考文献

Anderson, C. (2006) *The Long Tail: How Endless Choice Is Creating Unlimited Demand*, UK: Random House Business Books.

Andersson, M. and Ekman, P. (2009) 'Ambassador networks and place branding', *Journal of Place Management and Development*, 2 (1), 41-51.

Ansoff, H. (1988) *Corporate Strategy*, UK: Penguin.

Barrand, D. (2005) 'Travelex secures Jonny Wilkinson as ambassador', *Marketing*, May 18, 4.

Bengtsson, S. (2011) 'Virtual nation branding: The Swedish embassy in Second Life', *Journal of Virtual Worlds Research*, 4 (1).

Burmann, C. and Zeplin, S. (2005) 'Building brand commitment: A behavioural approach to internal brand management', *Journal of Brand Management*, 12 (4), 279-300.

Buttle, F. (2008) 'A CRM Perspective on Nation Branding', in Dinnie, K., *Nation Branding-Concepts, Issues, Practice*, 1st edn, 66-67, London: Butterworth-Heinemann.

Christensen, C. (2013) '@Sweden: Curating a nation on Twitter', *Popular Communication: The International Journal of Media and Culture*, 11 (1), 30-46.

Cull, N.J. (2012) 'Listening for the hoof beats: Implications of the rise of soft power and public diplomacy', *Global Asia*, 7 (3), 8-12.

Favre, P. (2008) 'The New France-Breaking Through the Perception Barrier', in Dinnie, K., *Nation Branding-Concepts, Issues, Practice*, 1st edn, 239-242, London: Butterworth-Heinemann.

Hackley, C. (2005) *Advertising and Promotion: Communicating Brands*, UK: Sage Publications.

Hays, S., Page, S.J. and Buhalis, D. (2012) 'Social media as a destination marketing tool: Its use by national tourism organisations', *Current Issues in Tourism*, 16 (3), 211-239.

Interbrand (2008) 'Country Case Insight-Estonia', in Dinnie, K., *Nation Branding-Concepts, Issues, Practice*, 1st edn, 230-235, London: Butterworth-Heinemann.

IPA Effectiveness Awards (1998), www.ipa.co.uk.

Jobber, D. (2004) *Principles and Practice of Marketing*, 4th edn, UK: McGraw-Hill.

Johnson, G., Scholes, K. and Whittington, R. (2005) *Exploring Corporate Strategy: Text and Cases*, 7th edn, UK: FT Prentice Hall.

Kapur, D. and McHale, J. (2005) *Give Us Your Best and Brightest. The Global Hunt for Talent and Its Impact on the Developing World*, Center for Global Development, Washington, D.C.

Keller, K.L. (2003) *Strategic Brand Management: Building, Measuring, and Managing Brand Equity*, 2nd edn, US: Prentice Hall.

Kirby, J. and Marsden, P. (eds) (2005) *Connected Marketing: The Viral, Buzz and Word of Mouth Revolution*, UK: Butterworth-Heinemann.

Koslow, S., Sasser, S.L. and Riordan, E.A. (2006) 'Do marketers get the advertising they need or the advertising they deserve?', *Journal of Advertising*, 35 (3), 81–101.

Kuznetsov, Y. (2006) 'Leveraging Diasporas of Talent: Towards a New Policy Agenda', in Kuznetsov, Y. (ed), *Diaspora Networks and the International Migration of Skills: How Countries Can Draw on Their Talent Abroad*, 221–237, Washington, DC: WBI Development Studies.

Kuznetsov, Y. and Sabel, C. (2006) 'International Migration of Talent, Diaspora Networks, and Development: Overview of Main Issues', in Kuznetsov, Y. (ed), *Diaspora Networks and the International Migration of Skills: How Countries Can Draw on Their Talent Abroad*, 3–19, Washington, DC: WBI Development Studies.

Lebedenko, V. (2008) 'On National Identity and the Building of Russia's Image', in Dinnie, K., *Nation Branding-Concepts, Issues, Practice*, 1st edn, 107–111, London: Butterworth-Heinemann.

Marks, J. (2006) 'South Africa: Evolving Diaspora, Promising Initiatives', in Kuznetsov, Y. (ed), *Diaspora Networks and the International Migration of Skills: How Countries Can Draw on Their Talent Abroad*, 171–186, WBI Development Studies.

Marquis, S. (2007) 'Buyers storm the creatives' citadel', *The Guardian*, Media Guardian, 23 April, 10.

Mortimer, R. (2006) 'Chris Anderson on smashing hits', *Brand Strategy*, 17 March.

de Moya, M. and Jain, R. (2013) 'When tourists are your "friends": Exploring the brand personality of Mexico and Brazil on Facebook', *Public Relations Review*, 39, 23–29.

Nunan, D. (2005) 'Marketing to Diasporas: A Comparison of Nation Branding Strategies Employed by Scotland and Ireland', unpublished MSc Dissertation, University of Strathclyde.

Palsdottir, I.H. (2008) 'The Case of "Iceland Naturally" – Establishing an Umbrella Brand to Increase Country Image Impact and Coherence', in Dinnie, K., *Nation Branding-Concepts, Issues, Practice*, 1st edn, 183–186, London: Butterworth-Heinemann.

Rasmussen, R.K. and Merkelsen, H. (2012) 'The new PR of states: How nation branding practices affect the security function of public diplomacy', *Public Relations Review*, 38, 810–818.

Sartain, L. (2005) 'Branding from the inside out at Yahoo!: HR's role as brand builder', *Human Resource Management*, 44 (1), 89–93.

Sevin, E. and White, G.S. (2011) 'Turkayfe.org: Share your Türksperience', *Journal of Place Management and Development*, 4 (1), 80–92.

Sheth, J. (2006) keynote speech, Academy of Marketing 2006 Annual Conference, 4-6 July, Middlesex University Business School, London.

Shimp, T.A. (2003) *Advertising, Promotion, and Supplemental Aspects of Integrated Marketing Communications*, 6th edn, US: Thomson South-Western.

Szondi, G. (2010) 'From image management to relationship building: A public relations approach to nation branding', *Place Branding and Public Diplomacy*, 6 (4), 333-343.

Wilson, R.M.S. and Gilligan, C. (2005) *Strategic Marketing Management: Planning, Implementation and Control*, 3rd edn, UK: Elsevier Butterworth-Heinemann.

Yun, S.-H. and Toth, E.L. (2009) 'Future sociological public diplomacy and the role of public relations: Evolution of public diplomacy', *American Behavioral Scientist*, 53 (4), 493-503.

第十章

国家品牌化的未来视野

> **🔑 关键要点**
> - 国家品牌化的未来发展趋势可能包括：盎格鲁中心主义的研究范式的转移、国家品牌化战略协调性的加强以及公民自媒体影响力的日渐增强。
> - 国家品牌化的替代性术语可能会出现，与营销和商业领域的联系将会被弱化。
> - ICON模型为国家品牌化提供了一个整合的、语境化的、有机的、创新的实践路径。

引 言

本章将会展望国家品牌化的未来视野，并确定未来几年国家品牌发展的几种趋势：从公民自媒体影响力的日渐增强，到国家品牌化作为可持续发展催化剂的潜力。本章的学术观点将会探讨公共外交、国家品牌和软实力之间的关系。第一个案例将概述芬兰国家品牌化的路线图,第二个案例将会描述非洲设计对非洲大陆的企业品牌和国家品牌的影响。

盎格鲁中心主义的研究范式的转移

随着 21 世纪的到来,金砖国家逐渐成为全球经济超级大国;与此同时,其他国家在世界舞台上的地位也更加显著。因此,我们可以期待看到一种品牌管理范式的转变,从盎格鲁中心主义的范式,转向反映世界新秩序的范式,但新范式的具体形式还有待观察。严(Yan)预测,"到 21 世纪下半叶,印度可能会成为西方国家在国家品牌化方面学习的对象"(Yan, 2008)。西蒙·安霍特(Simon Anholt)讲述了他的工作是如何发生变化的——从最初的以品牌为中心,到现在的以竞争身份为原则、建立并培训高水平的国家决策者团队(Anholt, 2008)。国家品牌化的巨大范围和各国在全球经济中对于有效竞争的普遍需求,从根本上使得以西方为中心的品牌管理范式不太可能在未来几十年里继续占据主导地位。随着越来越多的国家针对自身面临的独特挑战找到独创的和有针对性的解决方案,我们可以期待令人兴奋的国家品牌化的全新视角的出现。

国家品牌化战略协调性的加强

国家品牌化涉及的概念和话题在智力上并不难理解,挑战在于如何界定国家品牌战略需要涵盖的活动领域,并确保构成整体战略的不同组织和个人之间保持良好的协作。阿久津(Akutsu, 2008)在讨论日本的国家品牌化时也提到了这一点。

逐渐被采纳的品牌管理技巧

尽管从长期来看,可能会出现品牌管理范式的替代范式,但从短期到中期来看,各国可能会在使用品牌管理的工具和手段方面变得更加精明,以提升本国在全球经济中的竞争力。品牌身份、品牌形象和品牌定位等既定原则有助于明确国家品牌战略的基础,并指导协同活动的开展和执行。另一个各国可能会探究其潜在应用的品牌化概念是联合品牌(co-branding)实践。联合品牌在商业领域十分常见,它是指不同企业的两个品牌联合在一起,从而受益于彼此现有的品牌资产的商业模式。国家品牌化领域内的联合品牌可以体现为两国联合竞标举办举世瞩目的体育赛事。例如,奥地利和瑞士联合申办的 2008 年欧洲足球锦标赛,以及波兰和乌克兰于 2012 年联合申办的同一赛事。另一个联合品牌实践作为国家品牌战略组成要素的例子体现在"马来西亚,真正的亚洲"(Malaysia Truly Asia)这一宣传活动的纸质杂志广告部分,参与联合的品牌包括 2007 马来西亚旅游年（Visiting Malaysia 2007）、马来西亚旅游局、马来西亚航空公司，以及或许是最令人震惊的——曼彻斯特联足球俱乐部。

就基本营销学知识而言，市场细分和瞄准目标市场与受众的市场营销原则是有用且容易理解的，它们是确保资源不被浪费在目标不明确的活动和传播上的策略。那些参与国家品牌化战略的政治家、政府官员和其他公务员应该接受培训，并且至少了解基本的品牌化原理，以便他们有效地为实现国家品牌化目标做出贡献，并且确保公共资金不被浪费在雇用不称职的或表现不佳的广告机构或品牌咨询顾问上。

对于参与国家品牌化的政府和公共机构来说，了解一些营销绩效指标的知识也是有用的，即了解衡量投资市场回报的方法。伦敦商学院的高级研究员蒂姆·安布勒（Tim Ambler）表示，"明确的目标和绩效指标是区分专业人士和业余人士的标准"，他进一步建议，企业应该反思以下十个关于营销绩效的问题（Ambler，2006）：

（1）高层管理人员团队是否会定期对营销绩效进行正式评估？
（2）高层管理人员团队如何理解"客户价值"这一术语？
（3）高层管理人员团队在营销问题上花了多少时间？
（4）商业/营销计划是否体现了企业的非财务目标，并将它们与市场目标联系起来？
（5）该计划是否将本公司的营销绩效与竞争对手或整个市场的绩效进行了对比？
（6）你主要的市场营销资产是什么？
（7）高层管理人员团队的绩效评估是否包含了主要市场营销资产的量化数据，以及这一数据的变化情况？
（8）高层管理人员团队是否对未来5年至10年内预期的"成功"进行了量化？
（9）你的战略是否有能够表明"成功"进展的可量化的时间表？
（10）高层管理人员团队看到的营销绩效指标是否与量化的"成功"时间表一致？

尽管这些绩效指标是为企业的高层管理人员设计的，但是也适用于为国家品牌化项目开展的市场营销活动。事实上，如果不使用这些绩效指标，就会缺少问责制度，从而妨碍对国家品牌战略中的特定营销要素进行有效评估。

熟悉市场营销和品牌化技巧，即使只是入门级的基础知识，也会为那些参与国家品牌化活动的个人和组织提供工具和启示，以提高他们个人和团队的工作效率。然而，这些营销和品牌化技巧不应被视为掩盖不道德行为的手段。国家品牌化的本质应该是协调国家的关键利益相关者群体，以实现有利于整个国家的目标。它不是一种纠正一个国家的社会、商业、政治或军事错误的公关活动。国家品牌化旨在提升国家的形象与声誉，以便在吸引外商直接投资、促进旅游、推广出口等方面取得进展，而只有在国家行为是值得尊重并得到良好传播的情况下，这些目标才能够实现。有人指出："先有高尚的行为、有力的解释和认真的聆听，才会有强大的声誉。"（Stewart，2006）

公民自媒体影响力的日益增强

数字化时代的一个关键的现象是消费者自媒体（consumer-generated media）的兴起，在国家品牌化语境下，更为合适的说法是"公民自媒体"（citizen-generated media）。这种公民自媒体可以影响与区域相关的品牌联想和品牌资产（Andéhn et al., 2014）。相较于过去品牌所有者几乎掌握了传播垄断权的时代，如今，互联网的平等本质为消费者赋权，使其能够发出自己的声音。过去企业对消费者的独白，已经转变为两者之间的互动对话，在这种对话中，品牌与消费者之间的互动共同创造了品牌价值。这也意味着品牌所有者愿意减少他们对品牌的控制，例如，邀请消费者为未来的广告宣传提供创意主题和执行方案。也许很少有国家会考虑彻底重新分配品牌影响力，将其从品牌所有者的手中转到消费者的手中；但国家有可能效仿产品品牌和企业品牌目前采用的一些品牌价值的共同创造战略，其中一个案例是推特上的 @Sweden 项目。

企业对"博客圈"越来越感兴趣，国家品牌也有望仿效企业，通过制定相关战略，与越来越多的博客作者接触，许多博客作者的写作内容会对国家品牌产生重要影响。最明显的例子是个人发表博客，介绍他们作为旅游者在不同国家的游览经历。

声音品牌化

对品牌管理者们来说，声音品牌化（sonic branding）是一种相对较新的可利用的技术。声音品牌化有三个组成部分：声音（voices）、音乐（music）和音效（sound effects）（Jackson, 2003）。声音品牌化可以呈现为每个品牌广告上的声音标识，或者可以对其进行更广泛的应用，在业务的每个方面使用一致的声音和音乐，就像本田公司、英特尔公司和易捷航空公司（Mortimer, 2005）所做的一样。例如，西门子公司在品牌化过程中，在标识、宣传语、字体、颜色、布局和风格之外加入了声音要素，由此形成了品牌的基本构成。西门子正在通过创造声音签名（audio signature），或声音标识（sonic logo），以及一些声音情绪（mood sound）来使用声音（Treasure, 2007）。据称，声音品牌可以在听者大脑的听觉通道中植入一种记忆，这种记忆非常强大，几乎不可能被遗忘，因此，声音品牌已经成为当前品牌争夺市场份额的关键武器（Arnold, 2005）。

尽管企业直到最近才开始在品牌化中对声音进行战略性运用，但在服务业，特别是在零售行业和餐饮行业，多年前已经就音乐对消费者行为的影响开展了广泛的研究（Alpert & Alpert, 1990; Herrington & Capella, 1996）。一些研究表明，音乐的节奏会影响消费者行为，与快节奏的音乐相比，当播放慢节奏的音乐时，超市购物者的购买水平有所提高（Milliman, 1982），而播放快节奏的音乐能够显著加快就餐者的就餐速度（Roballey et al., 1985），同时，与慢节奏演奏的钢琴曲相比，快节奏演奏的钢琴曲可以加快就餐者的饮酒速度（McElrea & Standing，1992）。这些研究有效地证明了音乐在特定方面影响消费者行为的能力，但与国家品牌化更为直接相关的，是在音乐营销方面最为著名的研究之一，也就是所谓的"葡萄酒过道实验"（Wine-aisle experiment）。

"葡萄酒过道实验"（North et al.，1999）历时两周，在这期间，超市的葡萄酒区域每天交替播放法国和德国风格的音乐。实验结果表明，尽管消费者们似乎没有意识到所播放的音乐的不同，但当播放法国风格的音乐时，法国葡萄酒的销量会超过德国葡萄酒，反之亦然。出口促进机构和原产地品牌应该参考这项研究的结论，并在制定品牌化战略时考虑在产品推广时播放合适的音乐。由于各国都拥有积淀了几个世纪的音乐遗产，它们在这方面都拥有独特的精良装备。"葡萄酒过道实验"展示了如何将来源地效应巧妙又有效地整合到营销传播中。近年来，各国举办了数不胜数的国家葡萄酒展销宣传活动，但几乎没有一个国家在活动中包含了声音品牌维度。因此，采用声音品牌的宣传活动在未来有可能会获得先发优势。

国家品牌化（Nation branding）的替代术语？

"品牌"（Brand）和"品牌化"（Branding）这两个词会使人们产生复杂的反应。对于一些人来说，这些词只不过是对商业世界中核心因素和实践的无关痛痒的描述语；对于另一些人来说，它们包含了操控、欺骗和肤浅的意思。本书的论点是，国家品牌化是可供所有国家使用的正向力量，特别是对较小的、较贫穷的或处于其他困境中的国家来说，国家品牌化可以帮助它们在世界舞台上进行有效竞争，而不是任由更为强大的对手宰割。但"国家品牌化"并不是一个完美的术语，因为国家品牌化所包含的活动超越了传统的品牌化范畴，国家品牌化不仅仅是对日常用品的营销炒作。侨民网络的激活、不同政府机构之间的协作和关于国家身份的辩论，都是国家品牌化的一部分，但与传统的品牌化领域的观点相去甚远。如"声誉管理"（reputation management）和"竞争身份"（competitive identity）等其他术语可能会在未来某个时间取代"国家品牌化"。

国家品牌化作为可持续发展的驱动力

品牌化可以在区域的重建、发展和可持续性方面发挥重要作用（Maheshwari et al., 2011）。为了发展真正的"绿色"目的地品牌，需要采取措施改善环境管理，并采用问责制（Insch，2011）。例如，潘特（Pant，2008）展示了可持续发展议程形成国家品牌战略基础的过程，特别是对于那些面对偏远的地理位置或缺少进入外国市场的路径等挑战的国家而言。通过强调在环境可持续性指数（ESI）等环境治理指标上的表现，各国可以借助自身在一系列可持续发展指标上的高水平表现，寻求国家品牌的提升。因此，在竞争国不具有资源或地理位置优势的情况下,国家品牌的打造可以帮助它们实现平等的竞争。

国家品牌化的 ICON 模型

图 10.1 中展示的 ICON 模型为国家品牌战略的制定和实施提供了一个框架,它体现了本书涵盖的关键话题与思考。该模型指出,有效的国家品牌化实践路径的特点包括:整合的(Integrated)、语境化的(Contextualized)、有机的(Organic)和创新的(New)。

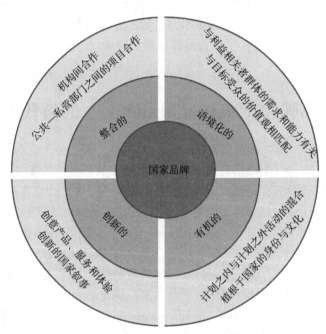

图 10.1 国家品牌化的 ICON 模型

国家品牌化的**整合**路径体现为高层的机构间合作和公共、私营部门之间的项目合作。推动这种机构间合作的既有渠道是政府在其他国家设立的使馆网络。大使馆可以将本国的代表(在贸易与投资、旅游、文化、安全等领域)聚集起来,通过他们与驻在国相关受众之间的紧密联系,开展国家品牌化活动。然而,大使馆在这方面的投入存在着明显的差异,所以,对待这种"制度化"的协同工作需要慎重,因为它有时效果并不明显(Dinnie et al., 2010)。

国家品牌化必须是**语境化**的,而不是按照现有的模版进行的。国家品牌战略必须对利益相关者群体的需求和能力做出回应,并且应该与目标受众的价值观相符合。这意味着应该对外交官、贸易与投资官员等在外国的专业人士进行适当的赋权,以便根据当地民众和目标受众的价值选择定制自身的国家品牌。

政策制定者应该认识到,这是数字技术赋权予普通公民的时代,与其他形式的品牌化一样,国家品牌化并不是完全由官方权威所掌控的。国家品牌化具有**有机的**一面,这一面应该受到赞赏,而不是反感。国家品牌的推进不仅要遵循严格的总体规划,还要能够经受层出不穷的计划性或非计划性活动和突发事件的影响。许多非计划性的要素可能会以图书、电影、体育运动、音乐和艺术的形式从国家的身份和文化中自然而然地产生,并对国家认知产生影响。

为了引起国内和国外受众的注意和兴趣,国家品牌还应该传递一些**创新的**内容。这些内容可以通过创意产品、创意服务和创意体验的形式出现,或者在更抽象的层面,体现为创新的国家叙事创作。例如,反紧缩的希腊激进左派联盟(Syriza)在2015年1月取得了选举胜利,这为希腊提供了建构更加积极、更加充满希望的国家叙事的机会,以取代近年来主导媒体报道的关于其所面临的经济和社会困境的国家叙事。

> 🔍 **学术观点**
>
> **公共外交、国家品牌与软实力**
>
> · 克雷格·海登(Craig Hayden),博士,美国华盛顿特区美利坚大学(American University)国际服务学院助理教授
>
> 公共外交代表着国家用于告知、教育或说服国外公众,培养具有战略价值的关系并组织行动的一系列工具。公共外交最经常用于描述教育领域和文化交流领域、国际广播电视领域以及在一些情况下的公共关系管理领域的实践。国家品牌化概念与公共外交概念之间存在许多重叠之处。无论是国家品牌还是公共外交,都反映了一系列基于战略框架的传播实践,这些战略框架将公众(而不是国家)作为国家政策目标的关键。同样地,国家品牌和公共外交都依赖于说服、认同或其他符号形式所产生的预期功效,它们是提升政策效益的重要机制。
>
> 简单地说,公共外交和国家品牌之间的差异体现在所使用的工具(传播媒介、修辞策略、项目差异化)和政策目标上。由于公共外交与先前的宣传工作实际有着一定的组织联系,公共外交仍然受到不同的规范性约束。但这两者间达成了普遍的共识,都认为传播资源的可信性和合法性可以通过国际行为来培育和管理。国家品牌和公共外交都是隐性的国家软实力。
>
> 虽然一些学者认为,与国家品牌相比,公共外交没有那么明显的目的性或工具性,

但实际上,两者之间的大部分差异体现在实施过程中以及不同的应用情境中。两者之间共享着一些基本的概念假设。首先,它们基于的共同观念是国家可以通过媒介化的传播实践来实现其政治目标。换言之,国家品牌和公共外交都反映出媒介化是国家的一种治国之道。其次,国家品牌和公共外交都与营造认知环境、形成产生信念的信息内容以及管理日常传播的信息(是人们了解国际参与者的另一种认知和情感捷径)相关。国家品牌和公共外交都依赖于象征性符号蕴含的说服性,象征符号能够诱导行为,平息异见,或是合理地传达主张和行动。

简单来说,国家品牌和公共外交都强调(1)建立信任(2)培养注意力(在竞争激烈的注意力经济中),以及(3)管理诱导形成判断的叙事资源(人们用于理解一个区域或国家的故事)。公共外交依赖于通过文化事件、交流项目和国际新闻形成的注意力、关系和体验,而国家品牌则用一种虚拟的中介物(品牌)替代了这一过程。品牌化将施加影响力的筹码放置在符号之上,公共外交则广泛地整合了多种影响路径。

从国家品牌和公共外交的内涵来看,这两个概念之间有着明显的差异。国家品牌曾经被解释为实现非常具体的目标(通常是经济和发展相关的)的工具。国家品牌化意味着一种差异化实践,主要是在竞争激烈的注意力经济中凸显国家的特质,并根植信念。相反,公共外交是一个宽泛的概念,它所覆盖的范围从即时性的国际广播电视,到通过交流项目培养关系。然而,两者终究都是国家使用的工具,它们的差异在于制度性的安排和历史性的传承,并不是概念上的差异。公共外交必然会受到与冷战时期宣传实践之间的历史关联的影响。同样,需要认识到的是,国家品牌化是一种通过其他方式开展国际政治的形式。

案例:芬兰国家品牌化的发展路线图

·特穆·莫兰宁(Teemu Moilanen),博士,芬兰赫尔辛基哈格应用科学大学(HAAGA-HELIA University of Applied Sciences)首席讲师

芬兰的国家品牌化进程始于2007年。当时,芬兰外交部和芬兰旅游局聘请了两名咨询顾问,起草了一份名为《发展芬兰国家品牌》(*Developing the National Brand of Finland*)的发展路线图(Moilanen & Rainisto, 2008)。

这个路线图包括五个阶段,起始阶段着重强调众多利益相关者群体的参与、广泛的传播以及增加利益相关者群体对国家品牌化过程的投入。该路线图同时也强调,要将政商界领袖以及芬兰在科技、艺术、体育和文化领域的代表纳入国家品牌的发展过程,并确保

他们的参与。

在路线图形成后,芬兰外交部长亚历山大·斯图布于2008年年末任命了一个高级别的国家品牌代表团(Country Brand Delegation,CBD)来为芬兰塑造国家品牌。芬兰最具影响力的商业领袖之一、荷兰皇家壳牌集团和诺基亚公司的董事会主席约玛·奥利拉(Jorma Ollila)应邀担任该代表团的主席。国家品牌代表团负责芬兰国家品牌身份的策划:树立一个能够提升芬兰国际竞争力的强大的国家形象。该代表团的任命是基于政府的行动计划进行的,而强化芬兰的国家形象是政府的核心目标之一。

国家品牌代表团由22名在文化、商业、国际宣传和公共关系领域具有个人经验的、公认的杰出芬兰人组成,其中包括5名企业首席执行官、2名学者、2名文化机构代表、2名媒体代表、2名政治家、2名部长代表、1名艺术家和1名运动员。代表团的工作由秘书处提供支持,该秘书处是由来自芬兰各部的公务员以及精心挑选的区域品牌、营销和传播专家组成的。西蒙·安霍特,作为全球最知名的区域品牌专家,也被招募来为芬兰国家品牌代表团提供支持。

国家品牌代表团的任期从2008年9月开始,于2010年12月结束。代表团在工作期间,相继开展了许多参与性的活动。这些活动的目标是增加公众认知、增强过程的透明度,并鼓励公众参与。这些活动包括各种各样的兴趣小组讨论、社交媒体讨论论坛、儿童竞赛、从市场营销专业人员群体到青少年群体的高峰会谈和工作坊、专题研讨会、艺术表演,甚至还包括一档在芬兰主要的电视频道上播出的电视节目。

国家品牌代表团设定芬兰的使命

2010年末,国家品牌代表团在一场吸引了将近200名媒体代表的活动中提交了最终报告——《芬兰使命》(Mission for Finland)。该报告的结论是,芬兰的关键优势在于本国以解决问题为导向的路径。除此之外,代表团还确定了三个可以用于强化芬兰形象的核心方面,分别是功能性、自然性和教育性。奥利拉主席指出,这些对于芬兰人而言很熟悉的主题是经过逻辑性思考后得出的结果。他说:"芬兰的形象必须基于真实的、现存的优势。只有以创新的方式发展我们的优势,才能够增加芬兰对世界其他国家的熟悉度和吸引力。"他同时也强调了,这个代表团并不能够为芬兰塑造国家品牌,它只能够为增强芬兰的国际竞争力提供建议措施。他说:"芬兰的形象不是依靠宣传推广得来的,而是通过实际行动发展而来的。通过帮助建设一个更好的世界,我们也在将芬兰建设成一个更加适宜居住和工作的地方。"

最终报告中提出的使命并没有罗列全部任务,而是通过举例来说明。代表团的最终报告中列出了100多条具体的任务,这一系列的任务旨在强调,芬兰国家品牌并不是由一些广告宣传活动塑造的,而是由所有芬兰人共同完成的。这些使命中有些是针对政府机构的,有些是针对企业和组织的,还有一些是针对普通的芬兰人的。但这个报告并没有在监管机制方面进行明确说明。

报告深受好评，但是……

该报告定义了芬兰的国家品牌身份，并在受众中深受好评。到2011年春，其倡议发展态势良好。代表团认为，国家品牌发展应该包括更大范围的制度改革，各政府部门以及其他公共部门组织举办的国际性活动应该协调一致地纳入"芬兰之家"（House of Finland）这一概念中，这样它们能够重复输出关于芬兰的一致信息。《芬兰使命》报告并没有对国家品牌化倡议的未来组织结构进行清晰的界定，但明确了应该进一步发展"芬兰之家"概念的三个政府部门，并且认为，应该将国家品牌倡议纳入新一届政府的行动方案中。

但不久之后，挑战便出现了。2011年4月的议会选举后，芬兰政府进入了一段非常困难且漫长的组阁谈判期，这导致了国家品牌倡议本应获得的政治支持变得薄弱。

议会选举发生在芬兰国家品牌化过程中的一个困难时期。当时，芬兰的国家品牌化倡议没有专门的预算，也没有专职员工，再加上持续不断的经济衰退和公共部门组织数量的缩减，其发展进程逐渐放缓。

参与到国家品牌倡议中的主要政府官员发现了这些由选举引发的问题，他们为确保该倡议的顺利实施做出了努力。其中一项成果是《芬兰国家品牌工作手册》（*Workbook of Finland's Country Brand*）。这本工作手册总结了芬兰国家品牌的优势和国家品牌传播的主题，其目的是使国家品牌的传播过程顺利进行。然而，由于活动的资源缺乏和专职员工的短缺问题持续存在，芬兰国家品牌计划的美好前景在2011年春季受到了很大影响。

在国家品牌发展面临的所有挑战中，其中一项明显的挑战是众多利益相关者群体的多元背景，以及他们之前对国家品牌化原则与传播原则的接触程度和理解程度的不同。"品牌化"的概念植根在商业中，对于许多国家品牌化的利益相关者群体来说是陌生的，有时他们甚至会因为这一概念过于商业化而拒绝它。这导致了概念的模糊性，以及对品牌化目标和实现这些目标可利用的方法的不同理解。在这一阶段，"国家品牌"概念在公共部门的用语中被"国家形象"一词部分取代了。

国家品牌化倡议的延续是在新一届政府的行动方案中得到确认的。

芬兰团队（Team Finland）

2011年秋天，被政府任命的另一个由知名的私营部门代表组成的工作小组，起草了一份针对芬兰外部经济关系的行动计划。阿拉霍达（Alahuhta）工作小组的主要结论是，为了有效提升芬兰的外部经济关系，并增强外部对芬兰的金融兴趣，需要对现行的路径进行改革。相关活动需要更具有战略性和长期性的视角。为了实现共同的目标，所有的外部经济关系必须要遵循一致性原则，并且选择消费者为导向的方式。工作小组提出，芬兰的外部经济关系需要基于新的芬兰团队网络组织（Team Finland network）来开展：其核心想法是创建一个在国内和国外同时运行的、聚焦现有资源并发挥其效益的网络组织。同时，该网络组织将在总理的领导下建立协同运行的战略。

尽管阿拉霍达工作小组的工作重点是外部经济关系，不同于国家品牌代表团采取的更为广泛的国家品牌化路径，但是他们所创建的芬兰团队网络组织模型很快就承担了提升国家形象的任务。

当新的芬兰团队网络组织概念被提出时，来自私营部门的浓厚兴趣使组织者大为惊讶。2012年9月的一场推广活动吸引了超过1500名私营机构代表的参与，这表明私营机构的利益相关者群体认识到了该倡议的价值。芬兰团队网络组织的活动和服务分为以下四个主题类别：

- 推广芬兰的国家品牌；
- 为芬兰企业的国际化提供服务支持；
- 影响外部环境；
- 促进在芬兰的外商直接投资。

芬兰团队网络组织不是一个新组织，也不是一个新的官方机构，它的职责是将现有的受到公共资金资助的项目整合在一个简单的伞品牌之下。芬兰团队网络组织的核心是三个部委：就业与经济部、外交部以及教育与文化部。除此之外，还有受公共资金资助的机构以及芬兰的海外办事处（包括芬兰外交使团、芬兰贸易协会和芬兰国家技术创新局的办事处，以及国家的文化和科学机构），它们都在三个部委的指导下运转。芬兰团队的理事会成员几乎全部由私营企业的董事组成，并由芬兰总理担任理事会主席。常务秘书协调小组负责指导芬兰团队网络组织的运转，并执行小组设定的优先事项。这个工作小组是由各部委的常务秘书组成的。

从语言到行动

2013年，芬兰推广委员会（Finland Promotion Board）进行了改组重建。它曾经是一个协调组织，如今已经正式成为芬兰团队的一部分，并负责芬兰的国家品牌化。推广委员会的新任务是定义国家品牌战略，并执行年度行动方案。委员会组织活动的目的是确保芬兰国家品牌化努力的一致性和长期性。新委员会的成员分别来自四个部委、芬兰贸易协会（国家贸易、国际化与投资发展组织）、芬兰旅游局、芬兰事实（Finnfacts）[①]、芬兰

[①] 芬兰事实（Finnfacts）是一家芬兰的媒体服务机构。该机构组织外国记者前往芬兰参观，了解芬兰的工商业生活。同时也负责出版《来自芬兰的好消息》和《聚焦芬兰》等刊物。详情请参见：http://www.finnfacts.fi/chi/。——译者注

投资局（Invest in Finland）、芬兰清洁技术（Cleantech Finland）①、赫尔辛基市等。

芬兰推广委员会最初的行动之一就是协调芬兰在互联网上的国际可见度。早在2008年，芬兰国家品牌路线图就已经开始呼吁建立公共、私营部门之间的伙伴关系，并指出，国家品牌化倡议的成功与否，取决于它们协调政府与私营部门中众多利益相关者群体所开展活动的能力。2013年夏天，委员会发起了一个倡议，旨在协调受到公共资金资助的组织，使它们能够在国际上推广芬兰。参与此倡议的包括外交部、教育部、贸易与工业部、芬兰投资局、芬兰旅游局、芬兰事实、芬兰教育国际化中心（CIMO，欧盟教育、培训和青年项目的国家代理机构，也是欧盟"公民享有的创意欧洲"项目在芬兰的办公室）、芬兰清洁技术、芬兰贸易协会、芬兰未来教育（Future Learning Finland）、大赫尔辛基推广（Greater Helsinki Promotion）、赫尔辛基旅游（Helsinki Tourism）、芬兰音乐（Music Finland）、芬兰国家研发基金下属的芬兰国家创新基金（Finnish Innovation Fund SITRA）以及芬兰国家技术创新局的芬兰创新基金资助机构（Finnish Funding Agency for Innovation TEKES）。到2013年年末，该倡议的成果是一项共同商定的行动计划，以及对所需资源和组织的界定。

面临挑战

芬兰国家品牌的发展过程遭遇了许多挑战。其中一个挑战是概念的模糊性，这个挑战来源于利益相关者群体对品牌化、市场营销和传播概念的理解的巨大差异。对许多利益相关者群体而言，品牌化是与简单的标识、口号与宣传材料相联系的。由于他们此前对品牌管理、战略营销和传播原则的接触程度和理解程度不同，这就阻碍了关于国家品牌化的目标和手段的有意义的对话。对品牌化的简单认知增加了传播工作的难度，导致过度强调对外部的传播（这一点与其他品牌化相关活动相反），并且将国家品牌化过度简化为一项简单的传播活动。

从管理和资源分配的角度来看，另一个挑战是参与者的持续更替。

此外，芬兰国家品牌化过程的另一个挑战是缺少清晰的架构和专门的资源。实践证明，资源共享原则是很难实现的，因为不同利益相关组织都是在没有明确任务和资源贡献分配的情况下自愿投入国家品牌化的合作倡议中的。

解决这些问题需要时间，而这个过程也一直较为缓慢。代表团2010年的工作以及2012年芬兰团队的推出，在利益相关者群体中引发了极大的期待。新创建的芬兰团队网络组织，仍然没有自主的预算或专职员工，无法像一些利益相关者群体希望的那样快速地满足他们的期待。有时，出于国家品牌概念模糊、任务分配不确定以及倡议目标不明确等原因，利益相关者群体的投入很难确保。

---

① 芬兰清洁技术（Cleantech Finland）代表着芬兰国家领先的清洁技术产业，是汇聚杰出专家的重要网络，与客户、合作伙伴、投资者以及其他各利益相关者群体分享来自芬兰的清洁技术与专长。——译者注

当前的全球经济衰退带来了国家品牌化倡议新的挑战。在预算紧缩的情况下，没有任何组织能急切地开始新的任务。

经验与教训

芬兰在自身的国家品牌化过程中已经吸取了一些教训。国家品牌化倡议需要尽早地获得尽可能多的政治承诺和授权。政治承诺应该跨越党派界限而得到确保，从而弱化议会选举和政治权力变更带来的影响。

由于品牌化对于许多利益相关组织而言可能是一个新概念，国家品牌化倡议应该确保获得来自区域品牌和传播专家的足够的支持。国家品牌化的关键概念和术语、意义和目标应该在最开始就向所有利益相关者群体阐明，并且随着利益相关者群体的变动，不断地进行更新。

国家品牌化的过程应该在开始时就拥有清晰的组织结构和强大的领导力，以保证其顺利推进。在启动阶段，必须要确保其拥有充足的、公共的、长期的、可靠的基本资助。来自私营部门利益相关者群体的资助可以在之后的过程中增加。资助的数额必须要与国家品牌化的目标相称，并足以支持一个专职员工团队。但它真正重要的意义在于，这个专职员工团队在协调和指导活动和利益相关者群体资源的过程中能够产生真正的影响。

展望

芬兰国家品牌化倡议的未来看起来一片光明。2014年春季，芬兰政府为2014—2015年的芬兰团队倡议拨款达一千万英镑。这一决定可能首次解决国家品牌倡议面临的最重要挑战，即资源短缺以及协调参与主体网络的专职员工的匮乏。芬兰团队已经建立起了自己的架构，并且无论下一届议会选举的结果如何，这一架构都有可能继续存在。该组织已经进行了精心的战略规划，并且已经从规划阶段转入了执行阶段。一个品牌平台、大量的协调活动、与品牌芬兰相关的培训以及几个大型活动都会在2014年——实现。

参考文献

Moilanen, T. and Rainisto, S. (2008) Suomen Maabrändin rakentaminen.

案例：非洲设计对非洲大陆企业和国家品牌的影响

·特里·贝汉（Terry Behan），创意思想家、社会企业家、作家和品牌建设者

整个非洲大陆的经济增长不仅仅是把钱放进了非洲人的口袋，还帮助他们重建了文

化自信，并且反过来促使非洲人以进步和独特的非洲方式重新诠释自己的文化遗产。这一点可以在众多才华横溢的非洲设计师们身上得到证明，他们的产品独具一格且备受欢迎，并且在非洲大陆和更远的市场上销售。

来自南非、肯尼亚、塞内加尔、马里、加纳、尼日利亚、埃塞俄比亚和斯威士兰的新秀设计师和已经成名的设计师们在伦敦、迪拜和迈阿密的顶级秀场上展出他们的作品。他们的集体天赋在于他们与非洲的传统和历史紧密结合的能力，并且能够以一种令人耳目一新、原创的时尚形式对其进行重新诠释。

非洲将很快拥有世界十大增速最快的经济体中的七个，到 2050 年，整个大陆的国内生产总值将增长到 29 万亿美元。这为非洲带来了前所未有的实力和信心。这种再次到来的信心十分重要，应该予以重视。这不仅仅是因为经济增长和文化自信携手共进的现象正在发生，更重要的是这一现象是如何发生的。

非洲邦戈鼓的衰亡

非洲设计走过了一段漫长的发展历程：曾几何时，从亚的斯亚贝巴到阿布贾的跳蚤市场和礼品店，充斥着向当地人和游客售卖的廉价粗俗的仿古董。在非洲各国的机场，毫无新意的陈旧的木质雕塑和邦戈鼓装饰了免税店的货架。外国游客在结束了非洲腹地大草原之旅回家之后，将会兴奋地向他们的客人讲述这些木质雕塑的文化意义。

相应地，在结束了意大利或德国之旅回到家后，游客们会展示他们的名牌鞋子和包豪斯艺术品。

人们从不同的旅游目的地回家时带走的纪念品的鲜明对比，不仅体现了人们对这些旅游目的地的认知，还体现了蕴含在这些纪念品中的来源地特质。如果一名从意大利旅行归来的游客炫耀的是一双意大利名牌鞋，那么这一行为传递给听者的信息是，意大利是一个精致而时尚的旅游目的地。而从非洲带回的木质雕塑则会令人想到约瑟夫·康拉德（Joseph Conrad）的《黑暗的心》（*Heart of Darkness*）[1]。

值得庆幸的是，《黑暗的心》中描述的那些日子已经离我们而去，而非洲的设计才华正在夺目绽放，并逐渐获得全球认可。

非洲设计师是现代的而非西方化的

有趣之处在于，来自整个非洲大陆的各个国家和地区的设计师们是怎样以一种令人

---

[1] 约瑟夫·康拉德（1857—1924），英国作家，1857 年生于波兰，有二十余年的海上生涯，曾航行世界各地，积累了丰富的海上生活经验。《黑暗的心》是康拉德以其 1890 年刚果之行为基础写的中篇小说，是 20 世纪最深刻有力的小说之一，被誉为英国文学史上第一部真正意义上的现代主义小说。作品记录了船长马洛在一艘海船上讲述的刚果河的故事。——译者注

耳目一新的方式重新诠释他们的文化的。在这个过程中的一个关键方面是,非洲设计师是如何将其产品变得现代的,而不一定是西方化的。他们将当代方法与传统社会的技巧通过令人难以置信的方式融合在一起进行创作,抓住了设计世界的想象力,并且从商业的角度推动了对非洲设计认知的极大飞跃。谢赫·迪亚洛(Cheick Diallo)就是一个很好的例子,他被认为是非洲设计的教父。他设计的独特的家具和物品融合了古老的智慧和当代的情感,挑战了人们对非洲设计的普遍看法。迪亚洛出生在马里,并在法国接受了建筑师和设计师的培训,之后在他的家乡巴马科开设了一家工作室。在他的监管之下,他的工匠团队制作的家具品远赴米兰、迪拜、纽约和迈阿密进行展出。

来自非洲大陆的另一名一流设计师是来自布基纳法索的哈米德·奥雅塔纳(Hamed Ouattara)。奥雅塔纳以使这块大陆摆脱低质量的进口产品为己任,他认为这些产品不符合目前由非洲大陆的设计师们设定的标准和质量。

财富带来时尚,时尚创造财富

非洲时尚设计师正在实现自我,同时席卷全球范围内的时装秀——这类的成功故事比比皆是。设计师丽莎·佛拉维约(Lisa Folawiyo)在纽约、伦敦和巴黎展示了她的丽莎(Lisa)珠宝品牌,并被《时尚》杂志、《时尚芭莎》和《纽约时报》选入喜爱精选。来自塞内加尔的阿达姆·恩迪亚耶(Adame Ndiaye)设立了达喀尔时装周(Dakar Fashion Week),这是非洲舞台上的一项重要活动,至今已有10年历史。尼日利亚品牌兰尔·达席尔瓦·阿贾伊(Lanre Da Silva Ajayi)在杜嘉班纳(Dolce & Gabbana)的米兰概念店"史皮卡2"(Spiga2)中出售。更不用说南非的大卫·特拉尔(David Tlale),凭借自身的才华与天赋,在巴黎秀场和头版新闻上大放异彩。

本地引领

根据近期的一份关于非洲消费者市场的调查报告(MacKinsey,2012),只有少数人(11%的尼日利亚人和12%的南非人)认为,国际品牌要优于非洲本地品牌。曾经,购买来自纽约和伦敦的品牌在非洲被认为是一件很酷的事情,但是如今,精明的非洲消费者已经认识到,他们能够买到的大多数产品产自中国,并且他们已经开始给予本地品牌同样的偏爱。因此,相较于国际品牌,类似Holmes Bros和Loxion Kulca这样的城市街头品牌成了当地的年轻潮流达人的首选。这一趋势将继续发展,本地品牌将会促进非洲内部贸易的发展,并鼓励年轻群体的购买。

文化自信的重要性

当向梦寐以求的目标受众进行品牌推广时,文化自信和现代化的趋势具有特别的意义,因为通常来说,这些消费者会成为文化现代化的旗手。将自身定位为以非洲为中心的、并与新兴趋势相联系的当代时尚品牌,应该考虑与非洲大陆的许多有才华的设计师展开合作。

在快速经济增长的刺激下,非洲人民开始重新欣赏自身的历史文化,其民族自豪感也得到了提升,这为文化现代化的蓬勃发展创造了必要条件。希望与受众之间建立情感联系的品牌可以利用这种正在发展的非洲时尚美学,不仅将其体现在企业身份、赞助、产品设计和包装设计等有形领域,还体现在信息传递和整体沟通风格的总体调性方面。几个一流的品牌已经在各自的领域开始了这一过程,在更新其品牌个性和身份时,它们考虑了非洲设计的内涵。当前,非洲设计中所表达的文化自信正在帮助这些品牌表达类似的经济自信。到目前为止,我们已经看到非洲的大型品牌,例如南非航空和GT银行,利用这种设计美学,将自身定位为当代的和现代的品牌价值。这一简单的转向已经随着品牌本质进一步发展为品牌的视觉标识,从而引起了一系列变动。这些品牌由此在其领域获得了先发优势,使其能够将非洲时尚美学作为品牌的区分要素提升自身的品牌价值。我们期待着会有更多的品牌效仿这样的行为。

此外,走向市场的贸易品牌,例如"走进博茨瓦纳"(Go Botswana)已经将这种思想植入了品牌身份中,使其迅速地从"只是另一个"出售生态旅游和廉价古董的非洲国家,转变为一个拥有经济和文化自信的现代国家,转变为一个期待未来并通过更现代的设计来传达其雄心的国家,同时将自身定位为外商直接投资的首选目的地。

展望未来,很难想象整个非洲大陆的国家品牌都会被视为是具有经济和文化进步性的,除非它们与已经迅速成为非洲现代主义和文化传播创新的新颖形式一同发展。这种以各种形式表达的设计语言,在重塑一个正在崛起的非洲大陆形象方面正取得显著的进步。当代的非洲设计作品正在世界各地有影响力的出版物上成为头版新闻。参与这一运动将会帮助国家品牌与席卷整个非洲大陆的独特而不断进步的设计活动一同发展。

所以,未来将会怎样?

就非洲大陆整体而言,除了极少数国家之外,几乎都错失了大规模生产和高端精密制造的良机。然而,还是有一些卓越的制造中心建立在埃塞俄比亚、埃及、毛里求斯和南非等地。如果能够获得支持,非洲能够将这些制造业中心与中端市场设计范围相匹配,从而进入非洲大陆和国际的中高等收入家庭。

南方协会(Southern Guild)和非洲设计网络(Design Network Africa)评出的最受喜爱设计已经在国际上营造出了市场需求,它们会定期推广非洲设计中的最优作品。如今,工业企业家应邀与制造行业合作,将这些现有的产品系列推向市场。其中典型的例子是著名建筑师大卫·阿贾亚(David Adjaye)最近在拉各斯设计的一个名为ALARA的零售概念店,向当地市场销售高端的非洲设计。

非洲设计正在变得时尚,因为它体现了真正的非洲,它向这个世界提供了一些尚未被充分体验的内容。世界将回馈非洲,也会对非洲设计更加充满渴望。

一种进步的形式

装饰艺术定义了一代北美人；北欧如今仍然保留着包豪斯的遗产。我们正处在一个新的设计运动的起源阶段，为了使用一个更好听的术语，让我们称其为非洲时尚（Afro-chic）。此外，这个新运动同时兼具现代性和非洲性。这场独特的非洲设计运动，将成为世界感知非洲大陆的镜头。这场运动需要在全球范围内积极推广，因为艺术与设计都能够将感知置于情境中。从你的国家产生了一位卓越的艺术家是一回事，但是从这块大陆的四面八方同时催生出这场设计更新的运动，则完全是另一回事。如果能够被持续地鼓励和培育，这场运动将会在很大程度上改变外部世界对非洲大陆的认知。

参考文献

McKinsey（2012）'The Rise of the African Consumer: A Report from McKinsey's Africa Consumer Insights Center'.

总 结

当前，越来越多的国家开始求助于国家品牌化手段，学界、业界和政府也将国家品牌化作为一种重要现象予以认可，随之而来的是国家品牌化的新路径、新策略和新战略的不断出现。国家级别的政策制定者们仍然需要对品牌化的力量有更多的认识，以帮助实现国家目标。同时，人们越来越认识到，国家需要管理自己的声誉，而不是被动地忍受持续的、过时的国家刻板印象所带来的诽谤和侮辱。也许，国家应该吸取的主要教训是，必须协调国家品牌化工作。没有这种协调，国家品牌化战略将会停滞不前，国家形象将会飘摇不定，并且几乎必然会朝着负面的方向发展。

讨论要点

1. 请找出一个在国家品牌战略方面表现出高度协调性的国家。描述这种协调性的本质及其效果。

2. 哪些国家在将公民自媒体作为其国家品牌战略核心要素方面表现最为积极？请举出一些公民自媒体推动国家品牌化战略的案例。

3. 除了本章讨论的国家品牌化的未来发展前景，在未来几年中，国家品牌化领域可能会有哪些其他的发展？

4. 请将国家品牌化的ICON模型应用到你选择的国家，并指出该国国家品牌发展的可能的新方向。

本章参考文献

Akutsu, S. (2008) 'The Directions and the Key Elements of Branding Japan', in Dinnie, K., *Nation Branding-Concepts, Issues, Practice*, 1st edn, 211–219, London: Butterworth-Heinemann.

Alpert, J.I. and Alpert, M.I. (1990) 'Music influences on mood and purchase intentions', *Psychology and Marketing*, 7 (2), 109–133.

Ambler, T. (2006) 'Mastering the metrics', *The Marketer*, 24 (May), 22–23.

Andéhn, M., Kazeminia, A., Lucarelli, A. and Sevin, E. (2014) 'User-generated place brand equity on Twitter: The dynamics of brand associations in social media', *Place Branding and Public Diplomacy*, 10, 132–144.

Anholt, S. (2008) 'From Nation Branding to Competitive Identity-the Role of Brand Management as a Component of National Policy', in Dinnie, K., *Nation Branding- Concepts, Issues, Practice*, 1st edn, 22–23, London: Butterworth-Heinemann.

Arnold, S. (2005) 'That jingle is part of your brand', *Broadcasting & Cable*, 24 January, 78.

Dinnie, K., Melewar, T.C., Seidenfuss, K.-U. and Musa, G. (2010) 'Nation branding and integrated marketing communications-an ASEAN perspective', *International Marketing Review*, 27 (4), 388–403.

Herrington, J.D. and Capella, L.M. (1996) 'Effects of music in service environments: A field study', *Journal of Services Marketing*, 10 (2), 26–41.

Insch, A. (2011) 'Conceptualization and anatomy of green destination brands', *International Journal of Culture, Tourism and Hospitality Research*, 5 (3), 282–290.

Jackson, D.M. (2003) *Sonic Branding: An Introduction*, UK: Palgrave Macmillan.

McElrea, H. and Standing, L. (1992) 'Fast music causes fast drinking', *Perceptual and Motor Skills*, 75 (2), 362.

Maheshwari, V., Vandewalle, I. and Bamber, D. (2011) 'Place branding's role in sustainable development', *Journal of Place Management and Development*, 4 (2), 198–213.

Milliman, R.E. (1982) 'Using background music to affect the behaviour of supermarket shoppers', *Journal of Marketing*, 46 (Summer), 86–91.

Mortimer, R. (2005) 'Sonic branding: Branding the perfect pitch', *Brand Strategy*, February, 24.

North, A.C., Hargreaves, D.J. and McKendrick, J. (1999) 'The influence of in-store music on wine selections', *Journal of Applied Psychology*, 84 (2), 271–276.

Pant, D. (2008) 'Re-positioning Nepal in Global Public Opinion and Markets: Place branding for Sustainable Economic Development', in Dinnie, K., *Nation Branding- Concepts, Issues, Practice*, 1st edn, 50–51, London: Butterworth Heinemann.

Roballey, T.C., McGreevy, C., Rongo, R.R., Schwantes, M.L., Steger, P.J., Wininger, M.A. and Gardner, E.B. (1985) 'The effect of music on eating behaviour', *Bulletin of the Psychonomic Society*, 23 (3), 221–222.

Stewart, G. (2006) 'Can reputations be "managed"?', The Geneva Papers, 31, 480–499.

Treasure, J. (2007) 'Sound: the uncharted territory', *Brand Strategy*, March, 32–33.

Yan, J. (2008) 'Smaller Nations Enter the Global Dialogue Through Nation Branding', in Dinnie, K., *Nation Branding-Concepts, Issues, Practice*, 1st edn, 170–172, London: Butterworth-Heinemann.

术 语 表

ADIA	阿布扎比投资局	Abu Dhabi Investment Authority
AMCL	澳大利亚制造推广有限公司	Australian Made Campaign Limited
ANRET	葡萄牙国家旅游局	Associacao Nacional das Regioes de Turismo
BRICS	金砖国家,巴西、俄罗斯、印度、中国、南非	Brazil，Russia，India，China，South Africa
CABE	建筑与建筑环境委员会	Commission for Architecture and the Built Environment
CBBE	基于消费者的品牌资产	Customer-based brand equity
CBD	国家品牌代表团	Country brand delegation
CETSCALE	消费者民族中心倾向量表	Consumer ethnocentric tendency scale
COO	来源国	Country-of-origin
CPPI	情境化的产品 – 地方形象	Contextualized product-place image
CRM	客户关系管理	Customer relationship management
CSR	企业社会责任	Corporate social responsibility
DCMS	英国文化媒体和体育部	Department for Culture，Media and Sport
DFA	尼德兰设计、时尚与建筑	Design，fashion and architecture
ECLAL	像当地人一样探索加拿大	Explore Canada like a local
EFI	生态足迹指数	Environmental Footprint Index
ESI	环境可持续性指数	Environmental Sustainability Index
EVI	环境脆弱性指数	Environmental Vulnerability Index
FATF	金融行动特别工作组	Financial Action Task Force
FCO	英国外交与联邦事务部	Foreign & Commonwealth Office

FDI	外商直接投资	Foreign direct investment
FMCG	快消品	Fast-moving consumer goods
FTZ	自由贸易区	Free trade zone
GCC	海湾合作委员会	Gulf Cooperation Council
GIPC	加纳投资促进中心	Ghana Investment Promotion Centre
ICAIC	古巴电影产业研究所	Instituto Cubano del Arte e Industria Cinematográficos
IMC	整合营销	Integrated marketing communications
Kea	新西兰侨民协会	Kiwi Expatriates Association
MNE	跨国企业	Multinational enterprise
NBAR	国家品牌架构	Nation brand architecture
NBEQ	国家品牌资产	Nation brand equity
NBI	国家品牌指数	Nation Brands Index
NBTC	尼德兰旅游会议促进局	Netherlands Board of Tourism & Conventions
NFC	认知需求	Need for cognition
NFIA	尼德兰外商投资局	Netherlands Foreign Investment Agency
NTO	国家旅游组织	National tourism organization
NUFFIC	尼德兰高等教育国际化组织	Netherlands Organization for Internationalization of HigherEducation
OECD	经济合作与发展组织	Organisation for Economic Cooperation and Development OPEC Organization of the Petroleum Exporting Countries
PCI	产品—国家形象	Product-country image
PCNB	韩国国家品牌委员会	Presidential Council on Nation Branding
PDO	原产地命名保护	Protected Designation of Origin
PLC	产品生命周期	Product life cycle
SCORE	砂拉越州再生能源走廊特区	Sarawak Corridor of Renewable Energy
SERI	三星经济研究所	Samsung Economic Research Institute

SWF	主权财富资金	Sovereign wealth fund
TLA	技术欠发达国家	Technologically less advanced（countries）
TMA	技术较先进国家	Technologically more advanced（countries）
UKTI	英国贸易投资总署	UK Trade & Investment
UNCTAD	联合国贸易和发展会议	United Nations Conference on Trade and Development
UNDP	联合国开发计划署	United Nations Development Programme
USP	独特的销售主张	Unique selling proposition
WEF	世界经济论坛	World Economic Forum
WFK	韩国海外志愿团	World Friends Korea
WISCOMP	印度女性安全、冲突管理与和平组织	Women in Security，Conflict Management and Peace